DEMONSTRAÇÕES CONTÁBEIS
Da Teoria à Prática

Moisés Melo & Sergio Barbosa

DEMONSTRAÇÕES CONTÁBEIS
Da Teoria à Prática

Atualizado com as NBC TGs e IFRS, casos práticos com aplicabilidade da NBC TG 1.000(R1) e ITG 1.000 e com mais de 120 exercícios resolvidos.

Freitas Bastos Editora

Copyright © 2018 by Moisés Melo, Sergio Barbosa
Todos os direitos reservados e protegidos pela Lei 9.610, de 19.2.1998.
É proibida a reprodução total ou parcial, e a divulgação por quaisquer meios sem autorização, bem como a produção de apostilas, sem autorização prévia, por escrito, da Editora.

Direitos exclusivos da edição e distribuição em língua portuguesa:
Maria Augusta Delgado Livraria, Distribuidora e Editora

Editor: *Isaac D. Abulafia*

Revisão: *Janaína da Cunha Silva*

Capa e Diagramação: *Jair Domingos de Sousa*

DADOS INTERNACIONAIS PARA CATALOGAÇÃO
NA PUBLICAÇÃO (CIP)

M486d

Melo, Moisés Moura de
Demonstrações contábeis / Moisés Moura de Melo, Sérgio Correia Barbosa. – Rio de Janeiro: Maria Augusta Delgado, 2018.
260 p.; 23 cm.

ISBN 978-85-7987-305-8

1. Contabilidade – Brasil. 2. Balanço (Contabilidade) – Brasil. I. Barbosa, Sérgio Correia. II. Título.

CDD-657.0981

Freitas Bastos Editora
Tel./Fax: (21) 2276-4500
freitasbastos@freitasbastos.com
vendas@freitasbastos.com
www.freitasbastos.com

A Deus, pela vida.

A mãe, Miriam Moura de Melo, pelo empenho carinho e dedicação com os seus filhos.

Aos professores Francisco Alves, Janaína Silva e Ivan Ramos que acreditaram no projeto quando este era apenas uma ideia.

Agradeço também a colaboração da Kátia Larate e Natália Raposo, que contribuíram muito para que esta obra se tornasse realidade.

Moisés Melo

Aos professores: Moisés de Melo Moura, Francisco José dos Santos Alves e Janaína da Cunha Silva que estiveram comigo acompanhando o desenvolvimento da 1ª. Edição deste livro.

À minha família: Selma Gomes Barbosa, minha mulher; Sergio Gomes Barbosa, meu filho; Solânio e Dorinha, meus pais; Solano e Sidney, meus irmãos; Luana, Leon e Sidney Junior, meus sobrinhos, pelo incentivo permanente às minhas iniciativas de contribuição à sociedade.

À Freitas Bastos Editora pela confiança no trabalho.

A Deus por tudo de bom que proporcionou em minha vida e a fé que me fortalece a vencer as dificuldades e conquistar meus objetivos.

Sergio Barbosa

PREFÁCIO

A elaboração das demonstrações contábeis obrigatórias para todos os tipos de empresas obedecendo às características qualitativas fundamentais (relevância e representação fidedigna) e de melhoria (compreensibilidade, tempestividade, verificabilidade e comparabilidade) definidas na Estrutura Conceitual Básica dos novos padrões internacionais de contabilidade é condição imperiosa para proporcionar informações confiáveis aos seus usuários das Demonstrações Contábeis.

Neste sentido, esta obra vem contribuir com as academias e os profissionais que atuam no mercado de trabalho que lidam com as demonstrações contábeis.

No Brasil, essas práticas foram alteradas pelo Conselho Federal de Contabilidade (CFC) que aprovou inúmeras Normas Brasileiras de Contabilidade (NBC) descritas ao longo deste livro, em consonância com as Normas Internacionais de Contabilidade emitidas pelo IASB (The International Accounting Standards Board).

Este processo foi iniciado a partir de 2005, com a criação do Comitê de Pronunciamentos Contábeis (CPC), com a intensificação na harmonização das práticas contábeis brasileiras. A lei que rege a contabilidade societária no Brasil (Lei 6.404/76) que foi alterada pelas Leis nº 11.638/07 e nº 11.941/09, a fim de possibilitar a convergência e permitir o acesso das empresas brasileiras ao mercado de capitais.

A adoção dos novos padrões a partir de 01/01/2010 foi mais fácil para as empresas de grande porte e as de capital aberto, tendo em vista que já eram auditadas por auditoria independente e a transição foi mais tranquila.

Entretanto, a grande maioria das pequenas e médias empresas ainda não fez a adoção dos novos padrões. Prova disto, foi à emissão pelo CFC da CTG 1.000 – Adoções Plena da NBC TG 1.000 (R1) possibilitando a adoção a partir de 2013 e também da emissão da ITG 1.000 – Modelo Contábil para Microempresa (ME) e Empresa de Pequeno

Porte (EPP), permitindo a adoção a partir de 2012. Mesmo assim, existe ainda hoje um cenário de adoção aos novos padrões muito baixo, principalmente pelos escritórios de contabilidade.

Logo, essa obra foi escrita de forma didática, com exemplos práticos ilustrativos e de acordo com os novos padrões, visando a contribuir com o setor acadêmico e o mercado de trabalho, especialmente as empresas que não aderiram a adoção.

Para facilitar o processo de aprendizagem do leitor, cada capítulo é complementado com questões de provas, acompanhadas dos gabaritos e suas resoluções.

Desejo a todos boa leitura e aproveitamento desta obra que vem prestar mais uma contribuição ao conhecimento na área.

Francisco José dos Santos Alves
Doutor em Contabilidade e Controladoria
pela FEA/USP, Coordenador e Professor
do Mestrado em Ciências Contábeis
da FAF-UERJ.

SUMÁRIO

Prefácio VII

Capítulo 1 – Introdução 1

Capítulo 2 – Contabilidade Internacional 3
    2.1. Os motivos da convergência e o novo ambiente 3
    2.2 A classe contábil, sua importância e as consequências promovidas pelas normas 4
    2.3. Os órgãos internacionais de contabilidade emissores de norma 5
    2.4. As Normas em Vigor 6
    2.5. Aplicabilidade das Normas no Brasil 12
        2.5.1. Exemplo de aplicação das normas 15

Capítulo 3 – Demonstrações Contábeis 22
    3.1 Introdução 23
    3.2 Objetivo 24
    3.3 Exercício social 24
    3.4 Demonstrações comparativas 25
    3.5 Agrupamento de contas semelhantes e de pequenos saldos 25

Capítulo 4 – Balanço Patrimonial 26
    4.1 Introdução 26
    4.2 Critério de disposição das contas do Ativo 28
    4.3 Critério de disposição das contas do Passivo 28
    4.4 As principais características do Ativo Circulante 29
    4.5 As principais características do Ativo Não Circulante 30
        4.5.1 Ativo Realizável a Longo Prazo 30
        4.5.2 Investimentos 30
        4.5.3 Imobilizado 39
        4.5.4 Intangível 31
    4.6 As principais características do Passivo Exigível 31
        4.6.1 Passivo Circulante 31
        4.6.2 Passivo Não Circulante 32

4.7 Patrimônio Líquido (ou Situação Líquida). 32
    4.7.1 Capital Social 32
    4.7.2 Reservas de Capital 32
    4.7.3 Ajuste de Avaliação Patrimonial............................33
    4.7.4 Reservas de Lucro 34
    4.7.5 Ações em Tesouraria..38
    4.7.6 Prejuízos Acumulados 38
4.8 Modelo de Balanço Patrimonial da empresa Sobral Invicta 38
4.9 Questões de Prova..40

Capítulo 5 – Demonstração do Resultado do Exercício 56

5.1 Introdução 56
5.2 Estrutura da Demonstração do Resultado do Exercício...56
5.3 Detalhamento das contas na estrutura da DRE 57
5.4 Modelo da Demonstração do Resultado do Exercício da
    Empresa Sobral Invicta 62
5.6 Questões de Prova 63

Capítulo 6 – Demonstração de Lucros ou Prejuízos Acumulados . 73

6.1 Introdução 73
6.2 Aspectos legais 73
6.3 Estrutura 74
6.4 Apresentação dos dividendos por ação 75
6.5 Questões de Prova 75

**Capítulo 7 – Demonstração das Mutações do Patrimônio
              Líquido** 78

7.1 Introdução 78
7.2 Aspectos legais..78
7.3 Estrutura 80
7.4 Apresentação dos dividendos por ação 80
7.5 Modelo da DMPL da Empresa Sobral Invicta 81
7.6 Questões de Prova 82

Capítulo 8 – Demonstração do Resultado Abrangente.................91

8.1 Introdução 91
8.2 Aspectos legais..91
8.3 Outros resultados abrangentes 91
8.4 Estrutura 92
8.5 Questões de Prova 94

Capítulo 9 – Demonstração dos Fluxos de Caixa............................96
    9.1 Introdução 96
    9.2 Aspectos legais..97
    9.3 Fluxos das Operações..97
    9.4 Fluxos de Investimentos 98
    9.5 Fluxos de Financiamentos 99
    9.6 Transações que não envolve caixa ou equivalentes de caixa ..100
    9.7 Métodos de elaboração 100
    9.7.1 Método Direto 101
    9.7.2 Método Indireto 102
    9.8 Imposto de renda e contribuição social sobre o lucro líquido.105
    9.9 Modelo da DFC da Empresa Sobral Invicta 105
    9.10 Questões de Prova 107

Capítulo 10 – Demonstração do Valor Adicionado 129
    10.1 Introdução 129
    10.2 Aspectos Legais..129
    10.3 Aspectos Econômicos 130
    10.4 Estrutura da DVA 131
    10.5 Questões de Prova 136

Capítulo 11 – Notas Explicativas das Demonstrações Contábeis. 148
    11.1 Introdução 148
    11.2 Aspectos da lei 148
    11.3 Aspectos das Normas Brasileira de Contabilidade 150
        11.3.1. Quanto a divulgação da políticas contábeis 151
        11.3.2 Quanto as incertezas das estimativas........................151
        11.3.3 Quanto a estrutura do capital 151
        11.3.4 Quanto aos instrumentos financeiros 152
        11.3.5 Quanto a outras divulgações 153
    11.4. Caso prático das NEs da Sobral Invicta S.A 153
    11.5 Questões de Prova 163

Capítulo 12 – Bibliografia 172

Capítulo 13 – Gabaritos...176

Capítulo 14 – Solução das Questões de Prova 178

Capítulo 1
INTRODUÇÃO

Estamos vivenciando, atualmente, um período no ambiente contábil brasileiro e internacional de grandes mudanças na teoria e na prática de procedimentos contábeis para estabelecer novos padrões internacionais para a contabilidade societária. Este cenário tem levado, os profissionais de contabilidade, a capacitarem se e atualizarem se com as novas normas internacionais. Este processo é irreversível, e proporciona um cenário de boas perspectivas e oportunidades, àqueles que se dedicarem ao estudo das Normas Brasileiras de Contabilidade – NBCs.

Com a globalização, houve uma integração entre os diferentes mercados mundiais que trouxeram necessidade da adoção de padrões contábeis uniformizados, para obtenção de informações fidedignas. Neste cenário, de muitas mudanças repentinas, o Brasil vem adotando os padrões contábeis internacionais, o que foi formalizado em 2007, com a emissão de novas leis, pronunciamentos técnicos pelo Comitê de Pronunciamentos Contábeis – CPC, Instruções e deliberações emitidas pela Comissão de Valores Mobiliários – CVM e ainda com as normas técnicas emitida pelo Conselho Federal de Contabilidade.

Este livro tem como objetivo apresentar o processo e o estágio atual de convergência para os novos padrões internacionais, no Brasil, para as Pequenas e Médias empresas – PMEs, bem como apresentar o conjunto completo das Demonstrações Contábeis de acordo com todos os Comunicados de Pronunciamentos Contábeis – CPCs aprovados pelo Conselho Federal de Contabilidade – CFC.

Este processo foi iniciado a partir de 2005, com a criação do Comitê de Pronunciamentos Contábeis (CPC). A lei que rege a contabilidade societária no Brasil (Lei 6.404/76) que foi alterada pelas Leis n° 11.638/07 e n° 11.941/09, a fim de possibilitar a convergência e permitir o acesso das empresas brasileiras a capitais externos com custo e taxa de risco menor.

A adoção dos novos padrões a partir de 01/01/2010 foi mais fácil para as Empresas de Grande Porte - EGP e as de capital aberto, tendo em vista que já eram auditadas por auditoria independente e a transição foi mais tranquila.

Entretanto, a grande maioria das pequenas e médias empresas ainda não fez a adoção dos novos padrões. Prova disto, foi a emissão pelo Conselho Federal de Contabilidade - CFC da CTG 1.000 – Adoção Plena da NBC TG 1.000 (R1) possibilitando a adoção a partir de 2013 e também da emissão da ITG 1.000 – Modelo Contábil para Microempresa (ME) e Empresa de Pequeno Porte (EPP), permitindo a adoção a partir de 2012.

De acordo com Riva e Salotti (2015), o Brasil antecipou-se a diversos outros países de economia avançada na adoção das IFRS para PME, com a aprovação do CPC para PME, transformando-a em norma e, no final de 2009. Com o objetivo de impulsionar essas empresas a aderirem ao padrão o CFC emitiu a ITG 1.000, em anexo, na qual trata-se de um documento que contempla conteúdo sucinto e de simples entendimento. Neste documento, recomendam-se critérios contábeis mais simplificados. Mesmo assim, existe ainda hoje um cenário de adoção aos novos padrões muito baixo, inclusive pelos escritórios de contabilidade.

Logo, esta obra foi escrita de forma didática, com exemplos práticos ilustrativos e de acordo com os novos padrões, visando a contribuir com o setor acadêmico e o mercado de trabalho. Para facilitar o processo de compreensão e aprendizagem do leitor, a partir do quarto capítulo é complementado com questões de provas, acompanhadas de resoluções no final do livro.

Capítulo 2
CONTABILIDADE INTERNACIONAL

A contabilidade internacional têm sido objeto de estudo intenso nos últimos anos, principalmente com os avanços decorrentes da diversificação de eventos que ocorrem a todo instante no mundo.

Com isso, surge a necessidade do profissional contábil de adaptar-se com essas mudanças dos padrões.

Essa adaptação tem enfrentado barreiras como divergências políticas, econômicas e sociais, sem falar do idioma, da moeda e das diferenças existentes entre os princípios contábeis adotados em cada país.

Isso tem feito com que a divulgação e a forma de apresentação das demonstrações contábeis, relacionadas aos mais diversos tipos de atividade empresarial, sejam interpretadas de forma inadequada quanto às informações nelas contidas, provocando resultados defasados nos demonstrativos das empresas.

2.1. Os motivos da convergência e o novo ambiente

A necessidade de fazer uso de padrões internacionais de contabilidade surge na economia mundial como exigência para redução dos custos, dos riscos e até mesmo para manutenção das negociações entre companhias de países diferentes, principalmente a partir das décadas de 1950-1960, no pós-guerra, com o restabelecimento das relações comerciais entre algumas das principais economias mundiais, (Niyama, 2010).

A padronização das normas contábeis tornou-se imprescindível no cenário moderno uma vez que empresas de diversos países passaram a expandir seus negócios para fora de suas fronteiras. A padronização tem por objetivo proporcionar que teorias e práticas sejam adotadas em diversos países, de forma homogênea.

Para promover o avanço econômico e a facilidade de diálogo e transações entre as companhias compreendidas em diversos continentes do mundo, foi fundamental o avanço dos estudos e pesquisas contábeis, constituindo, desta forma, uma grande contribuição da ciência contábil à evolução econômica e social mundial.

2.2 A classe contábil, sua importância e as consequências promovidas pelas normas

A padronização das normas contábeis, vista como um grande desafio para a categoria em todo o mundo e também como uma grande oportunidade de valorização profissional, tornou viável a divulgação de informações de forma mais transparente e comparáveis, ao mesmo tempo em que reduziu os custos de divulgação dos relatórios contábeis.

Desta forma, destaca-se a grande importância do Contador no desenvolvimento das empresas em todo o mundo no que tange à adequação dos demonstrativos contábeis aos padrões internacionais, uma vez que a revolução nos procedimentos contábeis ocasionou mudanças de teorias, de métodos de classificação e de mensuração, de divulgação, além do maior poder de julgamento exigido do profissional contábil.

A educação profissional continuada na contabilidade, tem sido primordial para que a nossa categoria esteja preparada, haja vista o longo caminho a percorrer para que a adequação que o mercado internacional almeja seja alcançada.

Mesmo com o curto prazo oferecido para adaptação dos profissionais e setores às normas internacionais, e entendendo que toda mudança gera gasto e transtorno, é valiosa e necessária a atuação dos órgãos brasileiros, como a CVM, CFC e o IBRACON, na busca de oferecer as condições mínimas ao profissional para que este promova com sucesso a referida adequação.

Ainda que de forma modesta, cursos para capacitação e qualificação dos profissionais são oferecidos pelo mercado com intuito de qualificar, de fornecer informações e práticas que são exigidas para a excelência do exercício profissional.

Da mesma forma, as universidades já se adaptam às exigências do mercado, buscando professores atualizados e promovendo treinamentos do quadro docente, tudo isso para formar futuros profissionais capacitados a atender às novas exigências do setor.

O ambiente atual exige um profissional atento às novidades do setor, com conhecimento suficiente para evitar os riscos de os procedimentos não atenderem às necessidades atuais. Com um mercado dinâmico e com tantos riscos e oportunidades envolvidos, o profissional atualizado em relação ao novo padrão normativo será cada vez mais requisitado e valorizado.

O despreparo de parte dos profissionais causa várias consequências, dentre elas, o baixo valor dos honorários cobrados, além do transtorno ao seu cliente, ao cometer erros por desconhecimento das normas contábeis.

2.3. Os órgãos internacionais de contabilidade emissores de norma

Apresenta-se a seguir alguns organismos internacionais de contabilidade, segundo (Niyama,2008):

a) The International Accounting Standards Board – IASB (Colegiado de Padrões Contábeis Internacional)

O IASB teve como seu antecessor o Comitê de Normas Internacionais de Contabilidade (IASC – 1973 a 2001). É um organismo independente, privado, com sede em Londres, Grã-Bretanha. É formado por um Conselho de Membros e o Brasil é representado pelo IBRACON e CFC.

O IASB tem os seguintes objetivos: a) desenvolver, no interesse público, um único conjunto de normas contábeis globais de alta qualidade, compreensível, exequíveis, que exijam informações de alta qualidade, transparentes e comparáveis nas demonstrações contábeis para ajudar os participantes de mercado de capital e outros usuários em todo o mundo a tomar decisões econômicas; b) promover o uso e aplicação rigorosa dessas normas; e c) promover a convergência entre as normas contábeis locais e as Normas Internacionais de Contabilidade de alta qualidade.

b) The International Federation of Accountants – IFAC (Federação Internacional de Contadores)

O IFAC é um organismo mundial que representa a profissão contábil. Sediado atualmente em Nova York, foi fundado em 1977, em Munique, Alemanha. Tem a participação de diversos membros e o Brasil é representado pelo IBRACON e CFC.

Tem como missão estreitar o relacionamento da profissão contábil e publica padrões profissionais e recomendações através de seus comitêm (Padrões de Auditoria, Educação, Ética, Contadores Profissionais para o gerenciamento de Negócios, Setor Público e Auditores Transnacionais)

c) Comitê de Pronunciamentos Contábeis – CPC.

Criado pela Resolução CFC nº 1.055, de 07/10/2005, é composto por seis entidades: ABRASCA, APIMEC, BM&F BOVESPA, CFC, IBRACON E FIPECAI. Hoje foi ampliado para 12 membros e membros convidados do BACEN, CVM, SRF e SUSEP. Os membros convidados não têm direito a voto.

O CPC tem como objetivo o estudo, o preparo e a emissão de Pronunciamentos Técnicos sobre procedimentos de contabilidade e a divulgação de informações dessa natureza, para permitir a emissão de normas pela entidade reguladora brasileira, visando a centralização do seu processo de produção, levando sempre em conta a convergência da contabilidade brasileira aos padrões internacionais.

Cabe um esclarecimento sobre o Financial Accounting Standards Board – FASB. Trata-se de uma entidade constituída nos Estados Unidos da América, tendo por função desenvolver e implementar as normas contábeis e que, apesar de não ser um organismo internacional, é reconhecida mundialmente pelo mercado de capitais, uma vez que se trata da maior economia do mundo.

2.4. As Normas em Vigor

A harmonização dos padrões contábeis já conta hoje com um conjunto de normas aprovadas pelo CFC. Neste sentido, seguem quadros das Normas Internacionais com as equivalentes já traduzidas e editadas no Brasil.

Capítulo 2 – Contabilidade Internacional

Quadro 1A – Resumo das Normas – Pronunciamento

Pronunciamentos Contábeis Internacionais	Referência às Normas emitidas pelo CFC	Pronunciamento	Referência Norma Internacional	NBC TG 1.000 (R1) CPC PME Seções
CPC 00 (R1)	NBC TG ESTRUTURA CONCEITUAL	Estrutura Conceitual para a Elaboração e Apresentação das Demonstrações contábeis	FRAMEWORK	1 e 2
CPC 01(R1)	NBC TG 01 (R3)	Redução ao Valor Recuperável de Ativos (IAS 36)	IAS36	27
CPC 02 (R2)	NBC TG 02 (R2)	Efeitos das Mudanças nas Taxas de Câmbio e Conversão de Demonstrações Contábeis (IAS 21)	IAS 21	30
CPC 03 (R2)	NBC TG 03 (R3)	Demonstração dos Fluxos de Caixa (IAS 7)	IAS 7	7
CPC 04 (R1)	NBC TG 04 (R3)	Ativo Intangível (IAS 38)	IAS 38	18
CPC 05 (R1)	NBC TG 05 (R3)	Divulgação sobre Partes Relacionadas (IAS 24)	IAS 24	33
CPC 06 (R1)	NBC TG 06 (R2)	Operações de Arrendamento Mercantil (IAS 17)	IAS 17	20
CPC 07 (R1)	NBC TG 07(R1)	Subvenção e Assistência Governamentais (IAS 20)	IAS 20	24
CPC 08 (R1)	NBC TG 08	Custos de Transação e Prêmios na Emissão de Títulos e Valores Mobiliários (IAS 39 - partes)	IAS 39	–
CPC 09	NBC TG 09	Demonstração do Valor Adicionado (DVA)	–	–
CPC 10 (R1)	NBC TG 10 (R2)	Pagamento Baseado em Ações (IFRS 2)	IFRS 2	26
CPC 11	NBC TG 11 (R1)	Contratos de Seguro (IFRS 4)	IFRS 4	–
CPC 12	NBC TG 12	Ajuste a Valor Presente	IFRIC 1	–
CPC 13	NBC TG 13	Adoção Inicial da Lei no. 11.638/07 e da Medida Provisória no. 449/08	IFRIC 5	–
CPC 14 - Transformado em OCPC 03	–	Instrumentos Financeiros: Reconhecimento, Mensuração e Evidenciação (Fase I)	IFRIC 2	11 e 12
CPC 15 (R1)	NBC TG 15 (R3)	Combinação de Negócios (IFRS 3)	IFRS 3	19
CPC 16 (R1)	NBC TG 16 (R1)	Estoques (IAS 2)	IAS 2	13
CPC 17 (R1)	NBC TG 17	Contratos de Construção (IAS 11)	IAS 11	–

Pronunciamentos Contábeis Internacionais	Referência às Normas emitidas pelo CFC	Pronunciamento	Referência Norma Internacional	NBC TG 1.000 (R1) CPC PME Seções
CPC 18 (R2)	NBC TG 18 (R2)	Investimento em Coligada e em Controlada (IAS 28)	IAS 28	14
CPC 19 (R2)	NBC TG 19 (R2)	Investimento em Empreendimento Controlado em Conjunto (*Joint Venture*)(IAS 31)	IAS 31	15
CPC 20 (R1)	NBC TG 20 (R1)	Custos de Empréstimos (IAS 23)	IAS 23	25
CPC 21 (R1)	NBC TG 21 (R3)	Demonstração Intermediária (IAS 34)	IAS 34	–
CPC 22	NBC TG 22 (R2)	Informações por Segmento (IFRS 8)	IFRS 8	–
CPC 23	NBC TG 23 (R1)	Políticas Contábeis, Mudança de Estimativa e Retificação de Erro (IAS 8)	IAS 8	10
CPC 24	NBC TG 24 (R1)	Evento Subsequente (IAS 10)	IAS 10	32
CPC 25	NBC TG 25 (R1)	Provisões, Passivos Contingentes e Ativos Contingentes (IAS 37)	IAS 37	21
CPC 26 (R1)	NBC TG 26 (R4)	Apresentação das Demonstrações Contábeis (IAS 1)	IAS 1	3
CPC 27	NBC TG 27 (R3)	Ativo Imobilizado (IAS 16)	IAS 16	17
CPC 28	NBC TG 28 (R3)	Propriedade para Investimento (IAS 40)	IAS 40	16
CPC 29	NBC TG 29 (R2)	Ativo Biológico e Produto Agrícola (IAS 41)	IAS 41	–
CPC 30 (R1)	NBC TG 30	Receitas (IAS 18)	IAS 18	23
CPC 31	NBC TG 31 (R3)	Ativo Não Circulante Mantido para Venda e Operação Descontinuada (IFRS 5)	IFRS 5	–
CPC 32	NBC TG 32 (R3)	Tributos sobre o Lucro (IAS 12)	IAS 12	29
CPC 33 (R1)	NBC TG 33 (R2)	Benefícios a Empregados (IAS 19)	IAS 19	28
CPC 34 – não editado	–	Exploração e Avaliação de Recursos Minerais (IFRS 6)	IFRS 6	–
CPC 35 (R2)	NBC TG 35 (R2)	Demonstrações Separadas (IAS 27)	IAS 27	9
CPC 36 (R3)	NBC TG 36 (R3)	Demonstrações Consolidadas (IAS 27)	IAS 27	9

Capítulo 2 – Contabilidade Internacional

Pronunciamentos Contábeis Internacionais	Referência às Normas emitidas pelo CFC	Pronunciamento	Referência Norma Internacional	NBC TG 1.000 (R1) CPC PME Seções
CPC 37 (R1)	NBC TG 37 (R4)	Adoção Inicial das Normas Internacionais de Contabilidade (IFRS 1)	IFRS 1	35
CPC 38	NBC TG 38 (R3)	Instrumentos Financeiros: Reconhecimento e Mensuração (IAS 39)	IAS 39	11 e 12
CPC 39	NBC TG 39 (R4)	Instrumentos Financeiros: Apresentação (IAS 32)	IAS 32	11 e 12
CPC 40 (R1)	NBC TG 40 (R2)	Instrumentos Financeiros: Evidenciação (IFRS 7)	IFRS 7	11 e 12
CPC 41	NBC TG 41 (R1)	Resultado por Ação (IAS 33)	IAS 33	–
CPC 42 – não editado	–	Contabilidade e Evidenciação em Economia Altamente Inflacionária	–	–
CPC 43 (R1)	NBC TG 43	Adoção Inicial dos Pronunciamentos Técnicos CPC 15 a 40	–	–
CPC 44	NBC TG 44	Demonstrações Combinadas	–	–
CPC 45	NBC TG 45 (R2)	Divulgação de Participações em Outras Entidades	–	–
CPC 46	NBC TG 46 (R1)	Mensuração do Valor Justo	–	–
CPC 47	NBC TG 47	Receita de Contrato com Cliente	–	–
CPC 48	NBC TG 48	Instrumentos Financeiros	–	–
CPC PME	NBC TG 1.000 (R1)	Contabilidade para Pequenas e Médias Empresas	IFRS for SMEs	–

Fonte: Elaboração Própria

Quadro 1B – Resumo das Normas - Orientação e Interpretação

Pronunciamentos Contábeis Internacionais	Referência às Normas emitidas pelo CFC	Orientação	Referência Norma Internacional	NBC TG 1.000 (R1) CPC PME Seções
OCPC 01 (R1)	CTG 01	Entidades de Incorporação Imobiliária (Orientação)	–	–
OCPC 02	CTG 02	Esclarecimentos sobre as Demonstrações Contábeis de 2008	–	–
OCPC 03 – (CPC 14 – R1)	CTG 03	Instrumentos Financeiros: Reconhecimento, Mensuração e Evidenciação	–	11 e 12
OCPC 04	CTG 04	Aplicação da Interpretação Técnica ICPC 02 às Entidades de Incorporação Imobiliária Brasileiras	–	–
OCPC 05	CTG 05	Contratos de Concessão	–	11 e 12
OCPC 06	CTG 06	Apresentação de Informações Financeiras Pro Forma	–	–
OCPC 07	CTG 07	Evidenciação na Divulgação dos Relatórios Contábil-Financeiros de Propósito Geral	–	–
OCPC 08	CTG 08	Reconhecimento de Determinados Ativos e Passivos nos Relatórios Contábil-Financeiros de Propósito Geral das Distribuidoras de Energia Elétrica emitidos de acordo com as Normas Brasileiras e Internacionais de Contabilidade	–	–
ICPC 01 (R1)	ITG 01	Contratos de Concessão (IFRIC 12)	IFRIC 12	–
ICPC 02	ITG 02	Contrato de Construção do Setor Imobiliário (IFRIC 15)	IFRIC 15	–
ICPC 03	ITG 03 (R1)	Aspectos Complementares das Operações de Arrendamento Mercantil (IFRIC 4, SIC 15 e SIC 27)	IFRIC 4 SIC 15 SIC 27	20
ICPC 04 – (Revogado)	–	Alcance do Pronunciamento Técnico CPC10 pagamento baseado em ações (IFRIC 8)	IFRIC 8	26
ICPC 05 -Revogado	–	Pronunciamento Técnico CPC 10 - Pagamento Baseado em ações - Transações de Ações do Grupo e em Tesouraria (IFRIC 11)	IFRIC 11	26

Capítulo 2 – Contabilidade Internacional

Pronunciamentos Contábeis Internacionais	Referência às Normas emitidas pelo CFC	Orientação	Referência Norma Internacional	NBC TG 1.000 (R1) CPC PME Seções
ICPC 06	ITG 06	*Hedge* de Investimento Líquido em uma Operação no Exterior (IFRC 16)	IFRIC 16	–
ICPC 07	ITG 07 (R1)	Distribuição de Lucros *in Natura*	–	–
ICPC 08 (R1)	ITG 08	Contabilização da Proposta de Pagamento de Dividendos	–	–
ICPC 09(R2)	ITG 09	Demonstrações Contábeis Individuais, Demonstrações Contábeis Separadas, Demonstrações Consolidadas e Aplicação do Método de Equivalência Patrimonial	–	3 a 9
ICPC 10	ITG 10	Interpretação sobre a Aplicação Inicial ao Ativo Imobilizado e à Propriedade para Investimento dos Pronunciamentos Técnicos CPCs 27, 28, 37 e 43	–	–
ICPC 11	ITG 11	Recebimento em Transferência de Ativos dos Clientes (IFRIC 18)	–	–
ICPC 12	ITG 12	Mudanças em Passivos por Desativação, Restauração e Outros Passivos Similares	–	–
ICPC 13	ITG 13 (R1)	Direitos a Participações Decorrentes de Fundos de Desativação, Restauração e Reabilitação Ambiental	–	–
ICPC 14	–	Cotas de Cooperados em Entidades Cooperativas e Instrumentos Similares	–	–
ICPC 15	ITG 15	Passivo Decorrente de Participação em um Mercado Específico - Resíduos de Equipamentos Eletroeletrônicos	–	–
ICPC 16	ITG 16 (R1)	Extinção de Passivos Financeiros com Instrumentos Patrimoniais	–	–
ICPC 17	ITG 17	Contratos de Concessão – Evidenciação	–	–
ICPC 18	ITG 18	Custos de Remoção de Estéril (Stripping) de Mina de Superfície na Fase de Produção	–	–
ICPC 19	ITG 19	Tributos	–	–

Pronunciamentos Contábeis Internacionais	Referência às Normas emitidas pelo CFC	Orientação	Referência Norma Internacional	NBC TG 1.000 (R1) CPC PME Seções
ICPC 20	ITG 20	Limite de Ativo de Benefício Definido, Requisitos de Custeio (Funding) mínimo e sua Interação	–	–
–	ITG 1.000	Modelo contábil para microempresa e empresa de pequeno porte	–	–
–	CTG 1.000	Adoção Plena NBC TG 1.000	–	–
–	OTG 1.000	Modelo contábil para microempresa e empresa de pequeno porte	–	–

Fonte: Elaboração Própria

2.5. Aplicabilidade das Normas no Brasil

A adoção dos novos padrões internacionais passou a vigorar no Brasil a partir de 01/01/2010, tomando como base as Leis 11.638/2007 e 11.941/2009 para as Pequenas e Médias empresas – PMEs e Empresas de Grande Porte – EGP (sociedade ou conjunto de sociedades sob controle comum que tiver, no exercício social anterior, ativo total superior a R$ 240.000.000,00 (duzentos e quarenta milhões de reais) ou receita bruta anual superior a R$ 300.000.000,00 (trezentos milhões de reais).

É indiscutível que as EGP, listadas na CVM, passaram a adotar os novos padrões no prazo. Entretanto, as PMEs estão até hoje com muita dificuldade de adoção aos novos padrões e o Conselho Federal de Contabilidade – CFC, compreendendo esta situação, aprovou a ITG 1.000 – Modelo Contábil para Microempresa e Empresa de Pequeno Porte, com vigência a partir de 2012 e ITG 2002 – Entidade sem Finalidade de Lucro e o a CTG 1.000 – Adoção Plena da NBC TG 1.000 (R1) com vigência a partir de 2013.

É importante esclarecer que o profissional de contabilidade precisa saber qual o conjunto de normas que deve ser aplicado às empresas. Neste sentido, a escrituração deve obedecer a ITG 2000 (R1) e seguir a Orientação Técnica Geral (OTG) 1000 (R1) que dispõe sobre o modelo contábil para microempresa e empresa de pequeno porte, anexos a esta obra. Apresenta-se a seguir o quadro 2 e a figura 1 que detalha a aplicabilidade das normas para uma melhor compreensão.

Quadro 2: Aplicabilidade das Normas

NORMAS	EMPRESAS A SEREM APLICADAS A NORMA	VIGÊNCIA	DIVULGAÇÃO NO BALANÇO PATRIMONIAL		DEMONSTRAÇÕES CONTÁBEIS OBRIGATÓRIAS
			Saldo Inicial	Saldo Final	
CPCs aprovados pelo CFC (46) Full IFRS – Completo	Empresas de Grande Porte – EGP conforme definido na Lei 11.638/2007 e Empresas que têm obrigação pública de Prestação de Contas.	01-01-2010	01-01-2009	31-12-2009 31-12-2010	DRE, DRA, BP, DFC, DMPL, DVA (somente para empresas listadas na CVM) e Notas Explicativas.
NBC TG 1.000 (R1)	Empresas que não têm obrigação pública de Prestação de Contas e elabora demonstrações contábeis para fins gerais para usuários externos.	01-01-2010	01-01-2009	31-12-2009 31-12-2010	DRE, DRA, BP, DFC, DMPL e Notas Explicativas.
CTG 1.000 – Adoção Plena da NBC TG 1.000 (R1)	Empresas que não tem obrigação pública de Prestação de Contas e elabora demonstrações contábeis para fins gerais para usuários externos que não fizeram adoção até 31-12-2012.	01-01-2013	01-01-2012	31-12-2012 31-12-2013	DRE, DRA, BP, DFC, DMPL e Notas Explicativas.
ITG 1.000 – modelo Contábil para Microempresa e Empresa de Pequeno Porte	Microempresa e Empresa de Pequeno Porte – ME e EPP (sociedade empresária, a sociedade simples, a empresa individual de responsabilidade limitada ou o empresário a que se refere o Art. 966 da Lei n.º 10.406/02, que tenha auferido, no ano calendário anterior, receita bruta anual até os limites previstos nos incisos I e II do Art. 3º da Lei Complementar n.º 123/06.	01-01-2012	01-01-2011	31-12-2011 31-12-2012	DRE, BP e Notas Explicativas. No item 27 da ITG 1.000 define que as demais demonstrações (DRA, DFC e DMPL) apesar de não serem obrigatórias o CFC estimula a sua elaboração.
ITG 2002 – Entidade sem Finalidade de Lucros	Entidade sem finalidade de lucros que pode ser constituída sob a natureza jurídica de fundação de direito privado, associação, organização social, organização religiosa, partido político e entidade sindical.	01-01-2012	01-01-2011	31-12-2011 31-12-2012	DRE, BP, DFC, DMPL e Notas Explicativas.

Fonte: Elaboração Própria.

Figura 1: FLUXOGRAMA DE APLICAÇÃO DAS NORMAS

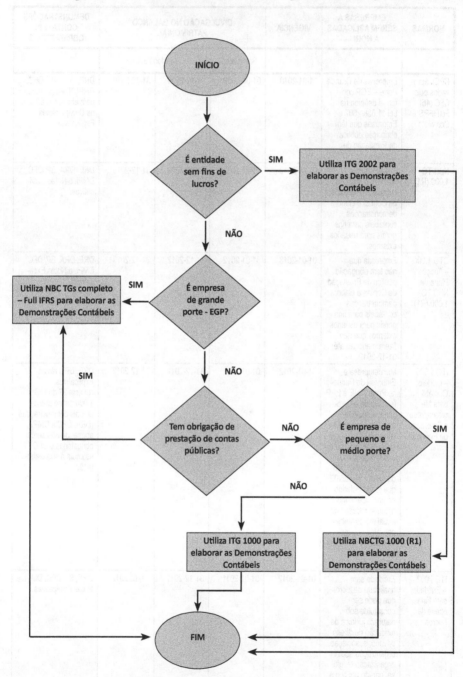

Fonte: Elaboração Própria.

2.5.1. Exemplos de aplicação das normas
Exemplo 1: ADOÇÃO DA ITG 1.000

Como mencionado anteriormente, as EGP já adotaram os novos padrões internacionais. O desafio agora recai para as Microempresas e Empresas de Pequeno porte. Neste sentido, este exemplo apresenta uma contribuição prática para adoção utilizando a ITG 1.000, partindo de dados reais de uma empresa limitada enquadrada no Simples Nacional e que utilizou o nome fantasia de Empresa ABC Ltda. As informações foram fornecidas por um escritório de contabilidade que ainda não adotou os novos padrões para a referida empresa. Ademais, não tivemos acesso aos documentos e consideramos apenas as informações disponibilizadas. Os demonstrativos disponibilizados pelo escritório, até o momento de nossa pesquisa, eram somente a DRE e BP. Solicitou-se então os demonstrativos de 2011 (01-01-2011 e 31-12-2011) e 2012 visando fazer a adoção a partir de 2012.

Assim, apresenta-se um passo a passo para a adoção da ITG 1.000 para a Empresa ABC Ltda.:

1º Passo: Verificar o tipo de empresa e qual será a norma aplicável utilizando a Figura 1 – Fluxograma de aplicação das normas. Neste sentido, a empresa ABC Ltda. não é uma EGP e não tem obrigatoriedade de prestação pública de contas. Trata-se de uma sociedade limitada, enquadrada no simples nacional que deve adotar a ITG 1.000.

2º Passo: Verificar no Quadro 2 – Aplicabilidade das Normas: as datas de vigência, de divulgação no balanço patrimonial e demonstrações contábeis obrigatórias. Com isso, verificou-se: **a)** período de vigência - a partir de 01/01/2012; **b)** Divulgação no balanço – saldo inicial em 01-01-2011; saldo final em 31-12-2011 e 31-12-2012, **c)** demonstrações contábeis a serem elaboradas obrigatoriamente – DRE, BP e Notas Explicativas. Apesar do conselho não considerar obrigatórios os demonstrativos DRA, DFC e DMPL, os autores aconselham que na adoção inicial sejam elaborados.

3º Passo: A partir do saldo inicial em 01-01-2011, fazer as reclassificações necessárias para os novos padrões até 31-12-2011. A partir deste momento, toda escrituração do ano de 2012 tem que estar de acordo com os novos padrões, respeitando as características qualitativas das demonstrações contábeis (Fundamentais: relevância e representação fidedigna. De Melhoria: compreensibilidade, tempestividade, verificabilidade e comparabilidade). Este momento é muito importante na adoção dos novos padrões. Todos os saldos de contas devem retratar a realidade, com confiabilidade. É o caso desta empresa. É importante destacar, entretanto, a ocorrência de um problema comum, que é percebido no momento da adoção: empresas que não fazem conciliação bancária, onde os sócios gastam recursos da empresa e omitem estes fatos do escritório de contabilidade, desrespeito o princípio da entidade. Como não repassam os extratos bancários e demais documentos hábeis, são geradas distorções como um saldo de disponibilidades muito alto, inexistente. Em decorrência, a adoção só deverá ser feita trazendo os saldos aos seus valores reais. No caso de caixa elevado, creditar este e debitar o PL. Na maioria dos casos, a empresa passará a ter um passivo a descoberto, cuja justificativa deve ser detalhada em nota explicativa.

4º **Passo:** Elaborar a DRE, a DRA (se existir algum item abrangente), o BP (com saldo inicial em 01/01/2011; saldo final em 31-12-2011 e saldo final em 31-12-2012), a DFC (pode utilizar o método direto ou indireto), a DMPL e as Notas Explicativas (não foram apresentadas notas explicativas das contas patrimoniais em virtude de não termos obtido informações detalhadas sobre seus saldos).

A seguir, apresenta-se as demonstrações contábeis da Empresa ABC Ltda. de acordo com os novos padrões.

Capítulo 2 – Contabilidade Internacional

ABC Ltda.

**BALANÇO PATRIMONIAL
EM 31 DE DEZEMBRO**

Em R$

ATIVO	2012	2011	01/01/2011	PASSIVO	2012	2011	01/01/2011
ATIVO CIRCULANTE	27.771,02	56.186,84	43.478,25	PASSIVO CIRCULANTE	35.497,12	54.096,31	34.419,34
Caixa e Equivalente de Caixa	27.771,02	816,84	7.782,25	Fornecedores	974,40		1.259,46
Contas a Receber de Clientes		55.370,00	35.696,00	Empréstimos e Financiamentos	-	17.947,42	
				Obrigações Tributárias	14.318,24	12.290,76	13.481,64
				Obrigações Trabalhistas e Sociais	14.713,10	18.680,69	15.045,50
				Outras Contas a Pagar	5.491,38	5.177,44	4.632,74
ATIVO NÃO CIRCULANTE	17.726,10	7.909,47	841,09	PASSIVO NÃO CIRCULANTE	0,00	0,00	0,00
REALIZÁVEL A LONGO PRAZO	0,00	0,00	0,00				
INVESTIMENTOS				PATRIMÔNIO LÍQUIDO	10.000,00	10.000,00	10.000,00
IMOBILIZADO	17.726,10	7.909,47	841,09	Capital Social	10.000,00	10.000,00	10.000,00
INTANGÍVEL				Reservas de Capital			
DIFERIDO				Reservas de Lucros			
				Ajuste de Avaliação patrimonial			
				Prejuízos Acumulados			
				(-) Ações em Tesouraria			
TOTAL	45.497,12	64.096,31	44.319,34	TOTAL	45.497,12	64.096,31	44.419,34

ABC Ltda.

DEMONSTRAÇÃO DO RESULTADO		
Exercícios Findos em 31 de Dezembro		
Em R$		
	2012	2011
Receita de Vendas (Nota 3)	1.227.672,77	1.074.648,33
Custos das Vendas	-	-
Lucro Bruto	1.227.672,77	1.074.648,33
Despesas com Vendas	-	-
Despesas Gerais e Administrativas	-504.561,46	-434.646,58
Lucro Operacional	**723.111,31**	**640.001,75**
Resultado Financeiro	-15.014,69	-9.914,42
Receita Financeira	-	-
Despesa Financeira	-15.014,69	-9.914,42
Lucro antes do Imposto de Renda e da Contribuição Social	708.096,62	630.087,33
Imposto de Renda e Contribuição Social (Nota 11)	-15.111,40	-13.300,00
Lucro Líquido do Exercício	**692.985,22**	**616.787,33**
Quantidade de Quotas	10.000	10.000
Lucro Líquido por quota do capital social no fim do exercício	69,30	61,68

ABC Ltda.

DEMONSTRAÇÃO DO RESULTADO ABRANGENTE		
Exercícios Findos em 31 de Dezembro		
Em R$		
	2012	2011
LUCRO LÍQUIDO DO PERÍODO DE APURAÇÃO	**692.985,22**	**616.787,33**
(+) Itens Abrangentes	-	-
(-) Itens Abrangentes	-	-
(=) Total do resultado Abrangente do Exercício	**692.985,22**	**616.787,33**

ABC Ltda.

DEMONSTRAÇÃO DO FLUXO DE CAIXA		
Exercícios Findos em 31 de Dezembro		
Em R$		
	2012	2011
Fluxo das atividades operacionais		
Lucro Líquido	692.985,22	616.787,33
Ajustes		
Depreciação	1.356,17	599,42
Lucro Ajustado	694.341,39	617.386,75
Variações nos ativos e passivos		
contas a receber	55.370,00	-19.674,00
Fornecedores	974,40	-1.259,46
Obrigações Fiscais	2.027,48	-1.190,88
Obrigações Trabalhistas e Sociais	-3.967,59	3.635,19
Outras Contas a Pagar	313,94	544,70
Caixa Líquido atividades operacionais	749.059,62	599.442,30
Fluxo das atividades Investimento		
Aquisição de Imobilizado	-11.172,80	-7.567,80
Venda de Ativo imobilizado	0,00	0,00
Caixa Líquido atividades de investimento	-11.172,80	-7.567,80
Fluxo das atividades Financiamento		
Captação de empréstimos e fiannciamentos		
Amortização de Empréstimos e Financiamentos	-17.947,42	17.947,42
Distribuição de lucros pagos	-692.985,22	-616.787,33
Caixa Líquido atividades de financiamento	-710.932,64	-598.839,91
Aumento (Redução) de caixa e equivalente de caixa	26.954,18	-6.965,41
Caixa e Equivalente de caixa no Início do exercício	816,84	7.782,25
Caixa e Equivalente de caixa no Final do exercício	27.771,02	816,84

ABC Ltda.

DEMONSTRAÇÃO DAS MUTAÇÕES DO PATRIMÔNIO LÍQUIDO						
Em R$						
	Capital Social	Reservas de Capital	Reservas de Lucros Legal	Reservas de Lucros Retenção	Lucros Acumulados	Total
Saldos em 01 de janeiro de 2010	10.000,00	0,00	0,00	0,00	0,00	10.000,00
Lucro líquido do Exercício					616.787,33	616.787,33
Destinação do lucro Líquido						0,00
. Reserva Legal						0,00
. Reserva de Lucro						0,00
. Dividendos Pagos					-616.787,33	-616.787,33
Saldo em 31 de dezembro de 2010	10.000,00	0,00	0,00	0,00	0,00	10.000,00
Lucro líquido do Exercício					692.985,22	692.985,22
. Reserva Legal						0,00
. Reserva de Lucro						0,00
. Dividendos Pagos					-692.985,22	-692.985,22
Saldo em 31 de dezembro de 2011	10.000,00	0,00	0,00	0,00	0,00	10.000,00

NOTAS EXPLICATIVAS da empresa ABC Ltda.

1. INFORMAÇÕES GERAIS

A Empresa ABC Ltda. é uma sociedade Simples Limitada, com sede e foro na cidade do Rio de Janeiro, Estado do Rio de Janeiro, tendo como objeto social a prestação de serviços de divulgação de notícias, distribuição de material de imprensa, serviços de agenciamento de notícias, redação e edição de textos, edição de imagens e edição de material publicitário.

2. RESUMO DAS PRINCIPAIS PRÁTICAS CONTÁBEIS

A preparação destas demonstrações contábeis estão definidas abaixo. Essas políticas foram aplicadas de modo consistente nos exercícios apresentados, respeitando o princípio da competência e as características qualitativas das Demonstrações Contábeis **2.1 – Base de preparação e apresentação:** As presentes demonstrações financeiras foram elaboradas no exercício findo em 31 de dezembro de 2012 de acordo com a ITG 1.000 – Modelo Contábil para Microempresa e Empresa de Pequeno Porte, emitida pelo Conselho Federal de Contabilidade (CFC), fazendo a adoção inicial neste exercício, e respeitando os critérios de

Escrituração Contábil definidos na ITG 2000. **2.2 - Moeda funcional e moeda de apresentação:** Os itens incluídos nas demonstrações financeiras são mensurados usando a moeda do principal ambiente econômico no qual a Companhia atua (moeda funcional). As demonstrações financeiras estão apresentadas em reais, que é a moeda funcional da Empresa, também, a sua moeda de apresentação. **2.3 - Caixa e equivalentes de caixa:** Caixa e equivalentes de caixa incluem dinheiro em caixa e depósitos bancários. É também considerado neste item, quando realizado, aplicações de curto prazo de alta liquidez, com vencimentos originais de até três meses. **2.4 - Instrumentos financeiros:** A empresa opera com poucos instrumentos financeiros, com destaque para disponibilidades e contas a pagar a fornecedores. **2.5 - Contas a receber de clientes:** As contas a receber de clientes são inicialmente reconhecidas pelo valor da transação e subsequentemente mensuradas pelo custo amortizado com o uso do método da taxa de juros efetiva. **2.6 - Estoques:** A empresa tem somente estoque de material de consumo. Compra somente o necessário para consumo no mês. **2.7 - Imobilizado:** Os itens do imobilizado são demonstrados ao custo histórico de aquisição menos o valor da depreciação calculada pelo método linear. Não existe perda por desvalorização. Com a adoção dos novos padrões foram definidos novos tempos de vida útil dos ativos com novas estimativas de depreciação. **2.8 - Fornecedores:** As contas a pagar aos fornecedores são inicialmente reconhecidas pelo valor justo e, subsequentemente, mensuradas pelo custo amortizado com o uso do método de taxa de juros efetiva. **2.9 - Empréstimos:** A empresa não efetuou empréstimo no exercício. **2.10 - Provisões:** As provisões são reconhecidas quando a empresa tem uma obrigação presente, legal ou não formalizada como resultado de eventos passados, é provável que uma saída de recursos seja necessária para liquidar a obrigação e uma estimativa confiável do valor possa ser feita. **2.11 - Reconhecimento da receita:** A receita compreende o valor justo da prestação de serviços e o seu reconhecimento se dá quando estimado de forma confiável tomando como base o estágio de execução da transação. O montante de receitas é equivalente ao valor das notas fiscais emitidas. **2.12 – Tributos e Contribuições:** A empresa está enquadrada no Simples Nacional e contribuiu com os seguintes tributos tomando como base a tabela progressiva da legislação vigente: PIS/PASEP; COFINS; CSLL; IRPJ; CPP e ISS.

2.13 - Distribuição de Lucros: A distribuição de lucros para os quotistas da empresa é reconhecida como passivo nas demonstrações financeiras, no período em que a distribuição é aprovada por eles. **2.14 – Carta de Responsabilidade da Administração:** Os Administradores da Empresa ABC emitiram e assinaram a Carta de Responsabilidade da Administração, dando mais segurança, transparência e confiabilidade aos documentos e informações que são utilizadas para a elaboração das demonstrações contábeis.

3. RECEITAS DE VENDAS

	2012	2011
Receita operacional bruta	1.312.066,64	1.149.020,00
Deduções de vendas	(84.393,87)	(74.371,67)
Receita operacional líquida	1.227.672,77	1.074.648,33

Esclarece-se novamente que não foram apresentadas notas explicativas das contas patrimoniais em virtude de não termos obtido informações detalhadas sobre seus saldos.

Exemplo 2: ADOÇÃO DA NBC TG 1.000 – (R1)

Como exemplo de adoção da NBC TG 1.000 (R1) apresentamos ao final de cada capítulo das demonstrações contábeis da empresa modelo Sobral Invicta S.A. Você pode comprovar lendo o capítulo das notas explicativas, Quadro 8, item 2.1, base de preparação e apresentação, no resumo das principais práticas contábeis.

Capítulo 3
DEMONSTRAÇÕES CONTÁBEIS

3.1 Introdução

As demonstrações contábeis representam de forma clara e concisa a posição patrimonial, financeira da entidade, assim como o seu desempenho econômico – financeiro, no qual pode ser evidenciado também através dos fluxos de caixa da entidade em um determinado período.

Para Iudícibus (2010) a demonstração ou relatório contábil é uma exposição resumida e ordenada dos principais fatos registrados pela contabilidade, em um determinado exercício. Segundo Azevedo (2012) as demonstrações contábeis são os melhores instrumentos que apresentam a situação ou estado de uma entidade.

O objetivo das demonstrações é proporcionar informações que sejam úteis a um grande número de usuários para tomada de decisões.

Evidencia se no ambiente empresarial, muitas decisões que podem ser determinantes para obtenção do resultado de uma entidade. No entanto, Silva e Souza (2011), descreve que para que as decisões sejam tomadas de forma mais acertada é imprescindível que os tomadores de decisão tenham à disposição informações confiáveis, úteis e tempestivas, dando mais racionalidade ao processo empresarial.

Diante disso, a contabilidade pode, através das demonstrações contábeis e da aplicabilidade das técnicas de análise, proporcionar tais informações que auxiliam na busca pela eficiência e competitividade das entidades. (Silva, & Souza, 2011).

Essas informações são apresentadas de forma fidedigna e seus efeitos ocorridos nas transações e outros eventos, proporcionarão condições de acordo com definições e critérios de reconhecimento para ativos, passivos, receitas e despesas conforme estabelecidos na NBC TG Estrutura Conceitual para elaboração e divulgação do relatório contábil - financeiro.

A entidade cujas demonstrações contábeis estejam em conformidade com a lei 6.404/76 e suas alterações, com as Normas Técnicas,

Interpretações e Orientações da NBCs devem ser declaradas de forma explícita em suas Notas Explicativas.

É importante ressaltar que na elaboração das demonstrações contábeis, a alta administração deve avaliar a capacidade da entidade em continuar em operação no futuro previsível.

As demonstrações devem ser elaboradas no pressuposto da continuidade, a menos que a administração tenha intenção de liquidar a entidade ou cessar seus negócios, ou ainda não possua uma alternativa realista senão a descontinuidade de suas atividades.

Quando a administração tiver ciência, ao fazer a sua avaliação, de incertezas relevantes relacionadas com eventos ou condições que possam lançar dúvidas significativas acerca da capacidade da entidade continuar em operação no futuro previsível, essas incertezas devem ser divulgadas.

Quando as demonstrações contábeis não forem elaboradas no pressuposto da continuidade, esse fato deve ser divulgado, juntamente com as bases sobre as quais as demonstrações foram elaboradas e a razão pela qual não se pressupõe a continuidade da entidade.

3.2 Objetivo

A importância de se evidenciar as demonstrações contábeis com um padrão de qualidade altivo, é visto pelos mercados e pelos investidores como uma ferramenta essencial para gestão dos seus negócios e para a correta avaliação dos resultados econômicos – financeiros, conforme Reis (2009).

Para melhorar o padrão de qualidade e dar maior transparência para os relatórios contábeis, a sua divulgação deve estar em consonância com os padrões Internacional, conforme comentado nos capítulos anteriores.

Sendo assim, a qualidade da informação contábil é essencial para todos os cidadãos, pois o resultado gerado por cada demonstrativo irá trazer elementos para o correto planejamento e controle de uma decisão sensata.

3.3 Exercício social

As informações completas das demonstrações contábeis deverão ser apresentadas anualmente. De acordo com o artigo 175 da Lei 6404/76, o exercício social terá a duração de um ano e seu término será fixado no Estatuto Social. No caso das Limitadas, quem fixará o término do exercício será o Contrato Social.

As datas de início e término do exercício social não precisam, necessariamente, coincidir com o ano civil, sendo possível, portanto, que a companhia possua exercício social com início em 01 de agosto e término em 31 de julho, como exemplo.

De acordo com o FIPECAFI (2010), caso a companhia altere a data do encerramento dos demonstrativos ou apresente um período superior ou inferior a um exercício social, ela deve divulgar:

a) o motivo por utilizar um período mais longo ou mais curto; e

b) o fato de que não são inteiramente comparáveis os montantes apresentados nessas demonstrações.

3.4 Demonstrações comparativas

Ao divulgar e publicar as informações pertinente as demonstrações contábeis comparativas com o período anterior, devem apresentar no mínimo dois balanços patrimoniais e duas de cada uma das demais demonstrações contábeis, bem como as respectivas notas explicativas.

Quando a entidade aplica uma política contábil retrospectivamente ou faz a divulgação retrospectiva de itens de suas demonstrações contábeis, ou ainda, quando reclassifica itens de suas demonstrações contábeis, estas deve apresentar, como mínimo, 3 (três) balanços patrimoniais e duas de cada uma das demais demonstrações contábeis, bem como as respectivas notas explicativas.

3.5 Agrupamento de contas semelhantes e de pequenos saldos

Nas demonstrações contábeis, as contas semelhantes com valor insignificante poderão ser agrupadas no mesmo grupo, desde que indicada a sua natureza e não ultrapassem 10% do total do respectivo grupo de contas, sendo, no entanto, vedada a utilização de designações genéricas como "Diversas Contas" ou "Contas-Correntes", conforme determinação legal disposta no § 2º do artigo 176 da Lei 6.404/76.

Neste livro, abordaremos todos demonstrativos obrigatórios pela Lei 6.404/76, atualizada pela Leis 11.638/07 e 11.941/09, assim como pelas Normas Brasileiras de Contabilidade emitidas até o presente momento.

Ao final de cada capítulo, apresentaremos os demonstrativos específicos da empresa modelo Sobral Invicta S.A que já fez a adoção da NBC TG 1.000(R1) e exercícios que facilitarão a aplicação dos conceitos dos assuntos abordados de forma didática no processo de aprendizagem.

Capítulo 4
BALANÇO PATRIMONIAL

4.1 Introdução

O Balanço Patrimonial é uma demonstração contábil estática, e sintética, ou seja, mostra-nos a situação financeira e patrimonial em uma determinada data.

O ativo é constituído pelos bens e direito de natureza devedora e o passivo é formado pelas obrigações com terceiros e sócios de natureza credora.

O ativo e o passivo são divididos em grupos, que são desmembrados em subgrupos e estes em contas contábeis.

Nos artigos 178 ao 184 da lei nº 6.404/76 e suas alterações, assim como o NBC TG 26 (R4) e seção 4 da NBC TG 1.000 (R1), demonstram como deverão ser classificados e avaliados os elementos patrimoniais para facilitar a análise e a compreensão do demonstrativo. O seu patrimônio encontra - se em equilíbrio, com os bens, direitos e obrigações. O BP evidencia também o patrimônio da entidade tanto sob o aspecto quantitativo, como qualitativo.

Apresentam-se, a seguir, os principais grupos de contas do balanço patrimonial e suas principais características.

Quadro 3: Balanço Patrimonial detalhado

ATIVO	PASSIVO
É um recurso controlado pela entidade resultante de eventos passados e do qual se espera benefícios econômicos futuros.	É uma obrigação presente que deve origem em eventos passados, sendo esperado que resulte em saída de recurso capazes de gerar benefícios econômicos.
Para ser Ativo é necessário que o recuso preencha os quatro requisitos, devem ser: 1. Bens ou Direitos; 2. De propriedade da empresa; 3. Mensurável monetariamente; 4. Representar benefícios presentes ou futuros.	São as contas representativas de obrigação com terceiros, que quando de seu vencimento, serão reclamadas. São também mensuráveis monetariamente.
Grupos: - CIRCULANTE – A classificação deverá satisfazer os seguintes critérios: (a) Disponibilidade - caixa ou equivalente de caixa (conforme definido na NBC TG 3 (R3); (b) Os direitos realizáveis no curso do exercício social subsequente que espera-se que seja realizado, está mantido essencialmente com o propósito de ser negociado ou pretende-se que seja vendido ou consumido no decurso normal do ciclo operacional da entidade; (c) As aplicações de recursos em despesas do exercício seguinte.	Grupos: - CIRCULANTE - A classificação deverá satisfazer os seguintes critérios: (a) espera-se que seja liquidado durante o ciclo operacional normal da entidade; (b) está mantido essencialmente para a finalidade de ser negociado; (c) deve ser liquidado no período de até doze meses após a data do balanço; ou (d) a entidade não tem direito incondicional de diferir a liquidação do passivo durante pelo menos doze meses após a data do balanço, de acordo como o item 73 da NBC TG 26 (R4).

- NÃO CIRCULANTE
 	
    REALIZÁVEL A LONGO PRAZO
 	
    INVESTIMENTOS
 	
    IMOBILIZADO
 	
    INTANGÍVEL
	- NÃO CIRCULANTE
	
	PATRIMÔNIO LÍQUIDO
	CAPITAL SOCIAL
	RESERVAS DE CAPITAL
	AJUSTE DE AVALIAÇÃO PATRIMONIAL
	RESERVAS DE LUCROS
	AÇÕES DE TESOURARIA
	PREJUÍZO ACUMULADO

Fonte: Elaboração Própria.

4.2 Critério de disposição das contas do Ativo

No ativo, as contas deverão estar dispostas em ordem decrescente do grau de liquidez, ou seja, de acordo com a presteza que esses ativos possam ser convertidos em caixa (dinheiro em tesouraria da empresa), são eles: a conta caixa, banco e aplicações financeiras com vencimento de até três meses.

Já as contas que apresentam menor liquidez aparecem na parte final do balanço patrimonial do lado do ativo, podemos citar como exemplo a conta máquinas e equipamentos, software e outros, pois não possui a velocidade com que os recursos poderão ser convertidos em dinheiro.

Logo, o § 1º do artigo 178 da Lei 6.404/76 atualizada com a Lei 11.638/07, determina que as contas do ativo sejam registradas da seguinte forma:

I – ativo circulante;

II – ativo não circulante, divido em quatro subgrupos:
  a) ativo realizável a longo prazo;
  b) investimentos;
  c) imobilizado;
  d) intangível.

4.3 Critério de disposição das contas do Passivo

No passivo, não existe nenhuma obrigatoriedade no texto da lei 6.404/76 para o critério de disposição das suas contas, sendo assim, utilizaremos a mesma correlação com o grupo do ativo, isto é, sua classificação será considerada pela ordem decrescente de exigibilidade.

As contas do passivo são originadas de recursos de terceiros (obrigações), classificadas de acordo com o seu vencimento, isto é, aquelas que serão liquidadas mais rapidamente (curto prazo) devem contar no início do grupo do passivo, e as que serão pagas em um prazo maior (longo prazo) aparecem no final.

No § 2º do artigo 178 da Lei 6.404/76 atualizada com as Leis 11.638/07 e 11.941/09, determina que as contas do passivo sejam registradas da seguinte forma:

I – passivo circulante;

II – passivo não circulante; e

III – patrimônio líquido, dividido em capital social, reservas de capital, ajustes de avaliação patrimonial, reservas de lucros, ações em tesouraria e prejuízos acumulados.

4.4 As principais características do Ativo Circulante

No ativo circulante, contempla-se bens e direitos com vencimento até o término do exercício seguinte, ou ainda, com vencimento até 12 meses da data do último balanço, na qual a empresa pretende vendê-lo ou consumi-lo durante o ciclo operacional normal da entidade; ou quando for mantido essencialmente com a finalidade de negociação. Neste grupo, a classificação segue a seguinte forma:

(a) Disponibilidades

As disponibilidades são elementos do ativo que correspondem a valores existentes no Caixa, Bancos, assim como as Aplicações de curtíssimo prazo, que possam estar à disposição da empresa podendo ser utilizado a qualquer momento e para qualquer fim, conhecido também com a nomenclatura de equivalente caixa.

Contudo, para que um investimento seja qualificado como equivalente de caixa, ele precisa ter conversibilidade imediata em montante conhecido de caixa e estar sujeito a um insignificante risco de mudança de valor. Portanto, um investimento normalmente qualifica-se como equivalente de caixa somente quando tem vencimento de curto prazo, por exemplo, três meses ou menos, a contar da data da aquisição.

É importante ressaltar que no caso das contas bancárias com saldo contábil credor, isto é, saldo negativos, não devem ser demonstrados como redução dos demais saldos bancários, mas, separadamente, como um item do passivo circulante. Este procedimento não se aplica caso tais saldos devedores e credores estejam no mesmo banco e desde que a empresa tenha o direito de compensá-los.

(b) Direitos realizáveis no curso exercício social subsequente

No texto da lei 6.404/76 a expressão "os diretos realizáveis" têm sentido jurídico patrimonial e podem ser divididos em: direitos realizáveis reais ou pessoais. Os direitos realizáveis reais são propriedade da empresa, assim como os estoques de mercadorias e de materiais de uso ou consumo. Os direitos realizáveis pessoais são os créditos contra terceiros, tais como "Duplicatas a Receber", "Adiantamentos a Fornecedores", "ICMS a Recuperar" e outros.

(c) As aplicações de recursos em despesas do exercício seguinte

São aquelas despesas que já foram pagas (efetivamente desembolsadas), mas cujo fato gerador, de acordo com o princípio da competência, ainda não ocorreu. É o caso de despesas com seguros, assinaturas e aluguéis que, deverão apropriadas no período correspondente.

Entretanto, há casos específicos em que as despesas antecipadas não significam desembolso imediato de recursos, e sim valores ainda a pagar a curto prazo, podemos citar como exemplo os prêmios de seguros, quando parcelados ou financiados.

4.5 As principais características do Ativo Não Circulante

O Ativo Não Circulante, contempla os bens e direitos que a empresa utiliza de forma permanente, normalmente de propriedade da companhia, de acordo com a NBC TG estrutura conceitual.

Na identificação do ativo a propriedade não é essencial e sim deve-se considerar se a entidade o controla bem. Além disso, devemos nos atentar para a sua essência subjacente e realidade econômica, não apenas para sua forma legal. Os ativos não circulantes são subdivididos em:

4.5.1) Ativo Realizável a Longo Prazo, são classificados os direitos realizáveis após o término do exercício seguinte, ou direitos derivados de adiantamentos, empréstimos e vendas a administradores, sociedades coligadas e controladas, sócios, diretores. Temos como exemplo: Duplicatas a Receber (quando não classificada no Ativo Circulante);

Além disso, neste subgrupo classificamos os adiantamentos ou empréstimos a sócios/administradores, desde que não seja atividade principal da empresa.

4.5.2) No Investimento, são classificados as participações permanentes em outras sociedades e os direitos de qualquer natureza, não classificáveis no ativo circulante e no ativo realizável a longo prazo, e que não se destinem à manutenção da atividade da companhia, são exemplo as ações adquiridas de outras companhias cuja participação não seja temporária ou especulativa, aplicações em terrenos para futura expansão da empresa, obras de arte, imóveis fora de uso, e outros.

4.5.3) No Imobilizado, são os direitos que tenham por objeto **bens corpóreos** destinados à manutenção das atividades da companhia ou exercidos com essa finalidade, inclusive os decorrentes de operações que transfiram à companhia os benefícios, riscos e controle desses bens, assim temos como exemplo os veículos, máquinas e equipamentos, terrenos e outros.

4.5.4) No Intangível, a classificação segue a mesma lógica do imobilizado, sendo que os direitos tenham por objeto **bens incorpóreos** destinados à manutenção da companhia ou exercidos com essa finalidade. Além disso, deveremos atentar para as definições da NBC TG 4 (R3) que trata da matéria, como exemplo podemos citar os softwares, fundo de comércio, e outros.

4.6 As principais características do Passivo Exigível

O passivo exigível compreende as obrigações que a companhia tem com terceiros, a Lei 6.404/76 no artigo 180, define como:

> *As obrigações da companhia, inclusive financiamentos para aquisição de direitos do ativo não circulante, serão classificadas no passivo circulante, quando se vencerem no exercício seguinte, e no passivo não circulante, se tiverem vencimento em prazo maior, observado o disposto no parágrafo único do art. 179 desta Lei.* (Redação dada pela Lei nº 11.941, de 2009)

Sendo assim, o Passivo Exigível é segregado em: Circulante e Não Circulante.

6.6..1) No grupo de Passivo Circulante, são classificadas as obrigações assumidas pela empresa para a realização de suas operações e as obrigações assumidas por financiamentos obtidos. Esta inclusão no circulante dependerá do prazo de exigibilidade, em que serão classificadas as obrigações de prazo do curso do exercício social, ou seja, serão classificadas nesta conta as obrigações cujos vencimentos sejam até o término do exercício social seguinte, como exemplo temos: fornecedores, salários a pagar, impostos a recolher, empréstimos a pagar, adiantamento de clientes e outros.

6.6.2) No grupo do Passivo Não Circulante, são classificadas as obrigações que, devido a seu vencimento de longo prazo, não foi possível classificá-las no circulante, ou seja, suas obrigações são após o término do exercício social seguinte ou espera liquidar o passivo durante o ciclo operacional normal da entidade, temos como exemplo: os empréstimos e financiamento de longo prazo, juros a pagar de empréstimos e financiamentos de longo prazo, títulos a pagar de longo prazo e outros.

É importante ressaltar, se a companhia tiver um o ciclo operacional maior que o exercício social, a classificação no ativo e no passivo circulante ou não, terá por base o prazo desse ciclo operacional, conforme art. 179 Parágrafo Único da Lei nº 6.404/76: " Na companhia em que o ciclo operacional da empresa tiver duração maior que o exercício social, a classificação no circulante ou longo prazo terá por base o prazo desse ciclo".

4.7 Patrimônio Líquido (ou Situação Líquida).

Este subgrupo do passivo representa o valor residual dos ativos da entidade depois de deduzidos todos os seus passivos exigíveis, também conhecido como Capital Próprio, ele subdivide em:

4.7.1) Capital Social - discriminará o montante subscrito (montante do capital emitido pela empresa, cujos acionistas assumiram o compromisso de integralizar. Seu valor está definido no estatuto social (de Sociedades Anônimas – S/A.) ou no contrato social (demais tipos de sociedades), só podendo ser alterado por meio de aditivos registrados nos órgãos competentes. Também conhecido como Capital Nominal ou Capital Declarado.

É dividido em ações, no caso de sociedades por ações (sociedades anônimas) ou em quotas, no caso das limitadas.

4.7.2) Reservas de Capital - são valores recebidos, pela empresa, dos sócios ou de outros participantes do capital e por esta razão, não transitam pelo resultado como Receitas, pois não têm qualquer contrapartida da pessoa jurídica em termos de entrega de bens ou de prestação de serviços. São chamadas de ganhos ou receitas que não transitam pelo resultado, no § 1º do artigo 182 da Lei 6404/76, com redação dada pela

Lei 11.638/2007, define quais serão os casos classificados como Reservas de Capital:

"Art 182

(...)

§ 1º Serão classificadas como reservas de capital as contas que registrarem:

a) a contribuição do subscritor de ações que ultrapassar o valor nominal e a parte do preço de emissão das ações sem valor nominal que ultrapassar a importância destinada à formação do capital social, inclusive nos casos de conversão em ações de debêntures ou partes beneficiárias;

b) o produto da alienação de partes beneficiárias e bônus de subscrição.

Logo, as contas quem compõe o subgrupo da Reserva de Capital, são:

➢ Ágio na Emissão de Ações

➢ Alienação de Partes Beneficiárias

➢ Alienação de Bônus de Subscrição

De acordo com o artigo 200 da Lei 6.404/76, as reservas de capital somente podem ser utilizadas para:

- absorver prejuízos, quando estes ultrapassarem as reservas de lucros;
- resgate, reembolso ou compra de ações;
- resgate de partes beneficiárias. No parágrafo único do artigo supracitado, determina que o produto da alienação de partes beneficiárias, registrado na reserva de capital específica, poderá ser utilizado para resgate desses títulos;
- incorporação do capital;
- pagamento de dividendo cumulativo a ações preferenciais, com prioridade no seu recebimento, quando essa vantagem lhes for assegurada pelo estatuto social (art. 17, § 6º" da Lei nº 6.404/76, combinado com a Lei nº 10.303/01).

4.7.3) Ajustes de Avaliação Patrimonial - são as contrapartidas criada pela Lei 11.941/09 no artigo 183, no terceiro parágrafo referente a aumentos ou diminuições de valor atribuído a elementos do ativo e do passivo, em decorrência da sua avaliação a valor justo, que não foram computadas no resultado do exercício em obediência ao regime de competência.

4.7.4) Reservas de Lucros - são apropriação dos lucros gerados em cada exercício social que são constituídas pela lei e/ou estatuto social da empresa, são divididas em:

(i) Reserva Legal, tem por finalidade assegurar a integridade do capital social e somente poderá ser utilizada para compensar prejuízos ou aumentar o capital, sua constituição é determinada pela Lei 6.404/76 no seu artigo 193, na qual menciona que 5% (cinco por cento) lucro líquido do exercício, serão aplicados, antes de qualquer outra destinação, na constituição da reserva legal, que não excederá de 20% (vinte por cento) do capital social.

Além do limite obrigatório mencionado acima, a lei em epígrafe, faculta as companhias a constituir a reserva de legal no exercício em que o saldo dessa reserva, acrescido do montante das reservas de capital, exceder de 30% (trinta por cento) do capital social.

(ii) Reserva Estatutária, é constituída, com base no lucro e de acordo com estatuto ou contrato social das empresas, poderá criar reservas desde que, para cada uma:

1. indique, de modo preciso e completo, a sua finalidade;

2. fixe os critérios para determinar a parcela anual dos lucros líquidos que serão destinados à sua constituição; e

3. estabeleça o limite máximo da reserva.

(iii) Reserva para Contingências, tem por finalidade compensar, em exercício futuro, a diminuição do lucro decorrente da perda julgada provável, cujo valor possa ser estimado.

O objetivo é possibilitar que a administração da companhia possa, com a aprovação da assembleia geral, deixar de distribuir parte dos lucros de um exercício social quando se estima que, em exercício futuro, a empresa poderá sofrer perda significativa que venha a necessitar destes lucros não distribuídos, como forma de manter o equilíbrio patrimonial.

Esta reserva disciplina a distribuição de dividendos, pois seu valor é separado da base de cálculo dos dividendos a serem distribuídos, temos como exemplo as atividades agrícolas com risco de ocorrência de evento climático, na qual possa ocorrer quebra de safra.

A reserva será revertida no exercício em que deixarem de existir as razões de sua constituição ou quando ocorrer a perda.

(iv) Reserva de Incentivos Fiscais, a assembleia geral poderá, por proposta dos órgãos de administração, destinar para a reserva de incentivos fiscais a parcela do lucro líquido decorrente de doações ou subvenções governamentais para investimentos, que poderá ser excluída da base de cálculo do dividendo obrigatório.

De acordo com a NBC TG 7 (R1), as doações e subvenções recebidas pela companhia deverão transitar pelo resultado, e terão seus registros contábeis determinados em função das condições estabelecidas para recebimento dessas doações e subvenções.

Logo, o registro para sua constituição começa na contabilização das receitas do período (após transitarem por contas de receitas diferidas no PC ou PNC e existindo contraprestação a ser realizada, primeiro as condições estabelecidas deverão ser atendidas para, só então, as subvenções serem reconhecidas no resultado da companhia), e assim podendo a empresa constituir uma reserva de lucros baseada em tais valores, conforme o artigo 195-A da lei 6.404/76.

As subvenções que podem compor esta reserva devem ser aquelas consideradas como de investimentos, ou seja, aquelas de caráter eventual, destinadas à expansão, aquisição de ativo fixo.

Diferem das subvenções para custeio que tem caráter continuado e destinam-se ao custeio de suas atividades normais (pagamento de funcionários, juros e outros), devendo ser escrituradas também como receitas, mas não podendo compor o saldo da reserva em questão. As reduções, isenções e devoluções de tributos, assim como os empréstimos subsidiados são considerados subvenções para investimento.

As doações recebidas do poder público podem ser destinadas a esta reserva. Sendo que as doações da iniciativa privada, apesar de também terem tratadas como receitas, não podem compor o saldo da reserva.

(v) Reserva de Retenção de Lucros/Orçamentária, tem por finalidade a preservação do patrimônio da companhia dos recursos para os quais haja previsão em orçamento de capital e que seja aprovado previamente pela assembleia geral. O orçamento, submetido pelos órgãos da administração com a justificativa da retenção de lucros proposta, deverá compreender todas as fontes de recursos e aplicações de capital, fixo ou circulante, e poderá ter a duração de até 5 (cinco) exercícios, salvo no caso de execução, por prazo maior, de projeto de investimento.

À medida em que os projetos de investimentos forem sendo executados, esta reserva deve ser revertida para a conta Lucros ou Prejuízos Acumulados.

Assim como a reserva estatutária, de acordo com o artigo 198 da lei das S.A, esta reserva não pode ser constituída em prejuízo do dividendo mínimo obrigatório. Ou seja, mesmo que constituída, ela não pode ser deduzida do Lucro líquido do exercício para fins de cálculo do dividendo.

(vi) Reserva de Lucros a Realizar, tem por finalidade evitar que a companhia seja obrigada a distribuir dividendos sem ter, recursos financeiros suficientes, em virtude de lucros apurados pelo regime de competência, mas cujas receitas ainda não foram financeiramente realizadas. Para efeito da constituição da reserva o artigo 197 menciona que:

"No exercício em que o montante do dividendo obrigatório, calculado nos termos do estatuto ou do art. 202, ultrapassar a parcela realizada do lucro líquido do exercício, a assembleia-geral poderá, por proposta dos órgãos de administração, destinar o excesso à constituição de reserva de lucros a realizar.

§ 1º Para os efeitos deste artigo, considera-se realizada a parcela do lucro líquido do exercício que exceder da soma dos seguintes valores:

I - o resultado líquido positivo da equivalência patrimonial (art. 248); II - o lucro, rendimento ou ganho líquidos em operações ou contabilização de ativo e passivo pelo valor de mercado, cujo prazo de realização financeira ocorra após o término do exercício social seguinte. (Redação dada pela Lei n° 11.638, de 2007).

§ 2° A reserva de lucros a realizar somente poderá ser utilizada para pagamento do dividendo obrigatório e, para efeito do inciso III do art. 202, serão considerados como integrantes da reserva os lucros a realizar de cada exercício que forem os primeiros a serem realizados em dinheiro."

Logo, consideram lucros não realizados financeiramente, para fins de constituição desta reserva:

❖ o resultado líquido positivo da equivalência patrimonial.

❖ o lucro, ganho ou rendimento em operações cujo prazo de realização financeira ocorra após o término do exercício social seguinte.

Sendo assim, o Lucro líquido do exercício menos os Lucros Não Realizados chegaremos ao **Lucro Realizado**.

A partir do advento da Lei 10.303/2001, a Reserva de Lucros a Realizar passou a ser calculada da seguinte forma: Dividendo Mínimo Obrigatório – Lucros Realizados = **Reserva de Lucros a Realizar**

(vii) Reserva Especial para dividendo obrigatório não distribuído, ocorre quando a companhia está incapacitada de pagar os dividendos, ou seja, quando não se tem "dinheiro em caixa". Esta pode deixar de ser distribuída, mediante a sua constituição, neste caso, os lucros que não forem distribuídos devem der distribuídos assim que a situação financeira da companhia permitir, caso não utilizados para compensar prejuízos futuros. Está prevista no artigo 202, § 4° e 5° da Lei 6.404/76.

Cabe ressaltar que o limite do saldo das reservas de lucro, exceto as para contingências, de incentivos fiscais e de lucros a realizar, não poderá ultrapassar o capital social. Atingindo esse limite, a assembleia deliberará sobre aplicação do excesso na integralização ou no aumento do capital social ou na distribuição de dividendos. (Redação dada pela Lei nº 11.638, de 2007).

4.7.5) Ações em tesouraria, são as ações que a companhia adquire da própria sociedade. Estas ficarão guardadas (na tesouraria), à espera de uma nova negociação.

As ações em tesouraria deverão ser destacadas no balanço patrimonial como uma conta redutora, isto é, reduzindo o patrimônio líquido, pois registra a origem dos recursos aplicados na sua compra.

Não é permitido às companhias (abertas ou fechadas) adquirir suas próprias ações a não ser quando:

- de operações de resgate, reembolso ou amortização de ações;
- aquisição para permanência em tesouraria ou cancelamento, desde que até o valor do saldo de lucros ou reservas (exceto a legal) e sem diminuição do capital social ou recebimento dessas ações por doação;
- aquisição para diminuição do capital.

4.7.6) Prejuízos Acumulados são os resultados negativos acumulados pela companhia.

4.8 Modelo de Balanço Patrimonial da empresa Sobral Invicta

Apresenta-se a seguir um modelo de Balanço Patrimonial de uma empresa de médio porte que adotou as práticas constantes da NBC TG 1.000 (R1). Assim, no nosso entendimento, estas demonstrações podem ser consideradas como um padrão de excelente elaboração. Neste sentido, vamos utilizá-las com comentários relevantes para os contadores interessados na adoção dos novos padrões internacionais, bem como a aplicação da NBC TG 1.000 (R1).

Esta seção é de grande importância para os profissionais de contabilidade que ainda não fizeram a adoção dos novos padrões. A Sobral Invicta S.A. publicou o BP tomando como base a NBC TG 1.000 (R1) conforme Tabela 1.

Capítulo 4 – Balanço Patrimonial

Tabela 1: Balanço Patrimonial em 31 de dezembro (Em R$ Mi)

ATIVO	20X1	20X0	PASSIVO	20X1	20X0
ATIVO CIRCULANTE	52.971,00	43.919,00	PASSIVO CIRCULANTE	19.254,00	17.494,00
Caixa e equivalentes de caixa (Nota 4)	3.872,00	2.526,00	Fornecedores	8.030,00	5.706,00
Contas a receber de clientes (Nota 5)	30.909,00	28.230,00	Empréstimos e Financiamentos (Nota 9)	859	976
Estoques (Nota 6)	15.355,00	12.176,00	Salário e Encargos a pagar (Nota 10)	4.518,00	4.092,00
Impostos a recuperar	214,00	31,00	Obrigações Tributárias (Nota 11)	3.796,00	4.374,00
Outros valores a receber			Dividendos a pagar	1.272,00	1.376,00
			Outras Contas a Pagar	779,00	970,00
ATIVO NÃO CIRCULANTE	27.527,00	26.922,00	PASSIVO NÃO CIRCULANTE	11.320,00	11.170,00
Realizável a longo prazo	2.911,00	2.784,00	Empréstimos e Financiamentos (Nota 9)	5.987,00	5.743,00
- Depósitos judiciais (Nota 11)	1.325,00	849,00	Provisão para Contingências (Nota 12)	2.470,00	2.903,00
Crédito tributários diferidos (Nota 13 (a))	1.302,00	1.508,00	Obrigações tributárias (Nota 11)	2.863,00	2.524,00
Outros valores	284,00	427,00			
Investimentos (Nota 7)	441,00	13,00	PATRIMÔNIO LÍQUIDO	49.924,00	42.177,00
Imobilizado (Nota 8)	23.975,00	23.852,00	Capital Social	24.799,00	24.799,00
Intangível	11,00	23,00	Reservas de Capital	86,00	86,00
Diferido	189,00	250,00	Reservas de Lucros	25.039,00	17.292,00
			Ajuste de Avaliação patrimonial		
			Prejuízos acumulados		
			(-) Ações em Tesouraria		
TOTAL	80.498,00	70.841,00	TOTAL	80.498,00	70.841,00

Fonte: [Adaptado de] Sobral Invicta S.A.

Esta estrutura do BP publicada com base na NBC TG 1.000 (R1) está correta em toda sua plenitude. Ela pode ser utilizada na íntegra para o profissional contábil utilizar com a adoção da NBC TG 1.000 (R1), que pode ser adquirido gratuitamente no site do CFC (www.cfc.org.br) ou no site do CPC (www.cpc.org.br).

Cabe esclarecer que a ITG 1.000 também define em seu item 26 que o BP é um componente obrigatório. Logo, esta estrutura do BP deve ser utilizada não só pelas empresas que estão utilizando todas as Normas NBC TGs completas (Full IFRS), mas também pelas empresas que estão utilizando a NBC TG 1.000 (R1) (CPC PME ou IFRS for SMEs) e ITG 1.000 (Microempresa e Empresa de Pequeno Porte).

Na prática o Balanço Patrimonial é elaborado de forma automática considerando a utilização de sistemas informatizados de contabilidade, que tem planos de contas estruturados e possibilita através da escrituração contábil e a emissão a qualquer tempo deste demonstrativo.

Ao término do capítulo, inserimos uma lista de exercícios elaborados pelos autores e questões mais recentes de concursos públicos para fixação da matéria.

4.9 QUESTÕES DE PROVA

A próxima etapa de entendimento é exercitarmos questões de concursos públicos.

1. (CONTADOR/CFC/17) Assinale a opção que apresenta apenas contas patrimoniais de natureza credora.

a) Adiantamentos a Empregados, Capital Subscrito, Fornecedores, Receita de Vendas.

b) Capital a Integralizar, Empréstimos a Pagar, IPI a Recuperar, Reservas para Contingências.

c) Adiantamentos de Clientes, Depreciação Acumulada, ICMS a Recolher, Salários a Pagar.

d) Custos de Transação a Apropriar, Duplicatas Descontadas, Receita de Serviços, Reservas de Lucros a Realizar.

2. (CONTADOR/ CFC/16) Assinale a opção que apresenta apenas contas classificadas no Ativo Não Circulante.

a) Ações de Emissão Própria em Tesouraria, Marcas e Patentes, Duplicatas a Receber a Longo Prazo.

b) Duplicatas a Receber a Longo Prazo, Propriedades para Investimento e Imóveis de Uso

c) Imóveis de Uso, Ações de Emissão Própria em Tesouraria, Aplicações Financeiras de Liquidez Imediata.

d) Marcas e Patentes, Aplicações Financeiras de Liquidez Imediata e Propriedades para Investimento.

Capítulo 4 – Balanço Patrimonial

3. (CONTADOR/CODEBA/16) Em 31/12/15, uma sociedade empresária possuía contas bancárias em três instituições financeiras diferentes. Os saldos na data de fechamento do balanço patrimonial eram os seguintes:

Banco	Saldo em 31/12/15
Banco Alfa	100.000
Banco Beta	50.000
Banco Gama	(20.000)

Assinale a opção que indica como as contas deverão ser evidenciadas no balanço patrimonial da sociedade empresária, em 31/12/15:

(A) R$ 130.000 no Ativo Circulante.

(B) R$ 130.000 no Ativo Realizável a Longo Prazo.

(C) R$ 150.000 no Ativo Circulante e R$ 20.000 no Ativo Realizável a Longo Prazo.

(D) R$ 150.000 no Ativo Circulante e R$ 20.000 no Passivo Circulante.

(E) R$ 150.000 no Ativo Realizável a Longo Prazo e R$ 20.000 no Passivo não Circulante.

4. (AFRF/ESAF/ADAPTADA) Assinale a opção que apresenta uma afirmativa incorreta:

(A) A reserva de capital representa, genericamente, acréscimo ao patrimônio líquido que não transitam pela conta de resultado da empresa e não são provenientes de ajuste de avaliação patrimonial.

(B) A reserva de lucro representa, genericamente, a retenção de parcelas proveniente de ganhos, com o objetivo de preservar o patrimônio líquido da empresa.

(C) A depreciação dos bens representa a diminuição do seu valor em consequência do desgaste pelo uso, ação da natureza ou obsolescência.

(D) A reserva de lucro representa genericamente, a retenção de parcelas proveniente de ganho da entidade, com o objetivo de preservar o patrimônio líquido para posterior destinação.

(E) Um imóvel que a diretoria não tem a intenção de vender e que é alugado a terceiros, por não ter emprego na exploração da atividade da empresa, deve ser classificado como ativo não circulante imobilizado.

5. (Contador/DPE-MT/15) As reservas de capital podem ser utilizadas para as finalidades listadas a seguir, *à exceção de uma*. Assinale-a.

(A) Incorporação de capital.

(B) Pagamento de dividendo cumulativo a ações preferenciais, com prioridade no seu recebimento, quando essa vantagem for assegurada pelo estatuto social.

(C) Resgate, reembolso ou compra de ações.

(D) Pagamento de contingências em situação de organização societária.

(E) Absorção de prejuízos, quando esses ultrapassarem as reservas de lucros.

6. (ICMS-SP/FCC/ ADAPTADA) São características necessárias para identificação de um ativo intangível.

a) Apresentar a possibilidade concreta de reconhecimento futuro e ser indivisível.

b) Permitir a utilização de base confiável de controle, mesmo que a mensuração de seu custo não possa ser feita em base fidedignas, e ter indivisibilidade patrimonial.

c) Ser identificável, controlado e gerar benefícios econômicos futuros.

d) Ter indivisibilidade patrimonial e financeira e utilização econômica limitada.

e) Ter indivisibilidade patrimonial e não resultar de direitos contratuais

7. (CONTADOR/CPD - Porto Alegre – RS/14) Uma empresa vende mascotes para a Copa do Mundo de Futebol, que acontece de quatro em quatro anos. Em 2014, a empresa apresentou lucro de R$ 1.000.000. No entanto, como a próxima Copa do Mundo será em 2018, a empresa deseja separar uma parte de seu lucro para compensar eventuais perdas nos anos seguintes. Para isso, a empresa deverá constituir uma:

(A) Provisão para Riscos Fiscais. (B) Provisão para Contingências.

(C) Reserva para Contingências. (D) Reserva Estatutária.

(E) Reserva de Lucros.

8. (CONTADOR/CFC/ADAPTADA) De acordo com a NBC TG 16 (R1) – Estoques, os estoques devem ser mensurados:

a) Pelo valor de compra ou pelo valor justo, dos dois o menor.

b) Pelo valor de compra ou pelo valor realizável líquido, dos dois o maior.

c) Pelo valor de custo ou pelo valor justo, dos dois o maior.

d) Pelo valor de custo ou pelo valor realizável líquido, dos dois o menor.

9. **(CONTADOR/CFC/ADAPTADA)** Uma sociedade empresária apurou, no exercício de 20X1, um lucro líquido de R$120.000,00. O saldo do Patrimônio Líquido, antes do registro do resultado e da respectiva destinação, era de R$188.000,00, assim distribuído:

✓ Capital Social	R$150.000,00
✓ Reserva de Ágio na Emissão de Ações	R$2.000,00
✓ Reserva Legal	R$26.000,00
✓ Reserva Estatutária	R$10.000,00

De acordo com a Lei no 6.404/76, o valor a ser registrado em Reserva Legal, como destinação do lucro líquido apurado em 20X1, é de:

a) R$4.000,00, uma vez que o saldo da Reserva Legal está limitado a 20% do Capital Social.

b) R$6.000,00, uma vez que a reserva legal deve corresponder a 5% do lucro líquido do exercício antes de qualquer outra destinação.

c) R$7.000,00, pois a companhia poderá deixar de constituir a reserva legal no exercício em que o saldo dessa reserva, acrescido do montante das demais reservas de lucro, exceder 30% do capital social.

d) R$9.000,00, pois a companhia poderá deixar de constituir a reserva legal no exercício em que o saldo dessa reserva, acrescido do montante das reservas de capital, exceder 30% do capital social.

10. **(CONTADOR/JUNIOR/PETROBRAS)** O ativo diferido foi revogado da estrutura do balanço patrimonial, a partir de 2009, pela nova redação da lei 6.404/76, dada pela lei 11.941/09, estabelecendo que o saldo das contas do ativo diferido existente nas sociedades anônimas, que não puder ser alocado a outro grupo de contas, em 31 de dezembro de 2008 poderá:

a) permanecer no ativo sob essa classificação.

b) ser remanejado para o patrimônio líquido no subgrupo ajuste patrimonial.

c) ser considerado como despesa efetiva do exercício.

d) ter o saldo transferido para conta lucros acumulados.

e) ter sua reclassificação como ativo não circulante investimento.

11. (CONTADOR/CFC/ADAPTADA) Uma sociedade empresária apresentou os seguintes saldos após a destinação do resultado de 20X2:

CONTAS	SALDOS
✓ Bancos Conta Movimento	R$25.000,00
✓ Caixa	R$10.000,00
✓ Capital a integralizar	R$50.000,00
✓ Capital Subscrito	R$100.000,00
✓ Depreciação Acumulada	R$15.000,00
✓ Duplicatas a receber	R$47.000,00
✓ Duplicatas Descontadas	R$27.000,00
✓ Estoques de Mercadorias	R$28.000,00
✓ Fornecedores	R$70.000,00
✓ ICMS a recuperar	R$2.000,00
✓ Investimentos em Coligadas	R$49.000,00
✓ Reservas de Lucros	R$38.000,00
✓ Veículos de Uso	R$39.000,00

No Balanço Patrimonial, o Ativo Total é igual a:
a) R$135.000,00.
b) R$158.000,00.
c) R$183.000,00.
d) R$185.000,00.

12. (CONTADOR/CFC/ADAPTADA) Relacione os grupos do Ativo apresentados, na primeira coluna, com as suas respectivas propriedades, na segunda coluna, e, em seguida, assinale a opção **CORRETA**.

(1)	Ativo Circulante	( )	Ativos mantidos para uso na produção ou fornecimento de mercadorias ou serviços, para aluguel a outros ou para fins administrativos, e que se espera utilizar por mais de um período.
(2)	Investimentos	( )	Ativos que serão realizados, vendidos ou consumidos no decurso normal do ciclo operacional da entidade, mantidos essencialmente com o propósito de ser negociado.
(3)	Imobilizado	( )	Ativos não monetários, sem substância **física,** identificáveis, controlados e geradores de benefícios econômicos futuros, tais como: projeto e implantação de novos processos ou sistemas.
(4)	Intangível	( )	Ativos mantidos para obtenção de rendas ou para valorização do capital ou para ambas, tais como: terrenos mantidos para valorização de capital a longo prazo e não para venda a curto prazo no curso ordinário dos negócios

A sequência CORRETA é:

a) 1, 2, 3, 4.
b) 1, 3, 2, 4.
c) 3, 1, 4, 2.
d) 3, 4, 1, 2.

13. **(CONTADOR/CFC/ADAPTADA)** Uma sociedade empresária apresentava, em 31.12.20X2, os seguintes saldos, antes da apuração do resultado do período:

Contas	Saldos Devedores	Credores
Ágio Pago na Aquisição de Investimentos Avaliados pelo Método da Equivalência Patrimonial	R$ 46.800,00	
Caixa	R$ 12.400,00	
Capital a integralizar	R$ 30.000,00	
Capital Subscrito		R$ 250.000,00
COFINS a recuperar	R$ 3.000,00	
Custo das Mercadorias Vendidas	R$ 504.000,00	
Depreciação Acumulada de Imóveis de Uso		R$ 44.400,00
Despesas Administrativas	R$ 33.600,00	
Despesas com Tributos Incidentes Sobre as Vendas	R$ 96.000,00	
Despesas com Tributos Incidentes Sobre o Lucro	R$ 36.000,00	
Despesas Financeiras	R$ 40.800,00	
Despesas Pagas Antecipadamente a Apropriar	R$ 14.400,00	
Duplicatas a Receber com Vencimento em 2013	R$ 196.800,00	
Duplicatas a Receber com Vencimento em 2014	R$ 72.000,00	
Duplicatas Descontadas		R$ 31.200,00
Estoque de Mercadorias	R$ 103.200,00	
Financiamentos Bancários		R$ 112.800,00
Fornecedores		R$ 50.400,00
ICMS a recolher		R$ 15.600,00
Imóveis de Uso	R$ 114.000,00	
Imposto de Renda e Contribuição Social a Pagar		R$ 36.000,00
Investimentos Avaliados pelo Método da Equivalência Patrimonial	R$ 86.400,00	
PIS a recuperar	R$ 600,00	
Receita com Venda de Mercadorias		R$ 840.000,00
Reservas de Lucros		R$ 9.600,00
Total	R$ 1.390.000,00	R$ 1.390.000,00

Considerando que nenhum dividendo será distribuído no período, no Balanço Patrimonial em 31.12.20X2, o Patrimônio Líquido é igual a:

a) R$312.400,00.
b) R$344.800,00.
c) R$359.200,00.
d) R$389.200,00.

14. (CONTADOR/CFC/ADAPTADA) Uma sociedade empresária possuía, em 1º.1.20X0, os seguintes saldos em suas contas patrimoniais:

CONTAS	SALDOS
✓ Capital Subscrito	R$100.000,00
✓ Capital a integralizar	R$40.000,00
✓ Reserva Legal	R$1.800,00
✓ Reserva para Contingências	R$4.320,00

Durante o ano de 20X0 ocorreram as seguintes movimentações:

✓ Integralização de capital no valor de R$15.000,00.

✓ Lucro apurado no exercício no valor de R$45.000,00.

Do resultado do período, 5% foi destinado à Reserva Legal, 12% à Reserva para Contingências e o restante para Dividendos a Pagar. O valor total do Patrimônio Líquido ao final do ano de 20X0 é:

a) R$68.770,00.
b) R$88.770,00.
c) R$126.120,00.
d) R$128.770,00.

15. (CONTADOR/CFC/17) Uma Sociedade Empresária apresentava, em 31.12.2016, as seguintes informações a respeito de seu estoque de mercadorias:

Tipo de Mercadoria	Estoque Mensurado a Custo de Aquisição	Preço de venda Estimado	Despesas Necessárias para Concretizar a Venda
Tipo 1	R$10.000,00	R$16.000,00	R$4.000,00
Tipo 2	R$22.000,00	R$20.000,00	R$5.000,00
Tipo 3	R$16.000,00	R$24.000,00	R$6.000,00
TOTAL	R$48.000,00	R$60.000,00	R$15.000,00

Até 31.12.2016, não haviam sido registrados ajustes para redução ao valor realizável líquido ou ajustes a valor presente nos Estoques. Os tipos de mercadorias apresentados são avaliados separadamente. Considerando-se apenas os dados informados e de acordo com a NBC TG 16 (R1) – ESTOQUES, o saldo da conta de Estoques, em 31.12.2016, foi de:

a) R$41.000,00. b) R$45.000,00. c) R$46.000,00. d) R$48.000,00.

16. (AFC/TCU/ESAF/ADAPTADA) A empresa S.A indústria e comércio produz tornos metálicos e outras ferramentas industriais que são comercializadas em operações de venda, tanto à vista como a prazo. Seu exercício financeiro coincide com o ano-calendário.

Em 21 de dezembro de 2015, o diretor financeiro dessa empresa, que também é acionista, obteve na tesouraria um empréstimo de R$ 6.000,00, assinando uma promissória vencível em 25 do mês seguinte.

No mesmo dia, esse diretor comprou a prazo algumas ferramentas, na própria loja da fábrica, assinando três notas promissórias de R$600,00, vencíveis a 60, 120 e 180 dias.

As operações foram debitadas em títulos a receber. Ao encerrar o exercício em 31 de dezembro do referido ano, deverá constar no balanço patrimonial dessa empresa a conta de "títulos a receber" com o saldo de:

a) R$7.800,00 no ativo circulante.

b) R$7.800,00 no ativo não circulante realizável a longo prazo.

c) R$6.000,00 no ativo circulante.

d) R$6.000,00 no ativo circulante e de R$1.800,00 no ativo não circulante realizável a longo prazo.

e) R$1.800,00 no ativo circulante e de R$6.000,00 no ativo não circulante realizável a longo prazo.

17. (AFPS/ESAF/ADPATADA) O reconhecimento de provisões ativas ou passivas possuem como contrapartida uma conta de:
a) Ganho.   b) Receita.   c) Despesa.
d) Reserva.   e) Fundo.

18. (INSS/ESAF/ADAPTADA) Em termos sintéticos podemos dizer que o patrimônio da empresa ABC está demonstrado abaixo.

Títulos a receber	R$34.000,00
Títulos a pagar	R$70.000,00
Seguros a vencer	R$400,00
Reserva de capital	R$12.000,00
Prejuízo acumulado	R$2.000,00
Moveis e Utensílios	R$30.000,00
Estoque	R$47.000,00
Juros Passivos	R$900,00
Juros Ativos	R$600,00
Impostos a recolher	R$5.000,00
Fornecedor	R$37.000,00
Cliente	R$16.000,00
Capital social	R$40.000,00
Caixa	R$13.000,00
Banco conta movimento	R$22.000,00
Alugueis ativos a vencer	R$700,00

Seguem algumas observações:

✓ Os títulos a receber, 80% são títulos a vencer a longo prazo;

✓ Os títulos a pagar, R$20.000,00 já estão vencidos em dezembro 2015. Já os R$35.000,00 vencerão em 2016 e R$15.000,00 vencerão em 2017.

A elaboração do balanço dessa empresa, em 31 de dezembro de 2015, com base nas informações apresentadas acima, o valor do passivo exigível é de:

a) R$15.000,00.
b) R$50.000,00.
c) R$70.000,00.
d) R$112.700,00.
e) R$113.000,00.

19. **(TFC/SFC/ESAF/ADAPTADA)** Abaixo, são apresentados alguns eventos cujos recursos demandam a contabilização de reservas patrimoniais. Assinale a opção cujo evento não dá origem a formação de "reserva de capital":

(A) Doações e subvenções recebidas.
(B) Produto da venda de bônus de subscrição.
(C) Produto da venda de parte beneficiarias.
(D) Ágio obtido na emissão de ações.

20. **(CONTADOR/BR Distribuidora/ADAPTADA)** O Patrimônio Líquido, também chamado de capital próprio ou situação líquida, divide-se, de acordo com a legislação contábil vigente, nas seguintes contas:

(A) Capital social, Reservas de Capital, Ajustes de Avaliação Patrimonial, Reservas de Lucros, Ações em Tesouraria e Lucros Acumulados.

(B) Capital social, Reservas de Capital, Ajustes de Avaliação Patrimonial, Reservas de Lucros, Ações em Tesouraria e Lucros/Prejuízos Acumulados.

(C) Capital social, Reservas de Capital, Ajustes de Avaliação Patrimonial, Ações em Tesouraria e Prejuízos Acumulados.

(D) Capital social, Reservas de Capital, Ajustes de Avaliação Patrimonial, Reservas de Lucros, Ações em Tesouraria e Prejuízos Acumulados.

(E) Ajustes de Avaliação Patrimonial, Reservas de Lucros, Ações em Tesouraria e Prejuízos Acumulados.

21. **(AFRF/ESAF/ADAPTADA)** Abaixo são apresentadas cinco alternativas, sendo que quatro são verdadeiras, logo assinale a alternativa incorreta.

(A) Do resultado do exercício serão deduzidos, antes de qualquer participação, os prejuízos acumulados e a provisão para o Imposto de renda.

(B) O prejuízo do exercício será obrigatoriamente absorvido pelos lucros acumulados, pelas reservas de lucros e pelas reservas de capital, nessa ordem.

(C) Lucro líquido do exercício e o resultado do exercício que remanescer depois de deduzidas as participações estatutárias.

(D) A reserva constituída com o produto da venda de parte beneficiarias poderá ser destinada ao resgate desses títulos.

(E) A proposta para formação da reserva de contingência deverá indicar a causa da perda prevista e justificar a constituição da reserva.

22. (CONTADOR/CFC/ADAPTADA) Uma entidade apresentou, em 31.12.20X0, os seguintes saldos de contas:

Contas	Saldos
Ações de Outras Empresas – para negociação	R$2.300,00
Ações em Tesouraria	R$500,00
Bancos Conta Movimento	R$7.500,00
Caixa	R$1.000,00
Capital Social	R$26.500,00
Depreciação Acumulada	R$11.000,00
Estoque de Mercadoria para Revenda	R$6.200,00
Fornecedores – Vencimento em setembro de 20X1	R$24.000,00
Imóveis de Uso	R$32.500,00
Impostos a pagar – Vencimento em janeiro de 20X1	R$8.000,00
Propriedades para Investimento	R$5.000,00
Participação Societária em Empresas Controladas	R$17.500,00
Participações Permanentes no Capital de Outras Empresas	R$1.500,00
Reserva Legal	R$4.500,00

No Balanço Patrimonial, o saldo do grupo Investimentos do Ativo Não Circulante é igual a:

a) R$21.300,00.

b) R$23.000,00

c) R$24.000,00.

d) R$26.300,00

Capítulo 4 – Balanço Patrimonial

23. (ANALISTA CONTÁBIL/EPE/ADAPTADA) A Cia. Ponta Grossa, ao final do exercício de 20X0, apresentava no seu Patrimônio Líquido as seguintes contas e saldos, em reais:

Capital Social	150.000,00
Reserva de Contingência	6.000,00
Reserva Estatutária	12.0000,00
Reserva Legal	24.000,00
Reserva de Reavaliação	9.000,00

O lucro líquido apurado no exercício, após as destinações previstas na legislação societária, foi R$ 140.000,00. Portanto, deverá ser contabilizado como Reserva Legal, em reais, o montante de:

(a) Zero (b) 1.200,00 (c) 6.000,00 (d) 7.000,00 (e) 7.500,00

24. (ANALISTA/UNIRIO/2017) As demonstrações contábeis são uma representação estruturada da posição patrimonial e financeira e do desempenho da entidade. O objetivo das demonstrações contábeis é o de proporcionar informação acerca da posição patrimonial e financeira, do desempenho e dos fluxos de caixa da entidade que seja útil a um grande número de usuários em suas avaliações e tomada de decisões econômicas.

As demonstrações contábeis também objetivam apresentar os resultados da atuação da administração, em face de seus deveres e responsabilidades na gestão diligente dos recursos que lhe foram confiados (CPC 26 R1).

Para satisfazer a esse objetivo, as demonstrações contábeis proporcionam informação da entidade acerca do seguinte:

I. Ativos.

II. Passivos.

III. Patrimônio Líquido.

IV. Receitas e Despesas, incluindo Ganhos e Perdas.

V. Alterações no capital próprio mediante integralizações dos proprietários e distribuições a eles.

VI. Fluxos de Caixa.

VII. Notas Explicativas

Assinale a alternativa correta:

(b) Parte superior do formulário

a) estão corretas I, II, III, IV, V, VI e VII
b) estão corretas I, II, III, IV, V, VI apenas
c) estão corretas I, II, III, V, VI e VII apenas
d) estão corretas I, II, III, V e VI apenas
e) estão corretas a I, II, III, IV e VI apenas

25. (ANALISTA/TRE/2017) Segundo a Lei nº 6.404/76: "No ativo, as contas serão dispostas em ordem decrescente de grau de liquidez dos elementos nelas registrados, nos seguintes grupos:

I. Ativo circulante (incluído pela Lei nº 11.941, de 2009).

II. Ativo não circulante, composto por ativo realizável a longo prazo, investimentos, imobilizado e intangível. (Incluído pela Lei nº 11.941, de 2009)".

De acordo com a referida lei "os direitos realizáveis após o término do exercício seguinte, assim como os derivados de vendas, adiantamentos ou empréstimos a sociedades coligadas ou controladas (Artigo 243), diretores, acionistas ou participantes no lucro da companhia, que não constituírem negócios usuais na exploração do objeto da companhia" (Lei nº 6.404/76), devem ser classificados como:

Parte superior do formulário

a) intangível.
b) Investimentos.
c) imobilizado.
d) Ativo realizável a longo prazo.

26. (CONTADOR/CFC/ADAPTADA) Os Sócios "A", "C" e "D" de uma Sociedade Empresária decidiram excluir o Sócio "B" da sociedade. Para esse fim, solicitaram que o contador da empresa apresentasse o Balanço Patrimonial Especial em 31 de agosto de 2015, visando demonstrar ao Sócio "B" a sua parte nos haveres. O quadro de participação societária era assim constituído:

- Sócio "A" 23,00%;

Capítulo 4 – Balanço Patrimonial

- Sócio "B" 12,00%;
- Sócio "C" 25,00%;
- Sócio "D" 40,00%.

Após os ajustes, foi apresentado o Balanço Patrimonial Especial. O Patrimônio Líquido ficou assim representado:

❖ Capital subscrito R$220.000,00;
❖ Reservas de Lucro R$50.000,00;
❖ Prejuízos Acumulados (R$40.000,00);
❖ Lucro apurado até 31.8.2015 R$80.500,00.

Com base nas informações acima, em uma Perícia Contábil de Apuração de haveres, o valor apurado para ser pago ao Sócio "B" é de:
a) R$9.660,00. **b)** R$31.260,00. **c)** R$37.260,00. **d)** R$42.060,00.

27. **(CONTADOR/CFC/ADAPTADA)** Uma empresa apresentava um quadro societário de cinco sócios, com as seguintes participações: sócio A: 20%; sócio B: 20%; sócio C: 20%; sócio D: 20%; e sócio E: 20%. O sócio D foi excluído da sociedade pelos demais sócios, os quais arquivaram uma Alteração Contratual na Junta Comercial, na qual constou em uma das cláusulas que os haveres do sócio excluído estariam a sua disposição, cuja apuração de haveres teria sido realizada com base em Balanço Patrimonial Especial.

O sócio D ajuizou uma ação de apuração de haveres na qual pediu a avaliação dos bens da sociedade, com base em valores de mercado. O juiz nomeou dois peritos. Para a avaliação dos bens imóveis, foi nomeado um perito engenheiro e para a apuração dos haveres foi nomeado o perito-contador. O trabalho do perito-contador utilizou os dados apresentados pela perícia de engenharia e os valores do Balanço Patrimonial Especial juntados aos autos, para, por fim, elaborar um novo Balanço Patrimonial Ajustado.

Balanço Patrimonial Especial era assim representado, **em 31.1.2011**:

ATIVO		
Ativo Circulante	R$	742.465,53
Caixa	R$	3.466,40
Bancos Conta Movimento	R$	19.360,36
Aplicações	R$	51.656,48
Estoques	R$	124.019,03
Duplicatas a Receber	R$	214.734,00
Adiantamentos	R$	8.728,57
Impostos a Recuperar	R$	35.834,51
Despesas Pagas Antecipadamente	R$	284.666,18
Ativo Não Circulante	R$	1.899.933,61
Investimentos	R$	14.814,87
Imobilizado	R$	1.884.292,23
Intangível	R$	826,51
Total do Ativo	R$	2.642.399,14
Passivo a Descoberto	R$	389.219,93
Capital Social Realizado	(R$	121.260,00)
Prejuízos Acumulados	R$	510.479,93
Total do Ativo + Passivo a Descoberto	R$	3.031.619,07
PASSIVO		
Passivo Circulante	R$	2.366.717,69
Fornecedores	R$	1.332.217,17
Empréstimos Bancários	R$	20.000,00
Obrigações Sociais a Recolher	R$	234.200,21
Impostos e Taxas a Recolher	R$	678.683,18
Obrigações Trabalhistas	R$	52.086,21
Provisões	R$	37.324,65
Adiantamento de Clientes	R$	12.206,27
Passivo Não Circulante	R$	664.901,38
Empréstimos de Longo Prazo	R$	451.765,96
Impostos Federais Parcelados	R$	213.135,42
Total do Passivo	R$	3.031.619,07

Os bens imóveis avaliados pela perícia de engenharia foram agrupados conforme a seguir:

DESCRIÇÃO	Valor antes da avaliação		Valor após a avaliação	
Ativo Não Circulante	R$	1.899.933,61	R$	2.456.701,90
Investimentos	R$	14.814,87	R$	714.944,89
Propriedades para Investimento	R$	13.769,98	R$	713.900,00
Participações em Sociedade de Crédito	R$	1.044,89	R$	1.044,89
Imobilizado	R$	1.884.292,23	R$	1.740.930,50
Máquinas e Equipamentos	R$	1.884.292,23	R$	1.740.930,50
Intangível	R$	826,51	R$	826,51
Marcas e Patentes	R$	826,51	R$	826,51

O perito-contador realizou os ajustes necessários a um novo Balanço Patrimonial, no qual os haveres do sócio excluído ficaram apurados em:

a) R$33.509,67; b) R$167.548.36; c) R$491.340,38; d) R$639.833,49.

Capítulo 5
DEMONSTRAÇÃO DO RESULTADO DO EXERCÍCIO

5.1 Introdução

A Demonstração do Resultado do Exercício é um relatório contábil econômico-financeiro que evidencia as contas de resultado (receitas realizadas, isto é, ganhas ou auferidas e as despesas incorridas no exercício) de forma dinâmica na vertical. Tem como objetivo demonstrar o resultado do exercício e os elementos que o formaram e mensuraram o desempenho da companhia respeitando o princípio da competência.

As receitas e despesas são os elementos diretamente relacionados com a mensuração do resultado. As receitas representam os aumentos nos benefícios econômicos sob forma de entrada de recursos e as despesas são os decréscimos nos benefícios econômicos sob a forma de saída de recursos.

No art. 187 da lei nº 6.404/76 e suas alterações, assim como o NBC TG 26 (R4) e seção 5 da NBC TG 1.000 (R1), demonstram a classificação das contas de neste demonstrativo. Vejamos abaixo a estrutura desse demonstrativo.

5.2 Estrutura da Demonstração do Resultado do Exercício

Nesta seção apresentaremos um modelo de DRE tendo como fornecer aos usuários, os dados básicos e essenciais da formação do resultado (Lucro ou Prejuízo) do exercício.

Quadro 4: Demonstração do Resultado do Exercício detalhado

1. Receita Operacional Bruta/Receita Bruta de Vendas	
2. (-) Deduções - devoluções, abatimentos, descontos incondicionais ou comerciais concedidos e impostos incidentes sobre a venda.	
3. **Receita Operacional Líquida/Receita Líquida de Vendas**	
4. Custo das Mercadorias Vendidas/Custo do Produto Vendido/Custo de Serviço Prestado	
5. **Resultado Operacional Bruto, Lucro ou Prejuízo Bruto**	
6. (-) Despesas Operacionais – com as vendas, as despesas gerais e administrativas, e outras despesas/receitas operacionais.	
7. **Resultado antes das despesas e receitas financeiras**	
8. (+/-) despesas/receitas financeiras	
9. **Resultado do antes dos tributos sobre o lucro resultado**	
10. (-) Provisão para o IR e CSLL	
11. **Resultado do Liquido das operações em Continuidade**	
12. **OPERACOES DESCONTINUADA**	
12.1 (+/-) Resultado Líquido das operações descontinuadas	
13. (-) Participações e Contribuições – Debêntures, Empregados, Administradores, Partes Beneficiárias e as Contribuições para Fundos de Assistência ou Previdência de Empregados	
14. **Resultado Líquido do Exercício**	
15. **Resultado por Ação ou Quota do Capital Social**	

Fonte: NBC TG 1.000 (R1), NBC TG 31 (R3) e Lei 6.404/76.

5.3 Detalhamento das contas na estrutura da DRE

A seguir, apresenta-se detalhadamente o conceito das contas de resultado que compõem a estrutura descrita na seção 5.2.

5.3.1) Na conta de Receitas Brutas de Vendas são registradas as vendas de bens e a prestação de serviços, no momento da ocorrência do fato gerador, respeitando o princípio da competência;

A receita bruta corresponde ao produto de todas as operações de venda de produtos (indústria), mercadorias (empresa comercial) e/ou serviços (prestadora de serviços) que constituam o objeto social da sociedade.

5.3.2) As deduções das receitas brutas referem - se a diminuições das receitas brutas. São divididas em:

❖ Devoluções de Vendas, também conhecida como vendas canceladas. Ocorre quando houver o retorno da mercadoria ao vendedor por estar em desacordo com o pedido.

❖ Abatimentos sobre Vendas: Quando há uma insatisfação do cliente com alguma característica do produto ou da entrega, o vendedor concede um abatimento ao comprador, a fim de evitar a devolução do produto.

❖ Descontos Incondicionais (ou comerciais) concedidos: São os descontos concedidos pelo vendedor no ato da venda, sem qualquer contraprestação por parte do comprador, devendo estar inserido na nota fiscal.

❖ Impostos e Contribuições incidentes sobre Vendas: Assim como todas as outras deduções de vendas, os tributos incidentes sobre as vendas são despesas que, por uma questão de classificação, são consideradas deduções da receita bruta.

Os principais impostos incidentes sobre as vendas são o ICMS, o ISS e o IE (imposto de exportação), além disso, temos as principais contribuições sobre as vendas são o PIS (Programa de Integração Social) e a COFINS (Contribuição para o Financiamento da Seguridade Social).

5.3.3) Receita operacional Líquida de Vendas e o valor resultante das deduções efetuadas sobre a receita bruta de vendas. Também são chamadas de Vendas Líquidas.

5.3.4) Custo das Mercadorias Vendidas refere-se ao valor decorrente da baixa das mercadorias vendidas, por terem sido transferidos a terceiros. Podem ser encontradas por meio da fórmula do inventário periódico: CMV= EI-CL-EF, sendo:

CMV – Custo das Mercadorias Vendidas;

EI – Estoque Inicial;

CL – Compras Líquidas

EF – Estoque Final.

Cabe ressaltar que os ajustes a valor presente, nas operações de compra de estoques efetuadas a longo prazo, os estoques devem ser mensurados pelo valor de compra já líquido dos juros embutidos na transação. Este também é o tratamento conferido pela NBC TG 16, este tratamento acaba afetando o valor do CMV, uma vez que ele tem origem na baixa de saldo na conta estoques.

5.3.5) Resultado Operacional Bruto ou Resultado com Mercadorias, resulta da dedução do CMV em relação ao valor das receitas líquidas de vendas.

5.3.6) Despesas Operacionais, devem apresentar os valores das despesas segregadas conforme as suas naturezas. Compreende que esses gastos apropriados foram necessários para o desenvolvimento da atividade da companhia e que obedecem ao regime de competência.

Essas despesas estão desmembradas em: comerciais ou de vendas, são os gastos com salários da equipe de vendas, marketing, provisões para garantias comerciais, comissões de vendas, Provisão para Crédito de Liquidação Duvidosa (PCLD) e outros ligados aos esforços de vendas.

As despesas gerais e administrativas são as demais despesas ligadas ao custeio da máquina administrativa e as atividades operacionais. São classificadas as depreciações da área administrativa, gastos com aluguel, energia elétrica, salários da equipe não operacional, honorários da diretoria, serviços em geral (auditoria, jurídico, vigilância e outros) entre diversas outras despesas. Ainda temos as outras receitas / despesas operacionais, são classificadas os ganhos ou perdas que decorram de transações que não constituam as atividades ordinárias de uma entidade. Exemplo: ganho ou perda de equivalência patrimonial, ganho ou perda de capital no imobilizado, e outros;

5.3.7) Resultado antes das despesas e receitas financeiras é o valor que resulta da dedução das despesas operacionais em relação ao valor do resultado operacional bruto.

5.3.8) Resultado financeiros é a diferença entre as despesas financeiras e receitas financeiras devem ser apresentadas na DRE de forma líquidas.

As despesas financeiras são gastos com a remuneração de capitais de terceiros e outros ligados a operações financeiras. Exemplos: Juros sobre empréstimos, Juros por atraso em duplicatas, pagamento de IOF,

Descontos concedidos em recebimentos de títulos (Descontos Financeiros), Juros pagos em desconto de duplicatas, e outros.

Já as receitas financeiras, que são aquelas decorrentes de remuneração do capital da sociedade em aplicações, os descontos financeiros obtidos, etc. Caso o valor das receitas financeiras seja superior ao das despesas financeiras, o valor positivo deverá ser compensado com as demais despesas operacionais.

De acordo com o pronunciamento NBC TG 8, as Variações Monetárias Ativas ou Passivas são classificadas como receitas ou despesas financeiras, respectivamente.

Além disso, os descontos condicionais (ou financeiros) concedidos são aqueles que ocorrem após a concretização da operação mercantil, quando a empresa vendedora concede um determinado desconto como prêmio pelo pagamento da fatura antes do vencimento da obrigação.

É comum também conceder desconto quando o comprador quita a duplicata antes da data do vencimento como uma forma de estimulá-lo a pagar suas obrigações, estes descontos representam despesas ou receitas financeiras e não deduções.

5.3.9) Resultado antes do Imposto de Renda e Contribuição Social é o valor que resulta da dedução das despesas e receitas financeiras.

5.3.10) O Imposto de Renda e Contribuição Social são tributos que pode ser calculado com base no Lucro Real, Presumido ou Arbitrado, referente ao exercício corrente.

5.3.11) E o resultado das operações que a companhia auferiu após a geração das receitas e deduções dos custos e despesas que fazem parte da continuidade normal da companhia, sem prazo determinado.

5.3.12) A operação descontinuada é um componente da entidade que foi baixado ou está classificado como mantido para venda e representa uma importante linha separada de negócios ou área geográfica de operações.

Além disso, é uma parte integrante de um único plano coordenado para venda de uma importante linha separada de negócios ou área geográfica de operações; ou é uma controlada adquirida exclusivamente com o objetivo da revenda, conforme NBC TG 31 (R3).

5.3.12.1) Neste subgrupo será evidenciado um montante único na demonstração do resultado compreendendo:

Capítulo 5 – Demonstração do Resultado do Exercício

(i) o resultado total após o imposto de renda das operações descontinuadas; e

(ii) os ganhos ou as perdas após o imposto de renda reconhecidos na mensuração pelo valor justo menos as despesas de venda ou na baixa de ativos ou de grupo de ativo(s) mantidos para venda que constituam a operação descontinuada.

5.3.13) As participações estatutárias são remunerações atribuídas a beneficiários em função de resultados positivos. Estas, poderão estar previstas em contrato ou estatuto social ou serem definidas em deliberações de sócios ou acionistas em assembleias.

A Lei 6.404/76 no artigo 187, determina que sejam deduzidas as participações nesta ordem: debenturistas, empregados, administradores, partes beneficiárias e contribuições para instituições ou fundos de assistência ou previdência de empregados.

Para que possamos calculá-las, devemos, inicialmente, conhecer sua base de cálculo. Segundo a legislação comercial, no artigo 189 da Lei das S.A, a base de cálculo das participações é o lucro líquido deduzido da provisão para o IR e dos prejuízos acumulados, caso existam.

Assim, do ponto de vista contábil, como pudemos observar na estrutura da DRE, as participações devem figurar após o IR.

Notem que, caso existam, os prejuízos acumulados de exercícios anteriores, estes deverão ser abatidos para o cálculo das participações. importante ressaltar que os prejuízos acumulados, caso existam foram incluídos na apuração das participações, mas não fazem parte da DRE e não podem configurar nesta demonstração.

Obtida a nossa base de cálculo da 1ª participação, vamos recorrer ao artigo 190 para aprender a calculá-las.

Segundo este dispositivo, as participações de debenturistas, empregados, administradores, partes beneficiárias e Instituições ou Fundos de Assistência ou Previdência de Empregados, deverão ser calculadas, sucessivamente, e nesta ordem, com base nos lucros remanescentes, após dedução da participação anterior.

Em outras palavras, após calcularmos uma participação, abatemos o valor calculado da base de cálculo anterior para que cheguemos à base de cálculo da participação seguinte.

As participações são as últimas despesas do demonstrativo, após calculada e deduzida a última participação, o valor remanescente deverá ser o resultado líquido do exercício.

5.3.14) Resultado líquido do exercício indica a diferença entre as receitas do período corrente, após a dedução de todos os custos e despesas do período envolvido. Por último, vale lembrar que é obrigatória a informação do valor do resultado líquido por ação.

5.4 Modelo da Demonstração do Resultado do Exercício da Empresa Sobral Invicta

Nesta seção, apresentamos um modelo da empresa Sobral Invicta S.A. que publicou a DRE tomando como base a NBC TG 1.000 (R1) conforme Tabela 2.

Tabela 2: Demonstração do Resultado (Exercício Findos em dezembro – R$ em Mil)

	20X1	20X0
Receita de Vendas (Nota 15)	**115.279,00**	**106.159,00**
Custos das Vendas	-66.384,00	-61.622,00
Lucro Bruto	**48.895,00**	**44.537,00**
Despesas com Vendas	-28.473,00	-26.226,00
Despesas Gerais e Administrativas	-7.397,00	-6.801,00
Participação dos empregados nos Lucros	-1.175,00	-1.042,00
Equivalência Patrimonial	-70,00	0,00
Outras (despesas) receitas, líquidas (Nota 17)	368,00	-886,00
Lucro Operacional	**12.148,00**	**9.582,00**
Resultado Financeiro	-240,00	-515,00
Lucro antes do Imposto de Renda e da Contribuição Social	**11.908,00**	**9.067,00**
Imposto de Renda e Contribuição Social (Nota 13b)	-2.896,00	-3.292,00
Lucro Líquido do Exercício (em milhares)	**9.012,00**	**5.775,00**
Ações em circulação no final do exercício (em milhares)	5.640,570,00	5.640,570,00
Lucro Líquido por lote de mil ações do capital social no fim do exercício	1,60	1,02

Fonte: [Adaptado de] Sobral Invicta S.A.

A estrutura da DRE publicada com base na NBC TG 1.000 (R1) está correta em toda sua plenitude. Ela pode ser utilizada para o contador fazer a adoção da NBC TG 1.000 (R1). Cabe as seguintes observações: **a)** a publicação terá que evidenciar a Receita Bruta e suas deduções, pois na aplicação da NBC TG 1.000 (R1) a publicação parte da receita líquida, conforme comprova a DRE publicada pela Sobral Invicta S.A. com destaque para a Nota 15 evidenciada nas Notas Explicativas; **b)** A parte final da DRE com as informações de Ações e lucro líquido por ação não é obrigatoriedade para a ITG 1.000; **c)** as entidades enquadradas no regime de tributação do Simples Nacional que estejam utilizando a ITG 1.000 devem evidenciar os tributos no item "Deduções de tributos, abatimentos e devoluções".

A ITG 1.000 também define em seu item 26 que a DRE é um componente obrigatório.

É importante ressaltar que na NBC TG 31 (R3) no item 1, menciona que a contabilização de ativos não circulantes mantidos para venda (colocados à venda) e a apresentação e a divulgação de operações descontinuadas. Em particular, a Norma exige que os ativos que satisfazem aos critérios de classificação como mantidos para venda sejam apresentados separadamente na demonstração do resultado, conforme demonstrado no quadro 4 da seção 5.3 deste capítulo.

Após a conclusão da fundamentação dos fatos, a próxima etapa é aprimorar os conhecimentos através dos exercícios.

5.6 QUESTÕES DE PROVA

A próxima etapa de entendimento é exercitarmos questões de concursos públicos.

1. **(CONTADOR/CFC/17)** Uma Sociedade Empresária comercial apresenta os seguintes dados, referentes ao período de janeiro a dezembro de 2016, extraídos do seu Balancete de Verificação:

Custo das Mercadorias Vendidas	R$560.000,00
Faturamento Bruto de Vendas	R$800.000,00
ICMS sobre Vendas	R$93.000,00
Receita de Dividendos	R$70.000,00
Receita Financeira	R$30.000,00
Vendas Canceladas	R$25.000,00

Considerando-se apenas as informações apresentadas e de acordo com a Lei n. º 6.404/1976, o valor do Lucro Bruto a ser evidenciado na Demonstração do Resultado do período é de:

a) R$122.000,00. b) R$152.000,00. c) R$240.000,00. d) R$270.000,00.

2. **(CONTADOR/CFC/17)** Uma Sociedade Empresária coletou os saldos de algumas contas de resultado constantes em seu balancete anual emitido em 31.12.2016, conforme a seguir:

Contas	Débito	Crédito
Abatimentos sobre Vendas	R$ 15.000,00	
COFINS sobre Faturamento	R$ 22.800,00	
Comissões sobre Vendas	R$ 9.000,00	
Descontos Incondicionais	R$ 1.050,00	
Devoluções de Vendas	R$ 6.000,00	
ICMS sobre Vendas	R$ 54.000,00	
PIS sobre Faturamento	R$ 4.950,00	
Receita Bruta de Vendas		R$ 300.000,00

Considerando-se apenas as informações apresentadas e de acordo com a NBC TG 26 (R4) – APRESENTAÇÃO DAS DEMONSTRAÇÕES CONTÁBEIS, e com a NBC TG 30 – RECEITAS, o valor a ser divulgado como receita da Sociedade Empresária, na Demonstração do Resultado do período encerrado em 31.12.2016, é de:

a) R$187.200,00. b) R$196.200,00. c) R$218.250,00. d) R$277.950,00.

3. **(CONTADOR/ CODEBA/16)** De acordo com a Lei nº 11.941/09, que alterou a Lei nº 6.404/76, assinale a opção que indica a correta contabilização do lucro com a venda de um ativo imobilizado.

(A)   Receita operacional.
(B)   Receita não operacional.
(C)   Outra receita operacional.
(D)   Outra receita não operacional.
(E)   Ganho.

4. **(CONTADOR/CFC/16)** Uma Sociedade Empresária apresentou as seguintes informações a respeito de suas operações com mercadorias:

Discriminação	Valor
✓ Abatimentos sobre compras	R$7.000,00
✓ Abatimentos sobre vendas	R$10.000,00
✓ Valor total de aquisição das mercadorias	R$90.000,00
✓ Desconto financeiro concedido	R$3.000,00
✓ Desconto financeiro obtido	R$4.000,00
✓ Fretes sobre compras	R$5.000,00
✓ Fretes sobre vendas	R$8.000,00
✓ Receita bruta de vendas	R$180.000,00
✓ Tributos sobre compras – recuperáveis e incluídos no valor de aquisição	R$6.000,00
✓ Tributos sobre vendas	R$30.000,00

Considere que todos os itens adquiridos foram vendidos no mesmo período e que não havia estoques de mercadorias no início do período. Diante apenas das informações apresentadas, e de acordo com o disposto na Lei nº. 6.404/76, o Lucro Bruto é de:

a) R$50.000,00.
b) R$51.000,00.
c) R$58.000,00.
d) R$59.000,00.

5. **(Contador, DPE-MT/15)** Um estaleiro constrói navios por períodos de longo prazo. Em janeiro de 2013, ele assinou um contrato para construção de um navio no valor total de R$ 800.000,00. Para a obra são estimados R$ 500.000,00 de custos totais. No ano de 2013, a empresa incorreu em R$ 80.000,00 de custos. Considerando apenas esses fatos, assinale o valor do resultado bruto na Demonstração do Resultado do Exercício da empresa, em 31/12/2013.

(A) R$ 80.000,00.
(B) R$ 30.000,00.
(C) R$ 48.000,00.
(D) R$ 300.000,00.
(E) R$ 720.000,00.

6. **(CONTADOR/CFC/16)** Uma Sociedade Empresária apresentou, em 31.12.2015, os seguintes saldos em suas contas de resultado, antes da apuração do resultado do período.

Contas	Saldos em 31.12.2015
Custo das Mercadorias Vendidas	R$154.575,00
Despesas Administrativas	R$86.121,00
Despesas com Vendas	R$77.288,00
Despesas Financeiras	R$15.458,00
Perdas com Operações Descontinuadas	R$48.581,00
Receita Bruta de Vendas	R$662.466,00
Receitas Financeiras	R$13.249,00
Tributos sobre Vendas	R$39.749,00
Vendas Canceladas	R$17.666,00

De acordo com NBC TG 26 (R3) – Apresentação das Demonstrações Contábeis, com base nos saldos apresentados e desconsiderando-se os aspectos tributários, é CORRETO afirmar que:

   a) O Resultado Antes dos Tributos sobre o Lucro é de R$287.067,00.

   b) O Resultado Antes das Receitas e Despesas Financeiras é de R$605.051,00.

   c) O Lucro das Operações Continuadas é de R$236.277,00.

   d) O Lucro Bruto é de R$450.476,00.

7. **(CONTADOR/CFC/15)** Uma Sociedade Empresária registrou as seguintes transações no exercício de 2014:

   ✓ Aquisição de mercadorias, no período, ao custo de R$100.000,00;

   ✓ Venda de 80% das mercadorias adquiridas, no período, por R$160.000,00, com incidência de tributos sobre o faturamento no valor de R$33.040,00. O custo total dessas mercadorias vendidas é de R$80.000,00;

   ✓ Despesas comerciais, incorridas no período, no valor de R$3.000,00;

   ✓ Despesas administrativas, incorridas no período, no valor de R$10.000,00;

   ✓ Ganho por equivalência patrimonial, no período, no valor de R$5.000,00;

   ✓ Receita financeira, do período, no valor de R$3.000,00;

   ✓ Imposto de Renda e Contribuição Social incidentes sobre o lucro do período, no valor de R$7.000,00;

✓ Resultado positivo de operações descontinuadas no valor de R$3.800,00, líquido dos tributos.

O resultado líquido das operações continuadas, divulgado na Demonstração do Resultado, elaborada de acordo com a NBC TG 26 (R4) – Apresentação das Demonstrações Contábeis, é de:

a) R$31.960,00.
b) R$33.760,00.
c) R$34.960,00.
d) R$38.760,00.

8. (CONTADOR/Casa da Moeda/ADAPTADA) Uma sociedade empresária apurou os seguintes valores em seus registros contábeis:

Conta contábil	Valor (R$)
Custo das mercadorias vendidas	35.000,00
Descontos concedidos incondicionalmente	2.000,00
Despesas operacionais	7.000,00
Devoluções de vendas	10.000,00
Impostos incidentes sobre vendas	15.000,00
Valor total das vendas	100.000,00

Com base nos números apresentados, o valor das receitas operacionais líquidas da empresa foi, em reais, de

(A) 31.000,00
(B) 38.000,00
(C) 73.000,00
(D) 75.000,00
(E) 88.000,00

9. (Auditor Júnior/REFAP/ADAPTADA) A Cia. Planalto S/A apresentou, em 31/12/2006, após descontar o imposto de renda e a contribuição social sobre o lucro, um lucro líquido de R$ 259.000,00. O estatuto social da empresa estabelece os seguintes percentuais de participações:

• das debêntures: 10%

• dos empregados: 10%

• dos administradores: 10%

• das partes beneficiárias: 10%

Com base nos dados acima, e considerando-se apenas essas informações, o lucro líquido do exercício, em reais, após as participações, será:

(a)   103.600,00
(b)   155.400,00
(c)   169.930,00
(d)   188.811,00
(e)   209.970,00

10. **(CONTADOR/CFC/ADAPTADA)** Uma companhia apresentou os seguintes dados de transações realizadas:

Dados	Valores
✓ Estoque inicial de mercadorias	R$ 6.250,00
✓ Compras de mercadorias – valor total da nota fiscal	R$ 16.000,00
✓ Vendas de mercadorias – valor total da nota fiscal	R$ 18.500,00
✓ Estoque final de mercadorias	R$ 10.250,00
✓ ICMS recuperável destacado na nota fiscal de compra	R$ 2.400,00
✓ ICMS a recolher	R$ 375,00
✓ ICMS sobre vendas, destacado na nota fiscal de venda	R$ 2.775,00
✓ Despesas com salários	R$ 4.000,00
✓ Despesas com encargos trabalhistas	R$ 480,00

Com base nos dados acima, e sabendo-se que o ICMS sobre as compras é recuperável, a apuração do resultado apresenta:

a)   Lucro Bruto de R$3.725,00.
b)   Lucro Bruto de R$6.125,00.
c)   Lucro Líquido de R$2.125,00.
d)   Lucro Líquido de R$8.845,00.

11. **(CONTADOR/CASA DA MOEDA/ADAPTADA)** Um técnico em contabilidade de uma empresa recebeu de seu chefe a incumbência de apurar a diferença entre o total das receitas de prestação de serviços do período e o total dos custos relativos aos serviços prestados. De acordo com as normas de Contabilidade, que nome se dá a essa diferença?

(A)   Resultado Operacional Líquido
(B)   Resultado Operacional Bruto

(C) Receita Operacional Líquida
(D) Receita Operacional Bruta
(E) Lucro Líquido do Exercício

12. **(CONTADOR/CFC/ADAPTADA)** Uma empresa vendeu mercadorias em 2.1.2014, pelo valor de R$200.000,00, com entrega imediata das mercadorias e recebimento do valor da venda em 2.3.20X0.
O Custo da Mercadoria Vendida é de R$50.000,00. A empresa remunera seus vendedores, a título de comissão sobre vendas, no valor de R$6.000,00, a ser paga quando do recebimento da venda efetuada. Em relação ao registro da transação, é CORRETO afirmar que em:

a) 2.1.20X0, a empresa reconhece uma receita de R$200.000,00, o custo da mercadoria vendida no valor de R$50.000,00 e uma despesa comercial no valor de R$6.000,00.

b) 2.1.20X0, a empresa reconhece uma receita de R$200.000,00, o custo da mercadoria vendida no valor de R$50.000,00 e, em 2.3.2014, uma despesa comercial no valor de R$6.000,00.

c) 2.1.20X0, a empresa reconhece uma receita de R$200.000,00 e o custo da mercadoria vendida no valor de R$56.000,00.

d) 2.3.20X0, a empresa reconhece uma receita de R$200.000,00 e o custo da mercadoria vendida no valor de R$56.000,00.

13. **(CONTADOR/CFC/ADAPTADA)** Com os saldos das contas de resultado apresentados abaixo, elabore a Demonstração de Resultado.

✓ Custo das Mercadorias Vendidas	R$	78.530,00
✓ Despesa com Tributos sobre o Lucro	R$	17.577,00
✓ Despesas Administrativas	R$	13.740,00
✓ Despesas com Vendas	R$	43.510,00
✓ Despesas Financeiras	R$	3.720,00
✓ Despesas Gerais	R$	21.820,00
✓ ICMS Incidente Sobre Vendas	R$	16.450,00
✓ Outras despesas operacionais	R$	2.120,00
✓ Receita Bruta de Vendas	R$	235.000,00
✓ Receita de Equivalência Patrimonial	R$	3.450,00
✓ Receitas Financeiras	R$	1.780,00
✓ Vendas Canceladas	R$	1.750,00

Com base na Demonstração de Resultados elaborada, assinale a opção CORRETA.
a) O Resultado Antes dos Tributos Sobre o Lucro é de R$58.590,00.
b) O Resultado Líquido do Período é de R$37.563,00.
c) O valor da Receita Líquida de Vendas é de R$220.250,00.
d) O valor do Lucro Bruto é de R$156.470,00.

14. (CONTADOR/CFC/ADAPTADA) Uma empresa apresentava, ao final do ano de 20X0, as seguintes movimentações de contas patrimoniais e de resultado para a elaboração da Demonstração do Resultado e Demonstração do Resultado Abrangente do período:

Contas Patrimoniais e de Resultado	Movimentação	Natureza da Movimentação
Ajustes de Avaliação Patrimonial de Instrumentos Financeiros Classificados como Disponíveis para Venda	R$ 18.000,00	Credora
Custo dos Produtos Vendidos	R$ 270.000,00	Devedora
Despesas Administrativas	R$ 42.000,00	Devedora
Despesas com Vendas	R$ 60.000,00	Devedora
Despesas Financeiras	R$ 48.000,00	Devedora
Equivalência Patrimonial sobre Resultados Abrangentes de Coligadas	R$ 15.000,00	Credora
Receita de Equivalência Patrimonial	R$ 25.000,00	Credora
Receita com Vendas de Produtos	R$ 600.000,00	Credora
Receitas Financeiras	R$ 36.000,00	Credora
Tributos sobre Ajustes de Instrumentos Financeiros classificados como Disponíveis para Venda	R$ 6.000,00	Devedora
Tributos sobre o Lucro	R$ 55.000,00	Devedora
Tributos sobre Vendas	R$ 96.000,00	Devedora

Na Demonstração do Resultado do período, o Lucro Líquido é igual a:
a) R$84.000,00.
b) R$90.000,00.
c) R$105.000,00.
d) R$117.000,00.

15. (CONTADOR/CFC/ADAPTADA) A contabilidade de uma empresa apresentou, no dia 31.12.20X1, os seguintes saldos:

Contas	Saldos
Banco Conta Movimento	R$ 40.000,00
Capital a integralizar	R$10.000,00
Capital Subscrito	R$98.000,00
COFINS Incidente sobre Vendas	R$6.240,00
Custo das Mercadorias Vendidas	R$90.000,00
Despesas com Salários	R$32.000,00
Despesas de Comissões de Vendedores	R$18.000,00
Despesas de Juros	R$1.700,00
Despesas Pagas Antecipadamente de Seguros	R$4.500,00
Devolução de Vendas	R$12.000,00
Duplicatas a pagar	R$65.000,00
Duplicatas a receber	R$16.576,00
Estoque de Mercadorias	R$90.000,00
ICMS a recuperar	R$7.372,00
ICMS Incidente sobre Vendas	R$35.360,00
Imóveis de Uso da Empresa	R$50.500,00
PIS Incidente sobre Vendas	R$1.352,00
Receita Bruta Tributável de Vendas	R$220.000,00
Receitas de Juros	R$2.600,00
Reserva de Lucros	R$30.000,00

Tendo em vista as informações acima, o valor do Resultado Líquido do exercício, não levando em consideração o Imposto de Renda Pessoa Jurídica e a Contribuição Social sobre o Lucro, é de:

a) R$20.748,00.
b) R$25.948,00.
c) R$37.948,00.
d) R$43.948,00.

16. (CONTADOR/CFC/ADAPTADA) Uma empresa adquiriu mercadorias para revenda por R$5.000,00. Neste valor, estão incluídos impostos recuperáveis no valor de R$600,00. No mesmo período, a totalidade das mercadorias adquiridas foi vendida por R$8.000,00. Sobre o valor da venda, incidiram impostos no montante de R$1.732,00, embutidos no preço de venda. A comissão devida aos vendedores, no valor de R$80,00, também foi registrada no período. Na Demonstração do Resultado do Período, o Lucro Bruto é igual a:

a) R$1.788,00.
b) R$1.868,00.
c) R$3.600,00.
d) R$6.268,00

17. (CONTADOR/PB/ADAPTADA) Informações parciais apresentadas, em reais, pela Companhia Percentual S.A. de capital fechado. No exercício de 2015 o patrimônio líquido era composto da seguinte forma:

Capital social ------------------1.500.000,00
(-) Prejuízo acumulado – (200.000,00)

No exercício de 2016, temos as seguintes informações:
Lucro operacional 1.000.000,00
Provisão para o IR 201.000,00
Participações Estatuárias
Administradores 10%
Empregados 10%
Partes beneficiarias 10%

Considerando-se exclusivamente as informações apresentadas pela Companhia e as determinações da Lei Societária, o Lucro Líquido da Percentual, no exercício social de 2016, em reais, é
a) 799.000,00
b) 636.671,00
c) 559.300,00
d) 499.300,00
e) 436.671,00

Capítulo 6
DEMONSTRAÇÃO DE LUCROS OU PREJUÍZOS ACUMULADOS

6.1 Introdução

A demonstração dos lucros ou prejuízos acumulados, apresenta o saldo do exercício anterior, as alterações ocorridas no exercício, o lucro ou prejuízo do exercício, a destinação dada aos lucros ao final de cada exercício social e o saldo final desta conta. Evidencia, portanto, a destinação do lucro líquido do exercício.

No art. 186 da Lei nº 6.404/76 e suas alterações, assim como a seção 6 da NBC TG 1.000 (R1), discrimina:

I. o saldo do início do período, os ajustes de exercícios anteriores e a correção monetária do saldo inicial;

II. as reversões de reservas e o lucro líquido do exercício;

III. as transferências para reservas, os dividendos, a parcela dos lucros incorporada ao capital e o saldo ao fim do período.

Logo, os ajustes de exercícios anteriores serão considerados apenas os decorrentes de efeitos da mudança de critério contábil, ou da retificação de erro imputável a determinado exercício anterior, e que não possam ser atribuídos a fatos subsequentes.

6.2 Aspectos legais

Por determinação da lei 6.404/76, no seu artigo 176, a DLPA é uma demonstração contábil obrigatória. Entretanto, essa demonstração pode ser incluída na Demonstração de Mutação do Patrimônio Líquido - DMPL, que é uma demonstração mais completa, pois expõe as variações ocorridas durante o exercício em todas as contas do PL, inclusive a conta Lucros ou Prejuízos Acumulados, como iremos explicar no capítulo 7 desta obra.

Embora a Lei 6.404/76 não obrigue as companhias a elaborarem a DMPL, a Instrução Comissão de Valores Mobiliários - CVM n° n°. 59, de 22/12/1986 vinculada as companhias abertas (sociedades por ações de capital aberto) à obrigação de elaborar e publicar a DMPL.

É importante ressaltar, que a NBC TG 26 (R4), determina que as empresas elaborem a DMPL e não a DLPA. Para as empresas que utilizarem a NBC TG 1.000 (R1), faculta a elaboração de ambos demonstrativos.

6.3 Estrutura

Nesta seção apresentaremos um modelo da demonstração de lucros e prejuízos acumulados aplicáveis a diversas atividades.

Quadro 5: Demonstração de Lucros e Prejuízos Acumulados.

Demonstração de Lucros ou Prejuízos Acumulados		
EMPRESA M MELO	**Em R$**
	20X2	20X1
Saldo inicial (final do exercício anterior)		
(+/-) Ajustes de exercícios anteriores		
(-) Lucros incorporados ao Capital		
(+) Reversão de reservas		
(+/-) Lucro/Prejuízo Líquido do Exercício		
(=) Lucro/Prejuízos antes da proposta de destinação		
(-) Proposta de destinação do lucro Transferência para Reservas Reserva Legal Reserva Estatutária Reserva para Contingência Reserva de Lucros a Realizar Outras Reservas de Lucros		
Dividendos Propostos		
Saldos Finais		
Dividendo por Ação		

Fonte: Quadro desenvolvido pelos autores.

É importante ressaltar que a lei 6.404/76 e suas alterações determina que a destinação do lucro deve ser registrada de acordo com a proposta dos órgãos da administração no pressuposto de sua aprovação na Assembleia Geral.

6.4 Apresentação dos dividendos por ação

De acordo com a Lei em epígrafe, no § 2º do artigo 186 a DLPA irá evidenciar o montante do dividendo por ação do capital social, segregando as parcelas do dividendo referentes às ações ordinárias e preferenciais e suas diferentes classes se for o caso. Difere, portanto, da DRE que registrará o lucro líquido por ação do capital social.

Após às explicações do capítulo, elencamos alguns exercícios de concursos públicos específico sobre o assunto.

6.5 QUESTÕES DE PROVA

A próxima etapa de entendimento é exercitarmos o conhecimento através de questões de concursos públicos.

1. **(CONTADOR/CFC/16)** Com relação à Demonstração dos Lucros ou Prejuízos Acumulados – DLPA, julgue os itens abaixo como Verdadeiros (V) ou Falsos (F) e, em seguida, assinale a opção **CORRETA**.

I. A Demonstração das Mutações do Patrimônio Líquido – DMPL poderá ser incluída na Demonstração dos Lucros ou Prejuízos Acumulados – DLPA, a qual é mais abrangente que a anterior.

II. Quando a Entidade evidenciar o resultado e sua destinação nas Notas Explicativas, está desobrigada de publicar a Demonstração dos Lucros ou Prejuízos Acumulados – DLPA.

III. A Demonstração dos Lucros ou Prejuízos Acumula dos – DLPA discriminará, entre outros, o saldo do início do período, as reversões de reservas de lucro e o lucro líquido do exercício.

A sequência **CORRETA** é:

a)   F, F, V.
b)   F, V, F.
c)   V, F, V.
d)   V, V, F.

2. **(CONTADOR/ PETROBRAS/ ADAPTADA)** As informações a seguir foram extraídas dos registros da Companhia XYZ S/A.

Exercício Social 2016
- ❖ LLE 2.550.000,00
- ❖ Provisão para Contingências 105.000,00
- ❖ Reserva Legal 127.500,00
- ❖ Dividendos Propostos 2.317.500,00

Considerando, exclusivamente, os dados propostos na questão, o saldo da DLPA, em 20164, com base no art. º 186 da Lei 6.404/76, em reais, é:

a) 2.951.950,00. b) 2.464.450,00. c) 1.714.450,00. d) zero.
e) 2.317.500,00.

3. **(CONTADOR/CFC/ADAPTADA)** No encerramento do balanço, de 20X1, de uma sociedade empresária, foi constatada a ausência de registro de uma despesa financeira referente ao exercício de 20X0, no montante de R$30.000,00. Na mesma data, verificou-se que uma provisão para questões judiciais registrada em 20X0, por R$12.000,00 deveria ser revertida, uma vez que novos fatos ocorridos em 20X1 levaram a equipe jurídica a avaliar como remota a possibilidade de a empresa vir a perder a questão. **O registro contábil das duas situações irá provocar um impacto no resultado de 20X1 de:**

a) R$12.000,00.
b) R$18.000,00.
c) R$30.000,00.
d) R$42.000,00.

4. **(ANALISTA/ESAF/ADAPTADA)** A cia ABC apresentou a Demonstração de lucros e prejuízos acumulados do exercício findo de 20X1, conforme descrita abaixo.

Capítulo 6 – Demonstração de Lucros ou Prejuízos Acumulados   77

DLPA - exercício findo em 31/12/20X1 da Cia RTC	(R$)
saldo em 31 de dezembro de 20X0	-1.000
(-) parcela de lucros incorporada ao capital	-2.800
(+) lucro líquido do período	20.000
(-) proposta da administração para distribuição do lucro	-11.000
transferências para reservas	-1.000
dividendos a distribuir	-7.000
juros sobre o capital próprio	-3.000
saldo em 31 de dezembro de 20X1	5.200,00

A Lei n° 6.404/1976 e suas alterações menciona no seu artigo 178 sobe a obrigatória de sua elaboração pelas sociedades por ações. Com base nas disposições da referida lei, assinale a opção correta a respeito da DLPA elaborada pela Cia. ABC em 31/12/20X1, descrita na tabela acima.

a) houve ajustes de exercícios anteriores.

b) O valor da proposta da administração para distribuição do lucro equivale a 55% do valor do lucro líquido de 20X1.

c) no exercício de 20X1, a empresa incorporou ao capital social o montante de 16% do lucro líquido do período.

d) O valor dos juros sobre o capital próprio equivale a 14% do lucro do período.

e) os dividendos a distribuir representam menos de 133% do saldo evidenciado pela DLPA em 31/12/20X1.

5. (ANALISTA/ESAF/ADAPTADA) Analise as informações retiradas da Demonstração de Lucros ou Prejuízos Acumulados de uma empresa comercial referente ao período de 01.01.2016 a 31.12.2016.

Dividendos Distribuídos	R$	300,00
Prejuízo do exercício	R$	700,00
Reversão de Reserva de Exercícios Anteriores	R$	1.200,00
Transferências para Reservas	R$	200,00

Com base nestes dados, o saldo ao final do período da conta Lucros ou Prejuízos Acumulados é de:

(a) R$ 1.000,00;

(b) R$ 1.500,00;

(c) R$ 1.400,00;

(d) R$ 2.400,00;

(e) Zero.

Capítulo 7
DEMONSTRAÇÃO DAS MUTAÇÕES DO PATRIMÔNIO LÍQUIDO

7.1 Introdução

A Demonstração das Mutações do Patrimônio Líquido, tem por objetivo evidenciar todas as movimentações ocorridas no Patrimônio Líquido durante o exercício, inevitavelmente, as contas que compõem a DLPA estarão inseridas na DMPL, logo não será necessária a elaboração da DLPA.

De acordo com o FIPECAFI (2010), a DMPL é de muita utilidade, pois fornece a movimentação ocorrida durante o exercício nas diversas contas componentes do patrimônio líquido, faz o *link* do fluxo de uma conta para outra e indica a origem e o valor de cada variação no Patrimônio Líquido da companhia. Trata-se, portanto, de informação muito valiosa e complementar aos demais demonstrativos.

Sua importância torna-se mais acentuada em face dos critérios da lei, pois este demonstrativo evidenciará a formação e a utilização de todas as reservas, e não apenas das originadas por lucros.

7.2 Aspectos legais

Conforme explicado no capítulo anterior a DMPL, não é um demonstrativo obrigatório por lei. Todavia, no § 3o do artigo 177 da Lei 6.404/76, alterada pela Lei 11.941/09, fixa que a CVM tem poderes para emitir normas que possam regular as companhias abertas.

Sendo assim, a CVM emitiu uma Instrução normativa n. 59/86 obrigando as companhias de capital aberto a elaborar e publicar a DMPL.

Seguindo o mesmo raciocínio, as Normas Brasileiras de Contabilidade, determinam que companhia elabore o demonstrativo em epígrafe e que neste demonstrativo deverá incluir os seguintes itens, de acordo com a NBC TG 26 (R4).

(a) o resultado abrangente do período, apresentando separadamente o montante total atribuível aos proprietários da entidade controladora e o montante correspondente à participação de não controladores;

(b) para cada componente do patrimônio líquido, os efeitos da aplicação retrospectiva ou da reapresentação retrospectiva, reconhecidos de acordo com o Pronunciamento Técnico da NBC TG 23 (R1) – Políticas Contábeis, Mudança de Estimativa e Retificação de Erro;

(c) para cada componente do patrimônio líquido, a conciliação do saldo no início e no final do período, demonstrando-se separadamente as mutações decorrentes:

(i) do resultado líquido;

(ii) de cada item dos outros resultados abrangentes;

(iii) de transações com os proprietários realizadas na condição de proprietário, demonstrando separadamente suas integralizações e as distribuições realizadas, bem como modificações nas participações em controladas que não implicaram perda do controle.

(iv) Informação a ser apresentada na demonstração das mutações do patrimônio líquido ou nas notas explicativas 106A. Para cada componente do patrimônio líquido, a entidade deve apresentar, ou na demonstração das mutações do patrimônio líquido ou nas notas explicativas, uma análise dos outros resultados abrangentes por item.

No item 106 B, descreve que o patrimônio líquido deve apresentar o capital social, as reservas de capital, os ajustes de avaliação patrimonial, as reservas de lucros, as ações ou quotas em tesouraria, os prejuízos acumulados, se legalmente admitidos os lucros acumulados e as demais contas exigidas pelas NBCs.

Cabe ressaltar que na seção 6 da NBC TG 1.000 (R1), faculta a elaboração da DMPL.

7.3 Estrutura

A seguir, apresentaremos um modelo adaptado pelos autores da DMPL, previsto na NBC TG 26 (R4) para melhor entendimento da matéria.

Tabela 3: Demonstração da Mutação do Patrimônio Líquido.

	Capital Social Integralizado	Reservas de Capital e Ações em Tesouraria	Reservas de Lucros	Lucros ou Prejuízos Acumulados	Outros Resultados Abrangentes	Patrimônio Líquido dos Sócios da Controladora
Saldos Iniciais	1.000.000	80.000	300.000	0	270.000	1.650.000
Aumento de Capital	150.000	-50.000	-100.000			
Ações em Tesouraria Adquiridas		-20.000				-20.000
Dividendos				-162.000		-162.000
Lucro Líquido do Período				250.000		**250.000**
Ajustes Instrumentos Financeiros					-60.000	-60.000
Equiv. Patrim. s/ Ganhos Abrang. de Coligadas					24.000	24.000
Tributos s/ Ajustes de Conversão do Período					-90.000	-90.000
Outros Resultados Abrangentes						**-126.000**
Constituição de Reservas			88.000	-88.000		
Saldos Finais	1.150.000	10.000	288.000	0	144.000	1.592.000

Fonte: NBC TG 26 (R4) adaptado pelos autores.

Cabe destacar, que as companhias deverão apresentar uma análise dos outros resultados abrangentes por item na DMPL ou nas notas explicativas.

7.4 Apresentação dos dividendos por ação

Assim com a DLPA, a Norma Brasileira de Contabilidade – NBC TG 26 (R4), no item 107 menciona que as companhias devem apresentar na DMPL ou nas notas explicativas, o montante de dividendos reconhecidos como distribuição aos proprietários durante o período e o respectivo montante dos dividendos por ação.

7.5 Modelo da DMPL da Empresa Sobral Invicta

Nesta seção, apresentaremos um modelo da Demonstração de Mutação do Patrimônio Líquido que foi publicado pela empresa Sobral Invicta S.A. tomando como base a NBC TG 1.000 (R1), conforme Tabela 4.

Tabela 4: Demonstração das Mutações do Patrimônio Líquido – DMPL (Em R$ Mil)

	Capital Social	Reservas de Capital	Reservas de Lucros Legal	Reservas de Lucros Retenção	Lucros Acumulados	Total
Saldos em 01 de janeiro de 20X0	24.799,00	86,00	1.296,00	11.525,00		37.706,00
Dividendos não distribuídos					67,00	67,00
Lucro líquido do exercício					5.775,00	5.775,00
Destinação do lucro líquido						0,00
Reserva Legal			289,00		(289,00)	0,00
Reserva de lucro				4.115,00	(4.115,00)	0,00
Dividendos propostos					(1.371,00)	(1.371,00)
Saldo em 31 de dezembro de 20X0	24.799,00	86,00	1.585,00	15.707,00	0,00	42.177,00
Dividendos não distribuídos					1,00	1,00
Lucro líquido do exercício					9.012,00	9.012,00
Reserva Legal			451,00		(451,00)	0,00
Reserva de lucro				6.421,00	(6.421,00)	0,00
Dividendos obrigatórios propostos					(1.266,00)	(1.266,00)
Dividendos adicionais propostos					874,00	(874,00)	0,00
Saldo em 31 de dezembro de 20X1	24.799,00	86,00	2.036,00	23.003,00	0,00	49.924,00

Fonte: Sobral Invicta S.A.

A estrutura da DMPL, publicada com base na NBC TG 1.000 (R1) está correta em toda sua plenitude. O item 27 da NBC ITG 1.000 afirma que a DMPL não é componente obrigatório, mas o CFC estimula a sua elaboração. Logo, a estrutura da DMPL deve ser utilizada não somente pelas empresas que estão utilizando as Normas NBC TGs completas (Full IFRS), mas também pelas empresas que estão utilizando a NBC TG 1.000 (R1) (CPC PME ou IFRS for SMEs).

Enfim, após as explicações do capítulo, preparamos uma série de exercícios de concursos públicos específicos sobre o assunto em foco.

7.6 QUESTÕES DE PROVA

A próxima etapa de entendimento é exercitarmos questões de concursos públicos.

1. **(CONTADOR JUNIOR/CESGRANRIO/ADAPTADA)** Em uma companhia S/A, a DMPL, levando em conta os aspectos técnico–conceituais e as determinações da Lei Societária, NBC TG 26 R(4) e NBC TG 1.000 (R1) é considerada uma demonstração

    a) obrigatória, nos dizeres exclusivos da Lei das S/A.

    b) utilizada somente para evidenciar as mutações ocorridas nas contas de Capital Subscrito e Capital a Realizar.

    c) que não pode ser substituída pela DLPA em hipótese alguma.

    d) menos completa que a DLPA, vez que não apresenta informações sobre a distribuição do resultado.

    e) para evidenciar as alterações das contas de Capital Social, Reservas de Capital e de Lucros, Ajustes de Avaliação Patrimonial, Ações em Tesouraria e Lucros Prejuízos Acumulados.

2. **(Contador/DPE- MT/15)** As contas integrantes do patrimônio líquido, evidenciadas na demonstração das mutações do patrimônio líquido, podem sofrer variações por itens que afetam o patrimônio total e por itens que não o afetam. Assinale a opção que apresenta um item que afeta o patrimônio total.

    (A) Aumento de capital com utilização de lucros.

    (B) Compensação de prejuízos com reservas.

    (C) Ajuste de avaliação patrimonial.

    (D) Reversão de reserva patrimonial para a conta de Prejuízos Acumulados.

    (E) Apropriação do lucro líquido do exercício por meio da conta de Lucros para formação de Reserva para Contingências.

3. **(Contador/DPE-MT/15)** Uma empresa apurou, no ano de 2013, um lucro de R$ 100.000,00, distribuindo os dividendos mínimos obrigatórios e retendo o restante. Em 2015, a administração da empresa resolveu distribuir dividendos sobre o lucro apurado em 2013. Sobre a correta evidenciação desse fato, assinale a afirmativa correta.

   (A) A distribuição dos dividendos deve ser evidenciada na Demonstração das Mutações do Patrimônio Líquido e na Demonstração do Valor Adicionado.

   (B) A distribuição dos dividendos deve ser evidenciada na Demonstração das Mutações do Patrimônio Líquido, mas não na Demonstração do Valor Adicionado.

   (C) A distribuição dos dividendos deve ser evidenciada na Demonstração do Valor Adicionado, mas não na Demonstração das Mutações do Patrimônio Líquido.

   (D) A distribuição dos dividendos não deve ser evidenciada na Demonstração do Valor Adicionado, e nem na Demonstração das Mutações do Patrimônio Líquido.

   (E) A distribuição dos dividendos deve ser evidenciada na Demonstração das Mutações do Patrimônio Líquido e na Demonstração do Resultado do Exercício.

4. **(ANALISTA/ESAF/ADAPTADA)** De acordo a NBC TG 26 (4) e a lei 6.404/76 e suas alterações, o montante de dividendos reconhecidos como distribuição aos proprietários durante o período, e o respectivo montante dos dividendos por ação devem ser apresentados pela entidade na demonstração

   a) do resultado abrangente do período ou na demonstração do resultado do período;

   b) do lucro ou prejuízo acumulado e nas notas explicativas;

   c) do lucro ou prejuízo acumulado ou na demonstração do resultado abrangente do período;

   d) das mutações do patrimônio líquido ou nas notas explicativas;

   e) das mutações do patrimônio líquido e na demonstração do lucro ou prejuízo acumulado.

5. **(ANALISTA JUDICIÁRIO/TRT/2015)** Considere os dados, a seguir, extraídos da Demonstração das Mutações do Patrimônio Líquido da empresa Tudo Certo S.A referente ao exercício financeiro de X1 (valores em milhares de reais):

Descrição	R$ (mil)
AUMENTO DE CAPITAL SOCIAL	
Com Reservas de Lucros	20.000,00
Com integralização em dinheiro	37.000,00
Ajuste de avaliação patrimonial	4.000,00
Lucro Líquido do exercício	40.000,00
Distribuição do Lucro líquido:	
Transferências para reservas	
Reserva Legal	2.000,00
Reserva Estatutária	14.000,00
Reserva para Contingências	5.000,00
Dividendos distribuídos	19.000,00

Com base nestas informações, o aumento no saldo do Patrimônio Líquido em X1 foi, em milhares de reais:

a) 62.000,00 b) 54.000,00 c) 41.000,00 d) 82.000,00 e) 81.000,00

6. **(CONTADOR/CODEBA/16)** Uma sociedade empresária observou um aumento de R$ 100.000 em seu patrimônio líquido entre 01/01/2015 e 31/12/2015.

Assinale a opção que apresenta uma possível causa para esse aumento.

(A) Aumento do capital social com reservas.

(B) Aumento do capital social com ativo imobilizado.

(C) Aumento do capital social com reserva de lucros.

(D) Reversão de reserva de capital para a conta de lucros acumulados.

(E) Compensação de prejuízo com reserva.

7. **(CONTADOR/CFC/15)** Em relação à Demonstração das Mutações do Patrimônio Líquido – DMPL, julgue os itens abaixo como Verdadeiros (V) ou Falsos (F) e, em seguida, assinale a opção CORRETA.

   I. A Demonstração das Mutações do Patrimônio Líquido – DMPL é uma demonstração de apresentação obrigatória pela Lei das Sociedades por Ações.

   II. A Demonstração das Mutações do Patrimônio Líquido – DMPL poderá substituir a Demonstração de Lucros e Prejuízos Acumulados – DLPA, pois as informações apresentadas na DLPA fazem parte da DMPL.

   III. A Demonstração das Mutações do Patrimônio Líquido – DMPL evidencia quais contas sofreram alterações e os respectivos montantes, que deram origem às transformações ocorridas no Patrimônio Líquido.

   IV. A Demonstração das Mutações do Patrimônio Líquido – DMPL deve evidenciar apenas as alterações ocorridas no Patrimônio Líquido relativas à parte dos acionistas não controladores.

   A sequência CORRETA é:

   a) F, V, F, V.   b) F, V, V, F.   c) V, F, F, V.   d) V, F, V, F.

8. **(CONTADOR/CFC/15)** Uma Sociedade Empresária apresentava, em 1º.1.2014, os seguintes saldos em suas contas de Patrimônio Líquido:

Conta	Saldo	Natureza
Capital Subscrito	R$500.000,00	Credora
Capital a integralizar	R$150.000,00	Devedora
Reserva Legal	R$30.000,00	Credora
Reserva de Lucros para Expansão	R$50.000,00	Credora

Durante o ano de 2014, essa sociedade apresentou as seguintes movimentações:

✓ Integralização de capital em dinheiro no montante de R$80.000,00;
✓ Lucro Líquido do período no montante de R$120.000,00;
✓ Destinação do lucro para dividendos obrigatórios a pagar de R$65.000,00;

✓ Destinação do lucro para Reserva Legal de R$6.000,00;

✓ Destinação do lucro para Reserva de Lucros para Expansão de R$49.000,00.

Considerando que houve apenas esses saldos e movimentações, o saldo do Patrimônio Líquido da empresa, em 31.12.2014, era de:

a) R$565.000,00.
b) R$630.000,00.
c) R$865.000,00.
d) R$930.000,00.

9. **(CONTADOR/CFC/ADAPTADA)** Considere os dados extraídos da Demonstração das Mutações do Patrimônio Líquido de uma empresa, referentes ao exercício de 20X0.

✓ Aumento de Capital Social com Reservas ....R$ 45.500,00
✓ Aumento de Capital Social por Integralização ....R$ 59.500,00
✓ Reversão de Reservas de Contingências ....R$ 10.500,00
✓ Reversão de Reservas de Lucros a Realizar ....R$ 3.780,00
✓ Aquisição de ações da própria empresa................. R$ 980,00
✓ Lucro Líquido do Exercício ....R$ 49.000,00

Proposta da administração de destinação do lucro de transferências para reservas:

Reserva Legal ....R$ 2.450,00
Reserva Estatutária ....R$ 18.025,00
Reserva de Lucros a Realizar .... R$ 525,00
Distribuição de Dividendos Obrigatórios..................R$ 42.280,00

A variação total do Patrimônio Líquido é de:

a) R$53.760,00 negativa.
b) R$53.760,00 positiva.
c) R$65.240,00 negativa.
d) R$65.240,00 positiva.

10. **(CONTADOR/CFC/ADAPTADA)** Uma empresa apresentou os seguintes dados extraídos do Balanço Patrimonial, apresentado no conjunto de suas demonstrações contábeis do ano de 20X2, e da movimentação contábil do Patrimônio Líquido no período, expressos em milhares de reais:

Saldos do Patrimônio Líquido		
	31.12.20X2	31.12.20X1
Patrimônio Líquido		
Capital Social	R$1.200.000	R$1.200.000
Reserva de Lucros	R$240.000	R$200.000
Ajuste de Avaliação Patrimonial	R$6.500	R$5.000
Total do Patrimônio Líquido	**R$1.446.500**	**R$1.405.000**

Movimentação do Patrimônio Líquido	
Constituição da Reserva Legal	R$40.000
Lucro Líquido do Exercício	R$900.000
Dividendos Obrigatórios do Período	R$860.000
Ganho em Instrumento Financeiro Disponível para Venda	R$1.500

Com base nos dados apresentados, considerando que a única Reserva de Lucro constituída é a Reserva Legal, a Demonstração das Mutações do Patrimônio Líquido, em milhares de reais, para o ano de 20X2, será:

a) Demonstração da Mutação do Patrimônio Líquido

	Capital Social	Reservas de Lucros	Ajuste de avaliação Patrimonial	Lucros Acumulados	Total do Patrimônio Líquido
Saldo do Patrimônio Líquido em 31.12.20X1	R$1.200.000	R$200.000	R$5.000		R$1.405.000
Ganho em instrumento financeiro disponível para venda			R$1.500		R$1.500
Lucro Líquido do Exercício				R$900.000	R$900.000
Constituição da Reserva Legal		R$40.000		(R$40.000)	-
Dividendos do Período				(R$860.000)	(R$860.000)
Saldo do Patrimônio Líquido em 31.12.20X2	R$1.200.000	R$240.000,00	R$6.500,00		R$1.446.500

b) Demonstração da Mutação do Patrimônio Líquido

	Capital Social	Reservas de Lucros	Ajuste de avaliação Patrimonial	Total do Patrimônio Líquido
Saldo do Patrimônio Líquido em 31.12.20X1	R$1.200.000	R$200.000	R$5.000	R$1.405.000
Ganho em instrumento financeiro disponível para venda			R$1.500	R$1.500
Constituição da Reserva Legal		R$40.000		R$40.000
Saldo do Patrimônio Líquido em 31.12.20X2	R$1.200.000	R$240.000,00	R$6.500,00	R$1.446.500

c) Demonstração da Mutação do Patrimônio Líquido

	Capital Social	Reservas de Lucros	Lucros Acumulados	Total do Patrimônio Líquido
Saldo do Patrimônio Líquido em 31.12.20X1	R$1.200.000	R$200.000	R$5.000,00	R$1.405.000
Ganho em instrumento financeiro disponível para venda			R$1.500	R$1.500
Lucro Líquido do Exercício			R$900.000	R$900.000
Constituição da Reserva Legal		R$40.000	(R$40.000)	-
Dividendos do Período			(R$860.000)	(R$860.000)
Saldo do Patrimônio Líquido em 31.12.20X2	R$1.200.000	R$240.000,00	R$6.500,00	R$1.446.500

d) Demonstração da Mutação do Patrimônio Líquido

	Capital Social	Reservas de Lucros	Reserva Legal	Ajuste de avaliação Patrimonial	Total do Patrimônio Líquido
Saldo do Patrimônio Líquido em 31.12.20X1	R$1.200.000	R$200.000		R$5.000	R$1.405.000
Ganho em instrumento financeiro disponível para venda				R$1.500	R$1.500
Lucro Líquido do Exercício				R$900.000	R$900.000
Constituição da Reserva Legal			R$40.000	(R$40.000)	-
Dividendos do Período				(R$860.000)	(R$860.000)
Saldo do Patrimônio Líquido em 31.12.20X2	R$1.200.000	R$200.000,00	R$40.000	R$6.500,00	R$1.446.500

11. **(CONTADOR/CFC/ADAPTADA)** Uma sociedade empresária em seu exercício findo em 20X0, apresentava os seguintes dados extraídos da Demonstração das Mutações do Patrimônio Líquido – DMPL.

Descrição	Valores
Destinação para reserva de lucros a realizar	R$180,00
Aquisição de ações de emissão própria	R$336,00
Destinação para reserva legal	R$840,00
Reversão de reservas de contingências	R$4.896,00
Destinação para reserva estatutária	R$6.180,00
Distribuição de dividendos obrigatórios	R$14.496,00
Aumento de capital social com incorporação de reservas de lucros	R$15.600,00
Lucro líquido do exercício	R$16.800,00
Aumento de capital social com integralização em dinheiro	R$20.400,00

De acordo com os dados acima, a variação total do Patrimônio Líquido, apresentada na DMPL, foi de:

a) R$22.368,00.
b) R$22.704,00.
c) R$37.968,00.
d) R$38.304,00.

12. **(CONTADOR/CFC/ADAPTADA)** Com relação ao que determina a NBC TG 26 – Apresentação das Demonstrações Contábeis, no tocante à informação a ser apresentada na Demonstração das Mutações do Patrimônio Líquido (DMPL) ou nas Notas Explicativas, julgue os itens abaixo e, em seguida, assinale a opção **CORRETA**.

   I. Para cada componente do patrimônio líquido, a entidade deve apresentar, ou na demonstração das mutações do patrimônio líquido ou nas notas explicativas, uma análise dos outros resultados abrangentes por item.

   II. O patrimônio líquido deve apresentar o capital social, as reservas de capital, os ajustes de avaliação patrimonial, as reservas de lucros, as ações ou quotas em tesouraria, os prejuízos acumulados, se legalmente admitidos os lucros acumulados e as demais contas exigidas pelas normas emitidas pelo Conselho Federal de Contabilidade.

III. A entidade deve apresentar na demonstração das mutações do patrimônio líquido, ou nas notas explicativas, o montante de dividendos reconhecidos como distribuição aos proprietários durante o período e o respectivo montante por ação.

Está(ão) CORRETO(S) o(s) item(ns):
a) I e II, apenas.   b) I, apenas.   c) I, II e III.   d) II e III, apenas.

13. (CONTADOR/CFC/ADAPTADA) Uma sociedade empresária, cujo Patrimônio Líquido no início do período somava R$100.000,00, apresentou, no ano de 20X1, as seguintes mutações em seu Patrimônio Líquido:

Lucro Líquido do Período	R$20.000,00
Destinação do lucro para reservas	R$15.000,00
Destinação do lucro para dividendos obrigatórios	R$5.000,00
Aquisição de ações da própria companhia	R$2.000,00
Integralização de Capital em dinheiro	R$9.000,00
Incorporação de Reservas ao Capital	R$4.000,00

Em 31.12.20X1, o saldo do Patrimônio Líquido será:
a) R$108.000,00;
b) R$118.000,00;
c) R$122.000,00;
d) R$124.000,00.

Capítulo 8
DEMONSTRAÇÃO DO RESULTADO ABRANGENTE

8.1 Introdução

A Demonstração de Resultados Abrangentes é uma importante ferramenta de análise gerencial que tem como finalidade apresentar informações úteis para auxiliar o gestor na tomada de decisões tempestivas.

Na prática, o resultado abrangente visa a apresentar as mutações ocorridas no patrimônio líquido durante o período e outros eventos não derivados de transações com os sócios, ou seja, tais receitas e despesas não são reconhecidas (ou não foram reconhecidas ainda) na Demonstração do Resultado do Exercício, são identificadas com **outros resultados abrangentes**.

8.2 Aspectos legais

Este demonstrativo é uma novidade que foi trazida pelas Normas Brasileiras de Contabilidade e foi incluída no rol dos demonstrativos contábeis que devem ser elaboradas e publicadas pelas empresas. Entretanto, a Lei 6.404/76 e nem a ITG 1.000 não obrigam a sua elaboração.

8.3 Outros resultados abrangentes

De acordo com o item 7 da NBC TG 26 (R4), compreendem como outros resultados abrangentes os itens de receita e despesa (incluindo ajustes de reclassificação) que não são reconhecidos na demonstração do resultado.

A entidade deve divulgar o montante do efeito tributário relativo a cada componente dos outros resultados abrangentes, incluindo os ajustes de reclassificação na demonstração do resultado abrangente ou nas notas explicativas. Citaremos alguns exemplos dos componentes dos outros resultados abrangentes.

- variações na reserva de reavaliação quando permitidas legalmente, conforme as NBCs TG 27 (R3) – Ativo Imobilizado e NBC TG 04 (R3) – Ativo Intangível;
- ganhos e perdas atuariais em planos de pensão com benefício definido reconhecidos conforme a NBC TG 33 (R2) – Benefícios a Empregados;
- ganhos e perdas derivados de conversão de demonstrações contábeis de operações no exterior, de acordo com a NBC TG 02 (R2) – Efeitos das Mudanças nas Taxas de Câmbio e Conversão de Demonstrações Contábeis
- ganhos e perdas na remensuração de ativos financeiros disponíveis para venda, em consonância a NBC TG 38 (R3) – Instrumentos Financeiros: Reconhecimento e Mensuração;
- efetiva parcela de ganhos ou perdas de instrumentos de hedge em hedge de fluxo de caixa, segundo a NBC TG 38 (R3).

Logo, a NBC TG 26 (R4), estabelece que o lucro abrangente seja calculado a partir do resultado líquido apurado na DRE, assim a demonstração do resultado abrangente deve, no mínimo, incluir as seguintes rubricas:

1. Resultado líquido do período;
2. Cada item dos outros resultados abrangentes classificados conforme sua natureza;
3. Parcela dos outros resultados abrangentes de empresas investidas reconhecida por meio do método de equivalência patrimonial; e
4. Resultado abrangente do período.

8.4 Estrutura

A seguir, apresentaremos um modelo da Demonstração do Resultado Abrangente no quadro 6, aplicáveis a diversas atividades.

Quadro 6: Demonstração do Resultado Abrangente.

EMPRESA M MELO	Em R$	
	20X2	20X1
Resultado do Exercício.		
(+/-) Outros Resultados Abrangentes.		
Variação de Reserva de Reavaliação (quando ocorrer).		
(+/-) Ganhos/Perdas em plano de previdência complementar ou Conversão das Demonstrações Contábeis para o exterior.		
Ajuste de Avaliação Patrimonial.		
(+/-) Resultado Abrangente de empresas investidas (reconhecida pelo método de equivalência patrimonial)		
(=) Resultado Abrangente do período		

Fonte: NBC TG 26 (R4) adaptado pelos autores.

Um ponto a se destacar que a DRA pode ser apresentada em quadro demonstrativo próprio, como mostramos acima ou dentro da Demonstração de Mutações do Patrimônio Líquido que o leitor pode verificar no Tabela 3 do capítulo 7.

No caso da empresa Sobral Invicta S.A. não teve nenhuma transação que impactasse o resultado abrangente, logo não houve a publicação. A próxima etapa de entendimento é exercitarmos questões de concursos públicos.

8.5 QUESTÕES DE PROVA

A próxima etapa de entendimento é fazer as questões de concursos públicos.

1. **(CONTADOR/DPE-MT/15/ADAPTADA)** Assinale a opção que indica o item da Demonstração de Mutação do Patrimônio Líquido em que as perdas provenientes da baixa de investimentos em entidade no exterior devem ser evidenciadas.

(A) Capital Social.
(B) Outros resultados abrangentes.
(C) Ações em Tesouraria.
(D) Reserva de capital.
(E) Reserva de lucros.

2. **(CONTADOR/CFC/ADAPTADA)** De acordo com a NBC TG 26 (R4) – Apresentação das Demonstrações Contábeis, são exemplos de informações apresentadas na Demonstração do Resultado Abrangente, **EXCETO**:

a) Ajustes de conversão do período.
b) Aumento de capital em dinheiro.
c) Equivalência patrimonial sobre ganhos abrangentes de coligadas.
d) Realização da reserva de reavaliação.

3. **(CONTADOR/CFC/ADAPTADA)** Uma sociedade empresária apresentou, em 31.12.20X2, as seguintes informações:

CONTAS	SALDOS
Ajuste Credor de Avaliação Patrimonial	R$400,00
Ajuste Credor de Conversão do Período	R$400,00
Aumento do Capital Social	R$1.600,00
Custo da Mercadoria Vendida	R$2.400,00
Despesa com IRPJ e CSLL	R$80,00
ICMS Incidentes sobre Vendas	R$400,00
Receita Bruta de Vendas	R$4.000,00
Receitas Financeiras	R$800,00

Com base nessas informações, assinale a opção que apresenta o Resultado Abrangente Total do Período.

a) R$2.320,00.
b) R$2.720,00.
c) R$3.520,00.
d) R$4.320,00.

4. **(ANALISTA/ESAF/ADAPTADA)** Uma sociedade empresária apresentava, ao final do ano de 2015, as seguintes movimentações de contas patrimoniais e de resultado para a elaboração da Demonstração do Resultado e Demonstração do Resultado Abrangente do período:

Contas Patrimoniais e de Resultado	Movimentação	Natureza da Movimentação
Ajustes de Avaliação Patrimonial de Instrumentos Financeiros Classificados como Disponíveis para Venda	R$18.000,00	Credora
Custo dos Produtos Vendidos	R$270.000,00	Devedora
Despesas Administrativas	R$42.000,00	Devedora
Despesas com Vendas	R$60.000,00	Devedora
Despesas Financeiras	R$48.000,00	Devedora
Equivalência Patrimonial sobre Resultados Abrangentes de Coligadas	R$15.000,00	Credora
Receita de Equivalência Patrimonial	R$25.000,00	Credora
Receita com Vendas de Produtos	R$600.000,00	Credora
Receitas Financeiras	R$36.000,00	Credora
Tributos sobre Ajustes de Instrumentos Financeiros classificados como Disponíveis para Venda	R$6.000,00	Devedora
Tributos sobre o Lucro	R$55.000,00	Devedora
Tributos sobre Vendas	R$96.000,00	Devedora

Na Demonstração do Resultado Abrangente, elaborada a partir dos dados fornecidos, o valor é:

a) R$84.000,00;
b) R$90.000,00;
c) R$105.000,00;
d) R$117.000,00.

Capítulo 9
DEMONSTRAÇÃO DOS FLUXOS DE CAIXA

9.1 Introdução

A Demonstração dos Fluxos de Caixa fornece informações acerca das alterações no caixa e equivalentes de caixa da entidade para um determinado período contábil, evidenciando separadamente as mudanças nas atividades: Operacional, Investimento e Financiamento.

As informações contidas neste demonstrativo auxiliam aos gestores a gerir seus pagamentos e recebimentos, em dinheiro, ocorridos durante o exercício, e com isso ajuda os usuários das demonstrações contábeis, na análise da capacidade da companhia em gerar seu caixa e equivalentes de caixa.

O termo evocado como equivalentes de caixa são aplicações financeiras de curto prazo, de alta liquidez, que são prontamente conversíveis em montante conhecido de caixa e que estão sujeitas a um insignificante risco de mudança de valor, a sua finalidade é atender a compromissos de caixa de curto prazo, ele precisa ter conversibilidade imediata.

Portanto, um investimento normalmente qualifica-se como equivalente de caixa somente quando tem vencimento de curto prazo, por exemplo, três meses ou menos, a contar da data da aquisição.

Com as informações disponibilizadas pela DFC dispõe, permitem que os investidores, contadores, administradores, credores e outros usuários avaliem:

❖ a capacidade de a empresa gerar futuros fluxos líquidos positivos de caixa;

❖ avaliar a geração futura de caixa para pagamento de obrigações, dividendos e outros;

❖ analisar os indicadores de liquidez, solvência e a sua real necessidade financeira;

❖ a performance da sua atividade operacional em comparação com as empresas concorrente;

❖ evidenciar a relevância no seu caixa e/ou equivalente caixa das atividades de investimento e financiamento no período em análise.

9.2 Aspectos legais

Este demonstrativo passou a ser obrigatório a partir da alteração ocorrida em 2007, na Lei n° 6.404/76 e suas alterações no seu artigo 176, assim como o NBC TG 3 (R3) e seção 7 da NBC TG 1.000 (R1). Cabe esclarecer que a ITG 1.000 nos itens 26 e 27, o CFC não obriga a sua elaboração, mas estimula a sua confecção.

No entanto, no próprio artigo176 § 6° da lei supracitada define que caso a companhia seja fechada com patrimônio líquido, na data do balanço, inferior a R$ 2.000.000,00 (dois milhões de reais) não será obrigada à elaboração e publicação da demonstração dos fluxos de caixa. Entretanto, a NBC TG 3 (R3) não faz menção sobre este assunto, bem como a NBC TG 1.000 (R1).

A seguir, apresentaremos os três fluxos que compõem o demonstrativo citado.

9.3 Fluxos das Operações

São os decorrentes das principais atividades geradoras do resultado da companhia, isto é, da sua atividade operacional, ou seja, decorrentes da exploração do objeto social da empresa.

As principais entradas e saídas de caixa e equivalente a caixa decorrente da atividade operacional, são:

Entradas:

1. recebimentos de caixa pela venda de mercadorias e pela prestação de serviços;

2. recebimentos e pagamentos de caixa por seguradora de prêmios e sinistros, anuidades e outros benefícios da apólice;

3. recebimentos e pagamentos de caixa de contratos mantidos para negociação imediata ou disponíveis para venda futura;

4. recebimento de juros, dividendos e juros sobre o capital próprio, a NBC TG 3 (R3) no item 34B encoraja fortemente a sua classificação na atividade operacional;

5. qualquer outro recebimento que não se origine de transações definidas como atividades de investimento ou financiamento, como: recebimentos decorrentes de sentenças judiciais; reembolso de fornecedores; indenizações por sinistros, exceto aquelas diretamente relacionadas a atividades de investimento.

Saídas:
1. pagamentos de caixa a fornecedores de mercadorias e serviços;
2. pagamentos de caixa a empregados ou por conta de empregados;
3. pagamentos ou restituição de caixa de impostos sobre a renda, a menos que possam ser especificamente identificados com as atividades de financiamento ou de investimento; e
4. pagamento de juros, a NBC TG 3 (R3) no item 34B encoraja fortemente a sua classificação na atividade operacional.

Em suma, os recebimento e pagamentos da atividade operacional devem ser apresentados neste fluxo.

9.4 Fluxos de Investimentos

Em regra, este fluxo está relacionado basicamente aos aumentos e diminuições do Ativo Não Circulante, que a empresa utiliza para produzir bens e serviços. De acordo com a NBC TG 3 (R3), o fluxo de investimento são as entradas e saídas de recursos relacionados a operações que geram fluxo futuro de caixa.

Entradas:
1. recebimentos de caixa resultantes da venda de ativo imobilizado, intangíveis e outros ativos de longo prazo;
2. recebimentos de caixa provenientes da venda de instrumentos patrimoniais ou instrumentos de dívida de outras entidades e participações societárias em joint ventures (exceto aqueles recebimentos referentes aos títulos considerados como equivalentes de caixa e aqueles mantidos para negociação imediata ou futura);
3. recebimentos de caixa pela liquidação de adiantamentos ou amortização de empréstimos concedidos a terceiros (exceto aqueles adiantamentos e empréstimos de instituição financeira);

4. recebimentos de caixa por contratos futuros, a termo, de opção e swap, exceto quando tais contratos forem mantidos para negociação imediata ou venda futura, ou os recebimentos forem classificados como atividades de financiamento.

Saídas:
1. pagamentos em caixa para aquisição de ativo imobilizado, intangíveis e outros ativos de longo prazo. Esses pagamentos incluem aqueles relacionados aos custos de desenvolvimento ativados e aos ativos imobilizados de construção própria;
2. pagamentos em caixa para aquisição de instrumentos patrimoniais ou instrumentos de dívida de outras entidades e participações societárias em joint ventures (exceto aqueles pagamentos referentes a títulos considerados como equivalentes de caixa ou aqueles mantidos para negociação imediata ou futura);
3. pagamentos em caixa por contratos futuros, a termo, de opção e swap, exceto quando tais contratos forem mantidos para negociação imediata ou futura, ou os pagamentos forem classificados como atividades de financiamento.
4. Adiantamento em caixa e empréstimos feitos a terceiros (exceto aqueles adiantamentos e empréstimos feitos por instituições financeiras).

Com relação a contabilizado de *hedge* (proteção) de um contrato com uma posição identificável, os fluxos de caixa do contrato devem ser classificados do mesmo modo como foram classificados os fluxos de caixa da posição que estiver sendo protegida.

9.5 Fluxos de Financiamentos

São atividade ligadas referentes a empréstimos e financiamentos captados pela empresa, incluindo o recebimento dos empréstimos e o desembolso feito nas amortizações de tais dívidas. Assim como recursos provenientes junto aos sócios e investidores da companhia. É muito necessário para efetuar projeções das exigências dos fluxos futuros de caixa pelos de fornecedores de capital à entidade.

Entradas:
1. recebimento pela alienação de ações ou outros instrumentos patrimoniais;

2. recebimento de empréstimos, notas promissórias, outros títulos de dívida, hipotecas e outros empréstimos obtidos de curto e longo prazos;
3. recebimento de debêntures.

Saídas:
1. pagamento a investidores para adquirir ou resgatar ações da entidade;
2. pagamento do principal de empréstimos e financiamentos obtidos;
3. pagamento para redução do passivo relativo a arrendamento mercantil financeiro.
4. pagamento de dividendos e juros sobre capital próprio, a NBC TG 3 (R3) no item 34B encoraja fortemente a sua classificação na atividade de financiamento.

9.6 Transações que não envolve caixa ou equivalentes de caixa

Algumas transações efetuadas nos fluxos de investimento e financiamento não envolvem o uso de caixa ou equivalentes de caixa, embora possa alterar a estrutura de capital e de um ativo da empresa.

Logo, essas transações devem ser excluídas desse demonstrativo e tais informações devem ser divulgadas nas notas explicativas às demonstrações contábeis, de modo que forneçam todas as informações relevantes sobre essas atividades de investimento e de financiamento.

Em seguida, evidenciaremos alguns exemplos de transações que não envolvem caixa ou equivalente de caixa:
- aquisição de ativos, quer seja pela assunção direta do passivo respectivo, quer seja por meio de arrendamento financeiro;
- aquisição de entidade por meio de emissão de instrumentos patrimoniais; e
- conversão de dívida em instrumentos patrimoniais.

9.7 Métodos de elaboração

Na DFC, existem dois métodos para sua elaboração, o método direto e indireto, que evidenciará a movimentação das disponibilidades do caixa (caixa e equivalentes de caixa) da empresa em um determinado período, independentemente do método.

A DFC deve ser estruturada em três atividades: operacional; de investimento e financiamento, buscando expressar as entradas e saídas de dinheiro relacionadas com as atividades.

O resultado encontrado da soma das atividades totalizará a variação no caixa do período, que deve ser conciliado com os respectivos saldos das disponibilidades apresentada no Balanço Patrimonial.

9.7.1 Método Direto

Pelo método direto, a DFC evidencia a movimentação direta ocorrida pelas entradas e saídas do caixa e/ou equivalente caixa de um determinado período. O saldo final das atividades demonstra o valor líquido do caixa de todos os itens que tenham provocado as entradas e saídas no período. Segue um exemplo de DFC elaborada pelo método direto.

Tabela 5: Demonstração do Fluxo de Caixa.

Demonstração dos fluxos de caixa pelo método direto		20X0
Fluxos de caixa das atividades operacionais		
Recebimentos de clientes	30.150	
Pagamentos a fornecedores e empregados	(27.600)	
Juros pagos	(270)	
Imposto de renda e contribuição social pagos	(800)	
Imposto de renda na fonte sobre dividendos recebidos	(100)	
Caixa líquido gerado pelas atividades operacionais		$ 1.380
Fluxos de caixa das atividades de investimento		
Aquisição da controlada X, líquido do caixa obtido na aquisição (Nota A)	(550)	
Compra de ativo imobilizado (Nota B)	(350)	
Recebimento pela venda de equipamento	20	
Caixa líquido consumido pelas atividades de investimento		$ (880)
Fluxos de caixa das atividades de financiamento		
Recebimento pela emissão de ações	250	
Recebimento por empréstimo a longo prazo	250	
Pagamento de passivo por arrendamento	(90)	
Dividendos pagos	(1.200)	
Caixa líquido consumido pelas atividades de financiamento		$ (790)
Redução do caixa e equivalentes de caixa		**$ (290)**
Caixa e equivalentes de caixa no início do período		$ 1.120
Caixa e equivalentes de caixa no fim do período		$ 830

Fonte: NBC TG 3 (R3) adaptada pelos autores.

9.7.2 Método Indireto

Já pelo método indireto, é elaborada a partir da demonstração do resultado do exercício, ou seja, do lucro ou prejuízo do exercício, tendo como objetivo efetuar a conciliação entre o resultado do exercício e o caixa gerado pela atividade operacional, efetuando os seguintes ajustes:

I. variações ocorridas no período nos estoques e nas contas operacionais a receber e a pagar;

II. itens que não afetam o caixa, tais como depreciação, provisões, tributos diferidos, ganhos e perdas cambiais não realizados e resultado de equivalência patrimonial quando aplicável; e

III. todos os outros itens tratados como fluxos de caixa advindos das atividades de investimento e de financiamento.

Sendo assim, os ajustes no fluxo financeiro da atividade operacional, gerado pelo resultado líquido, serão eliminados do lucro ou prejuízo do exercício, através da técnica, de adição ou subtração, as despesas e receitas econômicas que não afetaram o caixa/equivalente caixa e os valores cujos os efeitos sejam classificados nas atividades de investimentos e financiamentos.

Logo, os ganhos ou perdas na alienação de bens do ativo imobilizado, intangível e os diretos classificados nos investimentos, assim como os ganhos e/ou perdas na baixa de empréstimos que estejam inserido no resultado líquido, devem ser eliminados da atividade operacional e apresentado na atividade correta.

Outro ponto importante a observar é com relação as variações das contas do ativo e passivo circulantes, exceto as disponibilidades vinculada as operações da empresa.

Caso das contas do ativo circulante, o FIPECAFI (2010) retrata que a redução desse grupamento, **aumenta** o caixa/equivalente caixa devido a variação negativa em relação ao registro constante na DRE, entende-se que **entraram recursos na companhia.**

Já o aumento no grupamento do ativo circulante, o caixa/equivalente caixa **diminui**, devido a variação positiva em relação ao registro constante na DRE, compreende que houve **saída recursos da companhia.**

Portanto, a variação do saldo nestas contas provoca ajustes em sentido contrário no fluxo operacional. Se houver diminuição no saldo, provocam aumentos no disponível. Caso haja aumento no saldo provocam redução nas disponibilidades. Logo, percebemos que os ajustes são efetuados inversamente.

Nas contas do passivo circulante vinculadas à atividade operacional, quando houver um aumento na variação desse grupamento significa que não houve pagamentos ou foram menores que as respectivas despesas lançadas na DRE.

Se não houve ou foi a menor o pagamento de uma despesa dentro da DRE, **o efeito é positivo** para as disponibilidades.

Por exemplo, se a conta Duplicatas a Pagar aumenta é porque não houve desembolso de dinheiro para pagar esse passivo. Logo, foram adquiridas mais mercadorias a prazo do que as que foram pagas, e esse excesso de despesa em relação ao caixa está no CMV. Logo, deve-se **somar** essa variação no fluxo de caixa da atividade operacional, de acordo com FIPECAFI (2010).

Caso haja uma redução na variação do grupamento do passivo circulante, seguindo o raciocínio acima, quando os pagamentos em dinheiros forem maiores que as respectivas despesas lançadas na DRE, **o efeito é negativo** para as disponibilidades.

Podemos citar o exemplo de uma conta de Impostos a Recolher que no término balanço de X0 era de R$ 1.000 e no exercício seguinte, isto é, X1, apresentava um saldo de R$ 500,00, ocorrendo uma variação negativa de R 500,00.

Logo, entendemos que no ano seguinte, X1, parte desse imposto foi pago. Neste caso, teremos a redução do saldo da conta pela saída de recursos do caixa, sem que tal fato tenha transitado pelo resultado. Sendo assim, deve-se **subtrair** essa variação do fluxo de caixa da atividade operacional.

Enfim, a variação de saldo nestas contas provoca ajustes no mesmo sentido do fluxo operacional. Se aumentar o saldo da variação do grupo do passivo circulante provocam aumento no disponível. Se diminuir o saldo na variação desse grupamento, provocam reduções no caixa e equivalente caixa. Sendo assim, os ajustes são efetuados no mesmo sentido. Vide um exemplo de DFC elaborada pelo método indireto.

Tabela 6: Demonstração do Fluxo de Caixa.

Demonstração dos fluxos de caixa pelo método indireto		20X0
Fluxos de caixa das atividades operacionais		
Lucro líquido	3.350	
Ajustes por:		
Depreciação	450	
Perda cambial	40	
Resultado de equivalência patrimonial	(500)	
Despesas de juros	400	
	3.740	
Aumento nas contas a receber de clientes e outros	(500)	
Diminuição nos estoques	1.050	
Diminuição nas contas a pagar – fornecedores	(1.740)	
Juros pagos	(270)	
Imposto de renda e contribuição social pagos	(800)	
Imposto de renda na fonte sobre dividendos recebidos	(100)	
Caixa líquido gerado pelas atividades operacionais		$ 1.380
Aquisição da controlada X, líquido do caixa obtido na aquisição	(550)	
Compra de ativo imobilizado	(350)	
Recebimento pela venda de equipamento	20	
Caixa líquido consumido pelas atividades de investimento		$ (880)
Fluxos de caixa das atividades de financiamento		
Recebimento pela emissão de ações	250	
Recebimento por empréstimos a longo prazo	250	
Pagamento de passivo por arrendamento	(90)	
Dividendos pagos	(1.200)	
Caixa líquido consumido pelas atividades de financiamento		$ (790)
Redução do caixa e equivalentes de caixa		**$ (290)**
Caixa e equivalentes de caixa no início do período		$ 1.120
Caixa e equivalentes de caixa no fim do período		$ 830

Fonte: NBC TG 3 (R3) adaptada pelos autores.

As diferenças entre os dois métodos referem se apenas à forma de evidenciação dos fluxos das atividades operacionais. Os fluxos das atividades de investimento e financiamento são demonstrados de igual maneira nos dois métodos.

O fluxo de caixa é apresentado como instrumento essencial para a gestão do disponível. A empresa, que mantém continuamente atualizado seu fluxo de caixa, poderá dimensionar a qualquer momento o volume de entradas e saídas de recursos financeiros. Isso ocorre devido às mudanças nos prazos de recebimentos e pagamentos, bem como na fixação do nível desejado de disponibilidade para o próximo período.

9.8. Imposto de renda e contribuição social sobre o lucro líquido

Os pagamentos referentes ao imposto de renda (IR) e contribuição social sobre o lucro líquido (CSLL) devem ser divulgados separadamente e devem ser classificados como fluxos de caixa das atividades operacionais, a menos que possam ser identificados especificamente como atividades de financiamento e de investimento.

9.9. Modelo da DFC da Empresa Sobral Invicta

A seguir, apresentaremos um modelo de fluxo de caixa pelo método indireto, publicado pela Sobral Invicta S.A. tomando como base a NBC TG 1.000 (R1), conforme Tabela 7.

Tabela 7: Demonstração do Fluxo de Caixa – DFC (dos exercícios findos em 31 de dezembro – Em R$ Mil)

	20X1	20X0
Fluxo das Atividades Operacionais		
Lucro Líquido antes do IRPJ e CSSL	11.908,00	9.067,00
Ajustes		
Depreciação		
Provisão (Reversão) de Contingência	(433,00)	501,00
Despesas com juros, variações monetárias e cambiais	571,00	1.435,00
Perda na alienação de imobilizado		399,00
Equivalência Patrimonial	70,00	
Depreciações e Amortizações	3.344,00	4.218,00
Lucro Ajustado	15.460,00	15.620,00

Variações nos ativos e passivos		
Contas a receber	(2.679,00)	(4.940,00)
Estoques	(3.179,00)	(3.656,00)
Impostos a recuperar	(183,00)	454,00
Depósitos judiciais	(476,00)	(184,00)
Outros valores a receber	(1.522,00)	(514,00)
Fornecedores	2.324,00	1.665,00
Salários e Encargos	426,00	1.025,00
Outras Contas a Pagar	(431,00)	107,00
Juros Pagos	(144,00)	(477,00)
Imposto de Renda e Contribuição Social sobre Lucros	(2.690,00)	(3.382,00)
Caixa Líquido atividades operacionais	6.906,00	5.718,00
Fluxo das atividades investimento		
Aquisição de Imobilizado	(3.669,00)	(6.858,00)
Integralização de capital em controlada	(496,00)	
Venda de ativo imobilizado	275,00	
Caixa Líquido atividades de investimento	**(3.890,00)**	**(6.858,00)**
Fluxo das atividades financiamento		
Captação de empréstimos e financiamentos	720,00	766,00
Amortização de empréstimos e financiamentos	(1.020,00)	(3.830,00)
Dividendos pagos	(1.370,00)	(1.180,00)
Caixa Liquido Atividades de financiamento	**(1.670,00)**	**(4.244,00)**
Aumento (redução) de caixa e equivalente de caixa	**1.346,00**	**(5.384,00)**
Caixa e equivalente de caixa no início do exercício	2.526,00	
Caixa e equivalente de caixa no fim do exercício	3.872,00	(5.384,00)

Fonte: [Adaptado de] Fonte: Sobral Invicta S.A.

A estrutura da DFC publicada com base na NBC TG 1.000 (R1) está correta em toda sua plenitude. Utilizou o método indireto. O item 27 da ITG 1.000 afirma que a DFC não é componente obrigatório, mas o CFC estimula a sua elaboração. Pode-se concluir que a estrutura da DFC (métodos direto e indireto) deve ser utilizada não somente pelas empresas que estão utilizando as Normas NBC TGs completas (Full IFRS), mas também pelas empresas que estão utilizando a NBC TG 1.000 (R1) (CPC PME ou IFRS for SMEs). A próxima etapa de entendimento é exercitarmos questões de concursos públicos.

9.10 QUESTÕES DE PROVA

A próxima etapa de entendimento é começarmos a fazer as questões de concursos públicos.

1. **(CONTADOR/CFC/17)** Uma Sociedade Empresária comercial apresentou os seguintes dados para elaboração da Demonstração dos Fluxos de Caixa relativa ao ano de 2016:

Entradas de Caixa

Recebimento por vendas de mercadorias à vista .... R$120.000,00
Recebimento por venda de imóvel registrado como Ativo Imobilizado .... R$50.000,00
Recebimento por integralização de capital .... R$140.000,00

Saídas de Caixa

Pagamento a fornecedores por compra de mercadorias .... R$90.000,00
Pagamento de despesas administrativas .... R$16.000,00
Pagamento por aquisição de veículo para uso .... R$72.000,00
Pagamento do valor principal de empréstimo bancário .... R$120.000,00

O saldo de Caixa e Equivalentes de Caixa era de R$12.800,00, em 31.12.2015. Considerando-se apenas as informações apresentadas e de acordo com a NBC TG 03 (R3) – DEMONSTRAÇÃO DOS FLUXOS DE CAIXA, em relação à Demonstração dos Fluxos de Caixa é CORRETO afirmar que:

a) o caixa líquido gerado pelas Atividades Operacionais é de R$14.000,00.

b) o caixa líquido gerado pelas Atividades de Investimento é de R$68.000,00.

c) o caixa líquido consumido pelas Atividades de Financiamento é de R$120.000,00.

d) o caixa líquido consumido por todas as atividades em conjunto é de R$12.000,00.

2. (CONTADOR/CODEBA/16) Em 31/12/2015, uma sociedade empresária apresentava o seguinte balanço patrimonial inicial, final e a demonstração do resultado do exercício.

Balanço Patrimonial em 31/12/2014

Ativo		Passivo + PL	
Ativo Circulante	160.000	**Passivo Circulante**	20.000
Caixa	100.000	Fornecedores	20.000
Estoques	50.000		
Aluguel Antecipado	10.000	**Passivo não Circulante**	60.000
Ativo Não Circulante	60.000	Empréstimo	60.000
Imobilizado	60.000	**Patrimônio Líquido**	140.000
Máquina e Equipamentos	60.000	Capital Social	100.000
		Reserva de Lucros	40.000
Total do Ativo	220.000	Total do Passivo + PL	220.000

Balanço Patrimonial em 31/12/2015

Ativo		Passivo + PL	
Ativo Circulante	224.900	**Passivo Circulante**	17.725
Caixa	109.900	Salário a pagar	12.000
Estoques	30.000	IR a pagar	5.725
Aluguel Antecipado	15.000	**Passivo não Circulante**	50.000
Contas a receber pela venda do ativo imobilizado	80.000	Empréstimo	50.000
		Patrimônio Líquido	157.175
		Capital Social	100.000
		Reserva de Lucros	57.175
Total do Ativo	224.900	Total do Passivo + PL	224.900

DRE em 31/12/2015

Receita de vendas		40.000
CVM	-	20.000
Lucro Bruto		**20.000**
Despesa de aluguel	-	5.000
Despesa de salários	-	12.000
Venda de Ativo Imobilizado		20.000
Despesas financeiras	-	100
LAIR		**22.900**
IR	-	5.725
Lucro do Período		**17.175**

Assinale a opção que indica o fluxo de caixa gerado pela atividade operacional, demonstrado na Demonstração dos Fluxos de Caixa da sociedade empresária, em 31/12/2015:

(A) R$ 9.900.
(B) R$ 14.175.
(C) R$ 19.900.
(D) R$ 39.900.
(E) R$ 79.800.

3. **(CONTADOR/ CODEBA/16)** Uma sociedade empresária realizou vendas a prazo no valor de R$100.000. Em seguida, obteve um empréstimo bancário garantido por essa operação. Assinale a opção que indica onde o valor relativo ao empréstimo deve ser classificado na Demonstração dos Fluxos de Caixa da sociedade empresária.

(A) Caixa e Equivalente Caixa.
(B) Atividade Operacional.
(C) Atividade de Investimento.
(D) Atividade de Financiamento.
(E) Ajuste ao Saldo de Caixa

4. **(CONTADOR/CFC/16)** Uma Sociedade Empresária apresentou os seguintes eventos em 2015:

Eventos	Valor
✓ Aquisição de móveis para uso, à vista	R$ 20.000,00
✓ Venda, à vista, de imóvel de uso	R$ 200.000,00
✓ Baixa do valor contábil do imóvel de uso vendido	R$ 80.000,00
✓ Venda de mercadorias à vista	R$ 55.000,00
✓ Compra de mercadorias à vista	R$ 30.000,00

Considerando-se o reflexo desses eventos nas atividades apresentadas na Demonstração dos Fluxos de Caixa, é CORRETO afirmar que:

a) os eventos geraram caixa líquido nas atividades operacionais, no valor de R$175.000,00.

b) os eventos geraram caixa líquido nas atividades de investimento, no valor de R$180.000,00.

c) os eventos geraram caixa líquido nas atividades operacionais, no valor de R$205.000,00.

d) os eventos geraram caixa líquido nas atividades de investimento, no valor de R$255.000,00.

5. **(CONTADOR/CODEMIG/15)** A Cia. Alfa apresentou a seguinte Demonstração dos Fluxos de Caixa (DFC) relativa ao exercício encerrado em 31/12/x1:

Demonstração do Fluxos de Caixa do exercício findo em 31/12/x1 Em milhares de reais	
Atividades operacionais	
Lucro líquido	54.105
(+) Depreciação	17.750
(-) Resultado da alienação de imobilizado	-1.450
(-) Resultado da Equivalência Patrimonial	-30.000
(+) Resultado Financeiro	3.400
(=) Resultado ajustado	43.830
Reduções (aumentos) nos ativos:	
Clientes	250.000
Perdas estimadas com créditos de liquidação duvidosa	20.000
Estoques	145.200
Aumentos (reduções) nos passivos:	
Fornecedores	21.084
Contas a pagar	7.500
ICMS a recolher	10.200
Imposto de renda e contribuição social correntes	170
Juros pagos	(4.000)
Dividendos recebidos	8.000
Caixa líquido gerado nas atividades operacionais	**1.984**
Atividades de investimento	
Aplicações financeiras de longo prazo	(23.000)
Alienação de imobilizado	75.000
Caixa líquido gerado nas atividades de investimento	**52.000**
Atividades de financiamento	
Amortização de empréstimos e financiamentos	(10.000)
Aumento de capital	23.000
Dividendos pagos	(35.000)
Caixa líquido consumido nas atividades de financiamento	**(22.000)**
Aumento líquido de caixa e equivalentes	**31.984**
Saldo de caixa e equivalentes em 31/12/x0	**8.000**
Saldo de caixa e equivalentes em 31/12/x1	**39.984**

Essa DFC indica que em x1:

(A) a Cia. Alfa teve perdas líquidas na alienação de imobilizado;
(B) todas as coligadas e controladas em que a Cia. Alfa investe tiveram prejuízos;
(C) o montante de perdas estimadas com créditos de liquidação duvidosa ao final do ano foi menor do que no início;
(D) o montante que a Cia. Alfa pagou de imposto de renda e contribuição social foi menor do que o apropriado ao resultado do período;
(E) a Cia. Alfa obteve, nas transações com seus sócios na sua qualidade de proprietários, um incremento do caixa disponível a suas aplicações nos negócios.

6. **(Contador/DMP – MT/15)** Uma empresa apresentava, em 01/01/2013, o seguinte balanço patrimonial:

Ativos		Passivos + PL	
Terrenos	R$ 1.000,00		
		Capital Social	R$ 1.000,00
Total	R$ 1.000,00	Total	R$ 1.000,00

Em 2013, a empresa vendeu o terreno por R$ 4.000,00 à vista e pagou imposto de renda de 34% sobre o lucro. Considerando apenas essa transação, assinale a opção que indica o valor que foi gerado pela atividade de investimento na DFC 2013.

(A) R$ 1.360,00.
(B) R$ 1.980,00.
(C) R$ 2.640,00.
(D) R$ 2.980,00.
(E) R$ 4.000,00.

7. **(CONTADOR/CFC/16)** Uma Sociedade Empresária apresentou os seguintes dados extraídos da contabilidade referente ao ano de 2015:

Eventos	Valor
✓ Receita de Vendas	R$ 90.000,00
✓ Variação positiva de Contas a Receber	R$ 60.000,00
✓ Pagamento a fornecedores	R$ 20.000,00
✓ Compra à vista de Ativo Imobilizado	R$ 15.000,00

A variação de Contas a Receber deveu-se única e exclusivamente a recebimentos de vendas de mercadorias efetuadas no período. Com base nos dados apresentados, o caixa gerado nas atividades operacionais foi de:

a) R$10.000,00. b) R$25.000,00. c) R$40.000,00. d) R$115.000,00.

8. **(Contador/DPM – MT/15)** Uma papelaria apresentou o seguinte balanço patrimonial em 31/12/2013:

Ativos		Passivos + PL	
Caixa	R$ 100.000,00	Fornecedores	R$ 50.000,00
Estoques	R$ 30.000,00	Salários a pagar	R$ 20.000,00
Clientes	R$ 50.000,00		
Computador	R$ 30.000,00	Capital Social	R$ 140.000,00
Total	R$ 210.000,00	Total	R$ 210.000,00

Durante o primeiro trimestre de 2014, a empresa efetuou as seguintes operações:

- Pagamento dos salários a pagar;
- Integralização de capital social em estoque no valor de R$ 20.000,00;
- Pagamento da dívida com fornecedores;
- Contração de empréstimo bancário no valor de R$ 55.000,00 para compra de estoques;
- Venda de R$ 30.000,00 do estoque por R$ 70.000,00, sendo metade à vista e o restante a prazo;
- Reconhecimento das perdas estimadas em créditos de liquidação duvidosa de 1%;

- Reconhecimento da depreciação do computador (20% ao ano ou 5% ao trimestre);
- Reconhecimento dos salários dos funcionários. O valor mensal é de R$ 20.000,00 e a empresa adota uma política de pagar sempre no dia 05 do mês seguinte;
- Compra de móveis à vista por R$ 10.000,00. Estes serão depreciados a partir de abril.

Com base somente nesses lançamentos, o fluxo de caixa da atividade operacional da empresa, no trimestre, apresentou:

(A) geração de R$ 70.000,00.
(B) consumo de R$ 20.000,00.
(C) consumo de R$ 55.000,00.
(D) consumo de R$ 75.000,00.
(E) consumo de R$ 95.000,00.

9. **(CONTADOR/CFC/15)** Uma Sociedade Empresária apresentou os seguintes dados que foram extraídos de sua contabilidade:

✓ Estoque em 31.12.2013	R$140.000,00
✓ Estoque em 31.12.2014	R$80.000,00
✓ Saldo em Fornecedores em 31.12.2013	R$60.000,00
✓ Saldo em Fornecedores em 31.12.2013	R$20.000,00
✓ Custo das Mercadorias Vendidas	R$470.000,00

A movimentação do estoque é composta por compras e baixa por vendas. Todas as compras foram efetuadas a prazo. A movimentação de fornecedores corresponde à contrapartida de compras e pagamentos.

A Demonstração dos Fluxos de Caixa é elaborada pelo Método Direto. Com base nos dados apresentados, o caixa consumido para pagamento de fornecedores é de:

a) R$40.000,00.
b) R$60.000,00.
c) R$410.000,00.
d) R$450.000,00.

10. **(ANALISTA/ADAPTADA)** Uma sociedade empresária apresentou os seguintes dados para elaboração da Demonstração dos Fluxos de Caixa:

Exercício 2016	R$ mil
❖ aquisição a vista de software	131
❖ pagamento de financiamentos	153
❖ redução da conta clientes	200
❖ aumento de contas de fornecedores	390
❖ obtenção de empréstimos bancários	900
❖ resultado do exercício (lucro)	1.062
❖ aquisição de imobilizado a vista	1.268

Considerando somente as informações da tabela, qual o valor do saldo final do caixa.

a) R$1.400,00;

b) R$1.600,00;

c) R$1.100,00;

d) R$1.450,00;

e) R$1.000,00.

11. **(CONTADOR/CPD - Porto Alegre – RS/14)** Determinada empresa efetuou as seguintes transações no primeiro semestre de 2014:

- Integralização de capital social, por meio de um imóvel, no valor de R$ 500.000,00;
- Compra de estoque à vista, por R$ 50.000,00;
- Compra de automóvel à vista, por R$ 40.000,00;
- Compra de móveis, para pagamento em agosto de 2014, por R$ 30.000,00;
- Pagamento de empréstimo bancário, no valor de R$ 8.000,00;
- Pagamento dos salários de funcionários, no valor de R$ 4.000,00;
- Resgate de debênture e dos juros incidentes, no valor de R$ 36.000,00;

Capítulo 9 – Demonstração dos Fluxos de Caixa

Considerando as transações acima, o Fluxo de Caixa de Financiamento no semestre, evidenciado em sua Demonstração dos Fluxos de Caixa, foi de

(A) Consumo de R$ 8.000,00.
(B) Consumo de R$ 14.000,00.
(C) Consumo de R$ 44.000,00.
(D) Geração de R$ 456.000,00.
(E) Geração de R$ 492.000,00.

12. **(CONTADOR/CFC/ADAPTADA)** Com base na NBC TG 3 (R3) – Demonstração dos Fluxos de Caixa, na elaboração da Demonstração dos Fluxos de Caixa, classificam-se como atividade de financiamento os:

a) Recebimentos de valores decorrentes da alienação de participações societárias.

b) Pagamentos em caixa para aquisição de instrumentos patrimoniais ou instrumentos de dívida de outras entidades e participações societárias em *joint ventures*.

c) Recebimento de caixa resultantes da venda de ativo imobilizado, intangíveis e outros ativos de longo prazo.

d) Recebimentos em caixa pela emissão de debêntures, empréstimos, notas promissórias, outros títulos de dívida, hipotecas e outros empréstimos de curto e longo prazos.

13. **(CONTADOR/CFC/ADAPTADA)** Em relação ao tratamento a ser dado ao valor dos dividendos e juros sobre capital próprio pagos durante o exercício, a NBC TG 03(R3) - Demonstração dos Fluxos de Caixa:

a) permite tratar dividendos e juros sobre capital próprio pagos como Atividades Operacionais, mas recomenda fortemente a classificação como Atividades de Financiamento.

b) permite tratar dividendos e juros sobre capital próprio pagos como Atividades de Financiamento, mas recomenda fortemente a classificação como Atividades Operacionais.

c) recomenda tratar dividendos pagos como Atividades de Financiamento e juros sobre capital próprio pagos como Atividades Operacionais.

d) recomenda tratar dividendos pagos como Atividades Operacionais e juros sobre capital próprio pagos como Atividades de Financiamento.

14. **(CONTADOR/CPD - Porto Alegre – RS/14)** Uma entidade adquiriu um automóvel para utilizar em seu negócio em novembro de 2011, por R$ 50.000,00. Metade do pagamento foi feito em dezembro de 2011, e o restante em janeiro de 2012. Na Demonstração dos Fluxos de Caixa da entidade de janeiro de 2012, a compra deve ser evidenciada do seguinte modo:Parte superior do formulário

a) Fluxo de caixa consumido pela atividade de investimento: R$ 50.000,00.

b) Fluxo de caixa consumido pela atividade de investimento: R$ 25.000,00.

c) Fluxo de caixa consumido pela atividade operacional: R$ 25.000,00.

d) Fluxo de caixa consumido pela atividade de financiamento: R$ 25.000,00.

e) Não há impacto na Demonstração dos Fluxos de Caixa de janeiro de 2012.

15. **(CONTADOR/CFC/ADAPTADA)**

Balanço Patrimonial   em (R$)

	31.12.20X3	31.12.20X2	Variação
Ativo Circulante	46.000,00	37.000,00	
Caixa	5.000,00	2.000,00	3.000,00
Bancos Conta Movimento	2.000,00	3.000,00	(1.000,00)
Estoque	17.000,00	12.000,00	5.000,00
Duplicatas a receber	22.000	20.000,00	2.000,00
Ativo Não Circulante	48.000,00	43.000,00	
Investimentos	34.000,00	27.000,00	
Investimentos avaliados pela equivalência patrimonial	34.000,00	27.000,00	7.000,00
Permanente	14.000,00	16.000,00	
	31.12.20X3	31.12.20X2	Variação
Máquinas	18.000,00	18.000,00	
(-) Depreciação Acumulada	(4.000,00)	(2.000,00)	(2.000,00)
Total do Ativo	94.000,00	80.000,00	

Capítulo 9 – Demonstração dos Fluxos de Caixa

Passivo Circulante	53.000,00	45.000,00	
Fornecedores	18.000,00	45.000,00	(27.000,00)
Empréstimos Bancários	32.000,00		32.000,00
Imposto e Contribuição Social a Pagar	1.000,00		1.000,00
Dividendos Obrigatórios a Pagar	2.000,00		2.000,00
Patrimônio Líquido	**41.000,00**		**35.000,00**
Capital Social	35.000,00	20.000,00	15.000,00
Reserva de Lucros	6.000,00	15.000,00	(9.000,00)
Total do Passivo + Patrimônio Líquido	**94.000,00**	**80.000,00**	

Demonstração do Resultado, em Reais (R$)

	31.12.20X3
Vendas Líquidas	70.000,00
Custo das Mercadorias Vendidas	(40.000,00)
Lucro Bruto	**30.000,00**
Despesas com Depreciação	(2.000,00)
Despesas com Pessoal	(18.000,00)
Despesas com Aluguel	(5.000,00)
Receita de Equivalência Patrimonial	7.000,00
Lucro Antes dos Tributos sobre o Lucro	**12.000,00**
Imposto de Renda e Contribuição Social	(4.000,00)
Lucro Líquido	**8.000,00**

Outras Informações:

✓ Do lucro líquido do período, R$2.000,00 foram destinados para dividendos obrigatórios, ainda não pagos;

✓ O empréstimo bancário foi contratado em 31.12.20X3;

✓ O aumento de Capital foi realizado com reservas de lucros;

✓ O Imposto de Renda e a Contribuição Social sobre o Lucro Líquido pagos no período foram tratados como Atividade Operacional.

Em relação aos itens que compõem a Demonstração dos Fluxos de Caixa, é CORRETO afirmar que:

a) as Atividades de Investimento consumiram caixa no montante de R$7.000,00.

b) as Atividades Operacionais consumiram caixa no montante de R$30.000,00.

c) o caixa gerado pelas atividades de financiamento foi de R$47.000,00.

d) o saldo de Caixa e Equivalentes de Caixa apresentou uma variação positiva de R$3.000,00.

16. **(CONTADOR/CFC/ADAPTADA)** Uma sociedade empresária foi constituída em novembro de 20X2. Após a constituição, foram realizadas as seguintes transações no referido ano:

Transações	Valores
✓ Integralização de capital pelos acionistas da empresa em dinheiro	R$500.000,00
✓ Valor bruto da aquisição de mercadorias, sendo 50% à vista e 50% a serem pagos em 20X3	R$80.000,00
✓ ICMS a recuperar sobre aquisição de mercadorias	R$9.600,00
✓ Aquisição, à vista, de um item do Ativo Imobilizado	R$50.000,00
✓ Venda à vista de todas as mercadorias adquiridas no período	R$150.000,00
✓ Tributos incidentes sobre a venda a serem pagos em 20X3	R$15.000,00

Considerando que estas foram as únicas transações realizadas no ano de 20X2 e desconsiderando a incidência de tributos sobre o Lucro, é CORRETO afirmar que na Demonstração dos Fluxos de Caixa, do ano de 20X2:

a) As Atividades Operacionais geraram caixa no valor de R$110.000,00; as Atividades de Investimento consumiram caixa no valor de R$50.000,00; e as Atividades de Financiamento geraram caixa no valor de R$500.000,00.

b) As Atividades Operacionais geraram caixa no valor de R$110.000,00; as Atividades de Investimento geraram caixa no valor de R$450.000,00; e as Atividades de Financiamento não consumiram nem geraram caixa.

c) As Atividades Operacionais geraram caixa no valor de R$60.000,00; as Atividades de Investimento não consumiram nem geraram caixa; e as Atividades de Financiamento geraram caixa no valor de R$500.000,00.

d) As Atividades Operacionais geraram caixa no valor de R$60.000,00; as Atividades de Investimento consumiram caixa no valor de R$500.000,00; e as Atividades de Financiamento não consumiram nem geraram caixa.

17. (ANALISTA JUDICIÁRIO/TER/AP/15)

Os Balanços Patrimoniais de 31/12/2013 e 31/12/2014 e a Demonstração do Resultado de 2014 da empresa Transnacional Comércio S.A. são apresentados a seguir:

Balanços Patrimoniais (Valores em reais)

Ativo	31/12/2013	31/12/2014	Passivo	31/12/2013	31/12/2014
Ativo Circulante	**780.000**	**405.000**	**Passivo Circulante**	**465.000**	**240.000**
Caixa e Equivalentes	420.000	240.000	Fornecedores	375.000	90.000
Duplicatas a Receber	150.000	60.000	Imposto de Renda e CSLL a Pagar	45.000	60.000
Estoques	180.000	90.000	Adiantamento de Clientes	45.000	30.000
Seguros antecipados	30.000	15.000	Dividendos a Pagar	–	60.000
			Passivo Não Circulante	**300.000**	**330.000**
Ativo Não Circulante	**420.000**	**675.000**	Empréstimos	300.000	330.000
Imobilizado					
Imóvel	420.000	–	**Patrimônio Líquido**	**435.000**	**510.000**
Equipamentos	–	750.000	Capital Social	390.000	390.000
Depreciação Acumulada		(75.000)	Reservas de Lucro	45.000	120.000
Total do Ativo	**1.200.000**	**1.080.000**	**Total do Passivo + PL**	**1.200.000**	**1.080.000**

Demonstração do Resultado
Período: 01/01/2014 a 31/12/2014 (Valores em reais)

Receita de Vendas	1.260.000
(–) Custo dos Produtos Vendidos	(819.000)
(=) Lucro Bruto	**441.000**
(–) Despesas Operacionais	
Despesas com vendas	(150.000)
Despesas administrativas	(75.000)
Despesas de depreciação	(75.000)
(+) Outras receitas operacionais	
Lucro na venda do imóvel	42.000
(=) Resultado antes do Resultado Financeiro	**183.000**
(–) Despesas financeiras	(30.000)
(=) Resultado antes do IR e CSLL	**153.000**
(–) Despesa com Imposto de Renda e CSLL	(18.000)
(=) Lucro Líquido	**135.000**

Utilizando as demonstrações contábeis acima e sabendo-se que: o imóvel não sofreu depreciação e o valor da sua venda foi recebido no próprio ano, as despesas financeiras não foram pagas e os equipamentos foram adquiridos à vista, o fluxo de caixa gerado pelas Atividades Operacionais no ano de 2014 foi, em reais:

a) 210.000,00.

b) 108.000,00.

c) 138.000,00.

d) 150.000,00.

e) 123.000.00.

18. (CONTADOR/CFC/ADAPTADA) Uma empresa apresentou os seguintes dados para elaboração da Demonstração dos Fluxos de Caixa:

	Saldo Anterior	Débito	Crédito	Saldo Atual
Caixa e Equivalentes de Caixa	R$10.000,00	R$230.000,00	R$200.000,00	R$40.000,00
Contas a receber	R$30.000,00	R$340.000,00	R$280.000,00	R$90.000,00
Estoque	R$20.000,00	R$80.000,00	R$60.000,00	R$40.000,00
Investimentos	R$290.000,00	R$70.000,00		R$360.000,00
Imobilizado	R$50.000,00	R$35.000,00	R$7.000,00	R$78.000,00
Total Ativo	**R$400.000,00**	**R$755.000,00**	**R$547.000,00**	**R$608.000,00**
Fornecedores	R$40.000,00	R$85.000,00	R$80.000,00	R$35.000,00
Contas a pagar	R$10.000,00	R$10.000,00	R$8.000,00	R$8.000,00
Dividendos Obrigatórios a Pagar			R$15.000,00	R$15.000,00
Financiamentos - Longo Prazo			R$110.000,00	R$110.000,00
Capital Social	R$350.000,00	R$350.000,00	R$90.000,00	R$440.000,00
Lucro do Exercício Corrente		R$15.000,00	R$15.000,00	R$0,00
Total do Passivo e Patrimônio Líquido	**R$400.000,00**	**R$110.000,00**	**R$318.000,00**	**R$608.000,00**

Dados adicionais:

✓ A variação em Contas a Receber decorreu de vendas a prazo e recebimentos.

✓ Os investimentos são avaliados pelo método de custo.

✓ A variação no imobilizado no período decorreu de aquisições e depreciação.

✓ O financiamento foi contratado no último dia do período.

Considerando os dados fornecidos, o Caixa Consumido nas Atividades Operacionais, apurado na Demonstração dos Fluxos de Caixa, é de:

a) R$10.000,00.

b) R$65.000,00.

c) R$72.000,00.

d) R$100.000,00.

19. (ANALISTA/TRT/2015) Considere as informações extraídas do Balanço Patrimonial e da Demonstração do Resultado do Exercício da empresa Horizonte, empresa comercial, referentes ao exercício de X2:

Cia. Horizonte
Balanço Patrimonial – Exercício Findo em 31/12/X2 – Em R$ (mil)

ATIVO	31/12/X1	31/12/X2	PASSIVO	31/12/X1	31/12/X2
Circulante			Circulante		
Disponível	35.000,00	30.000,00	Fornecedores	100.000,00	87.500,00
Clientes	110.000,00	140.000,00	Salários a Pagar	27.500,00	32.500,00
Estoques	75.000,00	55.000,00			
Total do Circulante	220.000,00	225.000,00	Total do Circulante	127.500,00	120.000,00

Cia. Horizonte
Demonstração do Resultado do Exercício de X2 – Em R$ (mil)

Receita Bruta de Vendas	900.000,00
Impostos sobre Vendas	(223.000,00)
Receita Líquida de Vendas	677.000,00
CMV	(340.000,00)
Lucro Bruto	337.000,00

Com base nestas informações, o valor recebido de clientes em X2 foi, em milhares de reais,

a) 870.000,00;

b) 930.000,00;

c) 900.000,00;

d) 875.000,00;

e) 547.000,00.

20. (CONTADOR/CFC/ADAPTADA) Uma sociedade empresária apresentou o Balanço Patrimonial a seguir, ao qual foi acrescida uma coluna de variação, e também a Demonstração do Resultado do período encerrado em 31.12.20X1:

Balanço Patrimonial

	31.12.20X1	31.12.20X0	Variação
ATIVO CIRCULANTE	**R$322.000,00**	**R$230.000,00**	**R$92.000,00**
Caixa	R$57.500,00	R$23.000,00	R$34.500,00
Duplicatas a receber	R$195.500,00	R$161.000,00	R$34.500,000
Estoques	R$69.000,00	R$46.000,00	R$23.000,00
ATIVO NÃO CIRCULANTE	**R$115.000,00**	-	**R$115.000,00**
Imobilizado	R$126.500,00	-	R$126.500,00
(-) Depreciação Acumulada	(R$11.500,00)	-	(R$11.500,00)
TOTAL DO ATIVO	**R$437.000,00**	**R$230.000,00**	**R$207.000,00**
PASSIVO CIRCULANTE	**R$184.000,00**	**R$46.000,00**	**R$138.000,00**
Fornecedores	R$142.600,00	R$46.000,00	R$96.600,00
Imposto de Renda e Contribuição Social a Pagar	R$41.400,00	-	R$41.400,00
PATRIMÔNIO LÍQUIDO	**R$253.000,00**	**R$184.000,00**	**R$69.000,00**
Capital	R$184.000,00	R$184.000,00	
Reservas de Lucros	R$69.000,00	-	R$69.000,00
Total do Passivo + PL	**R$437.000,00**	**R$230.000,00**	**R$207.000,00**

Demonstração do Resultado

Vendas Líquidas	R$391.000,00
Custo da Mercadoria Vendida	(R$207.000,00)
Resultado Bruto	**R$184.000,00**
Despesas com Vendas	(R$4.600,00)
Despesas com Pessoal	(R$57.500,00)
Despesas com Depreciação	(R$11.500,00)
Resultado Antes dos Tributos sobre o Lucro	**R$110.400,00**
Tributos sobre o Lucro	(R$41.400,00)
Resultado Líquido do Período	**R$69.000,00**

Na Demonstração dos Fluxos de Caixa elaborada a partir dos dados apresentados, as atividades operacionais geraram caixa no valor de:

a) R$59.800,00.
b) R$82.800,00.
c) R$138.000,00.
d) R$161.000,00.

Capítulo 9 – Demonstração dos Fluxos de Caixa

21. (Contador/BR Distribuidora/ADAPTADA) A elaboração da demonstração do fluxo de caixa das atividades operacionais pode ser divulgada, utilizando o método direto ou indireto. Pelo método indireto, o fluxo de caixa das operações é derivado a partir do

(A) lucro líquido do exercício;
(B) lucro bruto do exercício;
(C) saldo anterior do ativo;
(D) receita líquida do exercício;
(E) receita bruta do exercício.

22. (ANALISTA/AL-GO/15) Os fluxos de caixa provenientes das atividades de investimentos relacionam-se com o aumento e a diminuição dos ativos não circulantes de longo prazo os quais a empresa utiliza para produção de bens e serviços. Um exemplo de entradas de atividade de investimento é:Parte superior do formulário

a) o resgate do principal de aplicações financeiras não classificadas como equivalentes de caixa.

b) o recebimento de juros sobre empréstimos concedidos e sobre aplicações financeiras em outras entidades.

c) o recebimento de dividendos e os juros sobre capital próprio pela participação no patrimônio de outra empresa.

d) o desembolso dos empréstimos concedidos pela empresa e aquisição de títulos.

23. (AUDITOR/ESAF/15) Acerca das características dos métodos direto e indireto de demonstrações dos fluxos de caixa, marque V para verdadeiro ou F para falso e, em seguida, assinale a alternativa que apresenta a sequência correta.

( ) uma das características do método indireto é que o lucro líquido ou o prejuízo é ajustado pelos efeitos de transações que não envolvem caixa.

( ) pelo método direto, é possível a utilização de classes de recebimentos brutos e pagamentos líquidos na divulgação das informações contábeis.

( ) as informações das instituições financeiras, pelo método direto, podem ser obtidas pela receita de juros e similares e despesa de juros e encargos e similares.

( ) itens que não afetam o caixa, tais como depreciação, provisões, tributos diferidos, ganhos e perdas cambiais não realizados não podem ser utilizados via método indireto.Parte inferior do formulário

a) V/ V/ F/ F   b) V/ F/ F/ V   c) F/ V/ V/ F   d) V/ F/ V/ F   e) F/ V/ F/ V

24. (CONTADOR/BNDES/ADAPTADA) Dados extraídos das demonstrações financeiras da Cia. Morumbi S/A:

Do Balanço Patrimonial — Em reais

Ativo Circulante	20X1	20X0
Caixa	125.000,00	138.500,00
Bancos c/ movimento	274.300,00	296.130,00
Aplicações financeiras (curtíssimo prazo)	100.670,00	111.321,00
Duplicatas a receber	675.903,00	689.340,00
Estoques	543.112,00	534.290,00

Do Balanço Patrimonial — Em reais

Itens	20X1
Caixa líquido consumido nas atividades operacionais	48.020,00
Caixa líquido consumido nas atividades de investimento	52.130,00
Caixa líquido gerado nas atividades de financiamento	146.131,00

Com base exclusivamente nas informações acima, a variação líquida do caixa (equivalente de caixa) apurada na demonstração do fluxo de caixa extraído em 20X1 foi, em reais, de

(A)   56.632,00;
(B)   45.981,00;
(C)   35.330,00;
(D)   32.481,00;
(E)   24.151,00.

25. (CONTADOR/TRANSPETRO/ADAPTADA) Investimentos de altíssima liquidez, que são passíveis de conversão imediata em uma quantia conhecida de dinheiro com risco insignificante de alteração de valor, sob o enfoque da elaboração da Demonstração dos Fluxos de Caixa, constituem o (s):

(a)   numerário (dinheiro) a mão;
(b)   fluxo das operações;

(c) fluxo dos financiamentos;
(d) fluxo dos investimentos;
(e) equivalentes de caixa.

26. **(CONTADOR/PETROBRAS/ADAPTADA)** Considere as informações extraídas da Demonstração do Fluxo de Caixa (DFC) da Companhia Sacopã S.A., com dados em reais.

- Recursos oriundos das atividades de financiamentos 53.000,00
- Recursos aplicados nas atividades de investimentos 22.000,00
- Recursos oriundos das atividades operacionais 27.000,00
- Saldo de caixa no início do exercício social 10.000,00

Considerando exclusivamente as informações acima, o saldo de caixa no final do exercício social, em reais, será:

(a) 55.000,00;
(b) 58.000,00;
(c) 68.000,00;
(d) 102.000,00;
(e) 109.000,00.

27. **(CONTADOR/BNDES/ADAPTADA)** O Artigo 188 da Lei das Sociedades Anônimas, com as alterações das Leis n(s)º 11.638/07 e no 11.941/09, determina que a demonstração do fluxo de caixa indicará as alterações ocorridas, durante o exercício, no saldo de caixa e equivalentes de caixa, segregando essas alterações em, no mínimo, três fluxos. Os equivalentes de caixa acima citados podem ser identificados como:

(A) aplicações financeiras realizadas no mercado primário de ações, por um prazo de até 90 dias, contados a partir da data de desembolso dos títulos.

(B) desembolsos de caixa subjacentes, realizados com a intenção de revenda dos títulos adquiridos no mercado secundário.

(C) classificação de pagamentos e recebimentos, realizados na Bolsa de Valores ou através de corretoras de valores, por mecanismos de compra e venda no pregão de títulos públicos e privados.

(D) investimentos de liquidez instantânea, conversíveis em quantia de dinheiro facilmente estimável e que apresentam risco insignificante de resgate.

(E) investimentos de altíssima liquidez, prontamente conversíveis em uma quantia conhecida de dinheiro, que apresentam risco insignificante de alteração de valor.

28. (CONTADOR/FUNAI/15) A Cia. de Comércio Marítimo S.A. apresentou as seguintes demonstrações contábeis:

Balanço Patrimonial (em reais)

Ativo	31/12/14	31/12/15	Passivo	31/12/14	31/12/15
Ativo Circulante	200.000	300.000	Passivo Circulante	105.000	65.000
Disponível	110.000	215.000	Fornecedores	70.000	21.000
Duplicatas a Receber	50.000	60.000	Imposto de Renda e CSLL a Pagar	20.000	10.000
Estoques	40.000	25.000	Dividendos a Pagar	15.000	34.000
			Passivo Não Circulante	100.000	115.000
			Empréstimos	100.000	115.000
Ativo Não Circulante	300.000	270.000			
Imobilizado			Patrimônio Líquido	295.000	390.000
Equipamentos	300.000	300.000	Capital Social	250.000	250.000
Depreciação Acumulada	-	(30.000)	Reservas de Lucro	45.000	140.000
Total do Ativo	500.000	570.000	Total do Passivo + PL	500.000	570.000

Demonstração do Resultado
Período: 01/01/2015 a 31/12/2015 (em reais)

Receita Líquida de Vendas	735.000
(-) Custo dos Produtos Vendidos	(404.000)
(=) Lucro Bruto	**331.000**
(-) Despesas Operacionais	
Despesas de salários	(90.000)
Despesa de Seguros	(22.000)
Despesa de depreciação	(30.000)
(=) Resultado antes do Resultado Financeiro	**189.000**
(-) Despesa financeira (juros)	(15.000)
(=) Resultado antes do Imposto de Renda e CSLL	**174.000**
(-) Despesa com Imposto de Renda e CSLL	(45.000)
(=) Lucro Líquido	**129.000**

De acordo com as demonstrações contábeis acima e sabendo-se que os juros não foram pagos, o fluxo de caixa gerado pelas Atividades Operacionais no ano de 2015 foi, em reais, de

a) 129.000,00.   b) 174.000,00.   c) 105.000,00.   d) 120.000,00.   e) 139.000,00.

29. **(CONTADOR/PREFEITURA DE NITEROI/16)** De acordo com a NBC TG 3 (R3), a demonstração dos fluxos de caixa deve apresentar os fluxos de caixa do período classificados por atividades:

a) operacionais; de receita; de despesas.
b) de natureza credora; de natureza devedora.
c) operacionais; não operacionais; de investimentos.
d) de receitas; de despesas.
e) operacionais; de investimento; de financiamento

30. **(CONTADOR/PREFEITURA DE TERESINA/16)** A Demonstração do Resultado para o ano de 2015, da empresa *Produtos Naturais de Beleza S.A.* é a seguinte:

Produtos Naturais de Beleza S.A. Demonstração do Resultado – Período: 01/01/2015 a 31/12/2015		
Receitas de Vendas		816.000
(−) Custo das Mercadorias Vendidas		(524.000)
(=) **Resultado com Mercadorias**		**292.000**
(−) Despesas Operacionais		
− Depreciação	(24.000)	
− Outras despesas operacionais	(236.000)	(260.000)
(+) Outras Receitas e Despesas		
− Resultado de Equivalência Patrimonial		12.000
(+) **Resultado antes dos efeitos financeiros**		**44.000**
− Despesas Financeiras		(48.000)
(=) Resultado após os efeitos financeiros		(4.000)
(=) Outras receitas e despesas não recorrentes		
Lucro na Venda de Terrenos		28.000
(=) Resultado antes de Impostos e Participações		24.000
(−) Despesa com Imposto de Renda		(4.800)
(=) **Resultado Líquido**		**19.200**

Os saldos, em reais, de algumas contas encontradas nos Balanços Patrimoniais de 31/12/2014 e 31/12/2015, da empresa *Produtos Naturais de Beleza S.A.* são os seguintes:

Nome da conta	Saldo em 31/12/2014	Saldo em 31/12/2015
Valores a receber de clientes	56.000	96.000
Estoques	66.000	98.000
Fornecedores	66.000	85.000

Sabe-se que durante o ano de 2015 a empresa não pagou as despesas financeiras, a despesa com imposto de renda de 2015 será paga em 2016 e não havia nenhuma outra conta no passivo nos dois Balanços Patrimoniais.

O Caixa das Atividades Operacionais gerado pela empresa, no ano de 2015, foi, em reais:

a) 3.400.   b) 3.200.   c) 51.200.   d) 8.000.   e) 31.400.

Capítulo 10
DEMONSTRAÇÃO DO VALOR ADICIONADO

10.1 Introdução

A Demonstração do Valor Adicionado - é uma demonstração contábil que tem por objetivo evidenciar a riqueza criada pela entidade e sua distribuição em um determinado período, sob a ótica do regime de competência, que tem como principal fonte de informações a demonstração do resultado do exercício.

A partir da sua elaboração, a DVA, evidenciará de forma clara e precisa os valores referentes à riqueza criada pela companhia, em determinado período e como ocorreu a distribuição entre os agentes econômicos que são: empregados, governos, agentes financiadores e acionistas.

Além disso, este demonstrativo permite que a sociedade avalie como a companhia está gerando suas riquezas e qual a aplicabilidade desses recursos que contribuíram para sua geração (MELO; SANTOS, 2012).

10.2 Aspectos Legais

A DVA passou a ser obrigatória no Brasil no final de 2007, de acordo com a legislação anteriormente citada, com o adendo das orientações da CVM, órgão regulador e fiscalizador do mercado mobiliário brasileiro, que em Nota Explicativa à Instrução CVM Nº. 469, de 02 de maio de 2008, o item 5 – Novas Demonstrações – subitem 5.1 – Demonstração do Valor Adicionado DVA – estabelece:

> A DVA foi inserida pela Lei nº 11.638, de 2007, no conjunto de demonstrações financeiras que as companhias abertas devem apresentar ao final de cada exercício social, estando, portanto, sujeita a todas as regras de aprovação, de divul-

gação e de auditoria aplicáveis às demais demonstrações. Convém ainda ressaltar que, embora não seja exigida nas normas internacionais, a CVM não vê qualquer conflito com estas, posto que a DVA, além de ser uma informação adicional, agrega bastante qualidade ao conjunto básico de demonstrações exigidas pelo IASB.

Portanto, a partir de 2008, as empresas de capital aberto, no Brasil, passaram a ser obrigadas a elaborar a DVA, seguindo o modelo padrão, especificado na NBC TG 9, Demonstração do Valor Adicionado, de forma comparativa do exercício social atual com o anterior, que será publicada ao final de cada exercício, conforme demonstrado na seção 10.4, em conjunto com as outras demonstrações contábeis, ampliando, dessa forma, as informações socioeconômicas disponibilizadas por os usuários interessados, permitindo-lhes fazer avaliações mais adequadas e pertinentes a uma tomada de decisão com o menor risco possível.

Entretanto, este demonstrativo não se aplica às companhias que utilizam a NBC TG 1.000 (R1) para a elaboração de suas demonstrações contábeis.

10.3 Aspectos Econômicos

No panorama econômico, De Luca (1998, p. 32), cita que "o valor adicionado é utilizado para a avaliação do chamado Produto Nacional".

A DVA está fundamentada em conceitos macroeconômicos, buscando apresentar a eliminação dos valores que representam dupla-contagem, a parcela de contribuição que a entidade tem na formação do Produto Interno Bruto (PIB). Essa demonstração apresenta o quanto a entidade agrega de valor aos insumos adquiridos de terceiros e que são vendidos ou consumidos durante o exercício.

Conforme preconiza a NBC TG 9, há diferenças temporais entre os modelos contábil e econômico no cálculo do valor adicionado. A ciência econômica, para cálculo do PIB, baseia-se na produção, enquanto a contabilidade utiliza o conceito contábil da realização da receita, isto é, baseia-se no regime contábil de competência.

Para os investidores e outros usuários, a DVA fornece informações de natureza econômica e social das atividades da entidade dentro da sociedade na qual está inserida.

A decisão de recebimento por uma comunidade (Município, Estado e a própria Federação) de investimento pode ter nessa demonstração um instrumento de extrema utilidade para tomada de decisão.

10.4 Estrutura da DVA

A DVA constitui-se das receitas obtidas pela empresa em razão de suas atividades deduzidas dos custos dos bens e serviços adquiridos de terceiros para a geração dessas receitas.

É, portanto, o quanto a entidade contribuiu para a formação do Produto Interno Bruto – PIB do país. A seguir apresenta-se o modelo geral definido na NBC TG 9.

Quadro 7: Demonstração do Valor Adicionado - **EMPRESAS EM GERAL**

DESCRIÇÃO	Em milhares de reais 20X1	Em milhares de reais 20X0
1 – RECEITAS		
1.1) Vendas de mercadorias, produtos e serviços		
1.2) Outras receitas		
1.3) Receitas relativas à construção de ativos próprios		
1.4) Provisão para créditos de liquidação duvidosa – Reversão / (Constituição)		
2 - INSUMOS ADQUIRIDOS DE TERCEIROS (Inclui os valores dos impostos – ICMS, IPI, PIS e COFINS)		
2.1) Custos dos produtos, das mercadorias e dos serviços vendidos		
2.2) Materiais, energia, serviços de terceiros e outros		
2.3) Perda / Recuperação de valores ativos		
2.4) Outras (especificar)		
3 - VALOR ADICIONADO BRUTO (1-2)		
4 - DEPRECIAÇÃO, AMORTIZAÇÃO E EXAUSTÃO		
5 - VALOR ADICIONADO LÍQUIDO PRODUZIDO PELA ENTIDADE (3-4)		
6 - VALOR ADICIONADO RECEBIDO EM TRANSFERÊNCIA		
6.1) Resultado de equivalência patrimonial		
6.2) Receitas financeiras		
6.3) Outras		
7 - VALOR ADICIONADO TOTAL A DISTRIBUIR (5+6)		

8 - DISTRIBUIÇÃO DO VALOR ADICIONADO (*)		
8.1) Pessoal		
8.1.1 – Remuneração direta		
8.1.2 – Benefícios		
8.1.3 – F.G.T.S		
8.2) Impostos, taxas e contribuições		
8.2.1 – Federais		
8.2.2 – Estaduais		
8.2.3 – Municipais		
8.3) Remuneração de capitais de terceiros		
8.3.1 – Juros		
8.3.2 – Aluguéis		
8.3.3 – Outras		
8.4) Remuneração de Capitais Próprios		
8.4.1 – Juros sobre o Capital Próprio		
8.4.2 – Dividendos		
8.4.3 – Lucros retidos / Prejuízo do exercício		
8.4.4 – Participação dos não-controladores nos lucros retidos (só p/ consolidação)		

(*) O total do item 8 deve ser exatamente igual ao item 7.

A seguir detalharemos os principais grupos de contas relacionados a esse demonstrativo:

1 – RECEITAS

1.1 - As vendas de mercadorias, produtos e serviços incluem os valores do ICMS, IPI e demais tributos incidentes sobre essas receitas, ou seja, corresponde à receita bruta ou ao faturamento bruto. Devem ser deduzidas as devoluções de vendas, bem como os abatimentos e os descontos incondicionais concedidos, se houver.

1.2 - As outras receitas operacionais representam os valores considerados fora das atividades principais da empresa, tais como ganhos ou perdas na baixa de imobilizados, de investimentos etc.

1.3 - Receitas relativas à construção de ativos próprios referem aos gastos utilizados na produção do próprio ativo, como por exemplo: matérias, mão de obra terceirizada, juros e outros. Esses valores são reconhecidos de forma integral como receita na construção de ativos próprios.

1.4 - As provisões para crédito de liquidação duvidosa, inclui os valores referente à contabilização da provisão, representando valores positivos na baixa ou reversão e negativos na constituição.

2 – INSUMOS ADQUIRIDOS DE TERCEIROS, INCLUI TAMBÉM OS VALORES DOS IMPOSTOS, TAIS COMO: (ICMS, IPI, PIS e COFINS).

2.1 - Custo das mercadorias, produtos e serviços vendidos não inclui os gastos com pessoal próprio, que serão evidenciados somente no item 8.1 da demonstração (remuneração do trabalho).

2.2 - Materiais, energia, serviços de terceiros e outros; engloba os valores relativos a aquisições e pagamentos feitos a terceiros. Nesses três itens, deverão ser considerados todos os tributos incluídos nas aquisições, recuperáveis ou não.

2.3 - A Perda/Recuperação de valores ativos inclui aquelas decorrente da realização de estoques ou investimentos ou à variação do valor de mercado. Se, no período, o valor líquido for positivo, ele deverá ser somado.

3 – VALOR ADICIONADO BRUTO = RECEITAS - INSUMOS

4 – DEPRECIAÇÃO, AMORTIZAÇÃO E EXAUSTÃO, incluem as despesas ou custo contabilizados no período.

5 – VALOR ADICIONADO LÍQUIDO PRODUZIDO PELA ENTIDADE = VALOR ADICIONADO BRUTO - DEPRECIAÇÃO, AMORTIZAÇÃO E EXAUSTÃO.

6 – VALOR ADICIONADO RECEBIDO EM TRANSFERÊNCIA, refere-se à riqueza gerada por outras empresas, porém recebida em transferência. São elas:

6.1) resultados de equivalência patrimonial - o resultado da equivalência pode representar receita ou despesa; se despesa, deve ser considerado como redução ou valor negativo, os valores recebidos como dividendos relativos a investimentos avaliados pelo custo.

6.2) receitas financeiras - inclui as receitas financeiras e inclusive as variações cambiais ativas independentemente de sua origem. Temos como exemplos os ganhos de equivalência patrimonial e os dividendos, não representam geração de valor adicionado, mas transferências de riqueza criadas pelas sociedades investidas. Do mesmo modo, as receitas financeiras são transferências de parcelas da riqueza criada por terceiros, resultantes da aplicação do capital da entidade nos seus empreendimentos.

7 – VALOR ADICIONADO TOTAL A DISTRIBUIR = VALOR ADICIONADO LÍQUIDO PRODUZIDO PELA ENTIDADE + VALOR ADICIONADO RECEBIDO EM TRANSFERÊNCIA, o total desses valores correspondem à riqueza gerada pela empresa no período.

Essa segunda parte da DVA deve apresentar de forma detalhada como a riqueza obtida pela entidade foi distribuída. Os principais componentes dessa distribuição estão apresentados a seguir:

8 – DISTRIBUIÇÃO DO VALOR ADICIONADO, é o somatório de total distribuição da riqueza gerada pela empresa.

8.1) Pessoal, a remuneração do trabalho (ou dos agentes colaboradores), engloba os encargos com salários, comissões, honorários da diretoria, férias, 13.º salário, FGTS, alimentação, transporte, participações nos lucros etc., apropriados ao custo do produto ou resultado do período. Não inclui encargos previdenciários ou com entidades do Sistema "S" (contribuições corporativas), que são considerados remuneração do governo. Para melhor entendimento a distribuição com pessoal foi desmembrada em:

8.1.1 – Remuneração direta, representada pelos valores relativos a salários, 13º salário, honorários da administração (inclusive os pagamentos baseados em ações), férias, comissões, horas extras, participação de empregados nos resultados, e outros.

8.1.2 – Benefícios, representados pelos valores relativos a assistência médica, alimentação, transporte, planos de aposentadoria, e outros.

8.1.3 – F.G.T.S, representado pelos valores depositados em conta vinculada dos empregados.

8.2) Impostos, taxas e contribuições, também conhecida como remuneração do governo, abrange as contribuições previdenciárias e corporativas (incluídos aqui os valores do Seguro de Acidentes do Trabalho) que sejam ônus do empregador e as demais espécies tributárias, como o imposto de renda, a contribuição social sobre lucro líquido (CSLL) e todos os demais impostos, taxas e contribuições devidas ao poder público federal, estadual e municipal.

Os valores relativos aos tributos recuperáveis (ex.: ICMS, IPI e outros) deverão ser considerados como os valores devidos ou já reconhecidos aos cofres públicos, representando a diferença entre os impostos incidentes sobre as vendas e os valores considerados dentro do item 2 (insumos adquiridos de terceiros). Os tributos que não forem pagos em decorrência de incentivos fiscais devem ser apresentados como redução desse item.

8.2.1 – Federais - inclui os tributos devidos à União, inclusive aqueles que são repassados no todo ou em parte aos Estados, Municípios, Autarquias etc., tais como: IRPJ, CSSL, IPI, Cide, PIS, COFINS. Inclui também a contribuição sindical patronal.

8.2.2 – Estaduais - inclui os tributos devidos aos Estados, inclusive aqueles que são repassados no todo ou em parte aos Municípios, Autarquias etc., tais como o ICMS e o IPVA.

8.2.3 – Municipais - inclui os tributos devidos aos Municípios, inclusive aqueles que são repassados no todo ou em parte às Autarquias, ou quaisquer outras entidades, tais como o ISS e o IPTU.

8.3) Remuneração de capitais de terceiros ou dos agentes financiadores, considera as despesas financeiras e as de juros relativas a quaisquer tipos de empréstimos e financiamentos junto às instituições financeiras, entidades do grupo ou outras e os aluguéis (incluindo as despesas com *leasing*) pagos ou creditados a terceiros.

8.3.1 – Juros - inclui as despesas financeiras, inclusive as variações cambiais passivas, relativas a quaisquer tipos de empréstimos e financiamentos junto a instituições financeiras, empresas do grupo ou outras formas de obtenção de recursos. Inclui os valores que tenham sido capitalizados no período.

8.3.2 – Aluguéis - inclui os aluguéis (inclusive as despesas com arrendamento operacional) pagos ou creditados a terceiros, inclusive os acrescidos aos ativos.

8.3.3 – Outras - inclui outras remunerações que configurem transferência de riqueza a terceiros, mesmo que originadas em capital intelectual, tais como *royalties*, franquia, direitos autorais, e outros.

8.4) Remuneração de Capitais Próprios ou remuneração dos acionistas, inclui os valores pagos ou creditados aos acionistas, a título de juros sobre o capital próprio ou dividendos.

8.4.1 – Juros sobre o Capital Próprio - (JSCP), inclui os valores pagos ou creditados aos sócios e acionistas a título de juros sobre capital próprio no período, ressalvando-se os valores dos JSCP transferidos para conta de reserva de lucros.

8.4.2 – Dividendos - Inclui os valores distribuídos, pagos ou creditados, aos sócios e acionistas com base no resultado do período.

8.4.3 – Lucros retidos / Prejuízo do exercício - inclui os valores relativos ao lucro do exercício destinados às reservas, inclusive os JSCP quando tiverem esse tratamento; ocorrendo prejuízo, esse valor deve ser incluído com sinal negativo.

8.4.4 – Participação dos não-controladores nos lucros retidos (só para consolidação) – Somente para DVA consolidada.

Cabe ressaltar que existem mais dois modelos bem específicos um para instituições financeiras (bancária) e outro para seguradoras que podem ser obtidos na NBC TG 9.

Com o objetivo de sedimentar mais esses conteúdos para o leitor, apresentaremos exercícios.

10.5 QUESTÕES DE PROVA

A próxima etapa de entendimento é exercitarmos com questões.

1. **(CONTADOR/CODEMIG/15)** A Comercial Delta S.A. revende produtos adquiridos de terceiros. A companhia apresentou a seguinte Demonstração do Resultado do Exercício (DRE) relativa ao ano de x1:

Demonstração do Fluxos de Caixa do exercício findo em 31/12/x1	
Em milhares de reais	
Receita de Vendas	850.000
(-) Custo das Mercadorias Vendidas	(425.000)
(=) Resultado Bruto	425.000
(-) Despesas/Receitas operacionais	(235.000)
(-) Despesas com Vendas	(150.000)
(-) Despesas Gerais e Administrativas	(115.000)
(+) Resultado da Equivalência Patrimonial	30.000
(=) Resultado Antes do Resultado Financeiro e dos Tributos	190.000
(+/-) Resultado Financeiro	(19.000)
(+) Receitas Financeiras	6.000
(-) Despesas Financeiras	(25.000)
(=) Resultados Antes dos Tributos sobre o Lucro:	171.000
(-) IR/CSLL Correntes	(47.940)
(=) Lucro Líquido	123.060

Na origem, as mercadorias adquiridas pela Comercial Delta S.A. são tributadas em 15% sobre seu preço de venda. Esses tributos são compensáveis com os incidentes, também a uma alíquota de 15%, sobre o preço de venda da Comercial Delta S.A. Sabendo que as despesas com pessoal da companhia durante x1 totalizaram R$ 100.000, seu valor adicionado total a distribuir será de:

(A) R$ 296.000;
(B) R$ 335.000;
(C) R$ 341.000;
(D) R$ 346.000;
(E) R$ 371.000.

2. (CONTADOR/DPE -MT/15) No ano de 2013, uma empresa construiu uma máquina para usar em seus negócios. Os custos com a construção da máquina foram:

✓ matéria prima: R$ 40.000,00;
✓ mão de obra: R$ 25.000,00;
✓ juros sobre empréstimo: R$ 15.000,00;
✓ depreciação dos ativos imobilizados utilizados no processo de construção: R$ 10.000,00.

Dado que esse foi o único evento da empresa em 2013, o valor adicionado a distribuir no ano foi de

(A) R$ 15.000,00.
(B) R$ 25.000,00.
(C) R$ 40.000,00.
(D) R$ 80.000,00.
(E) R$ 90.000,00.

3. (CONTADOR/DPE-MT/15) Em relação à distribuição da riqueza gerada na Demonstração do Valor Adicionado, assinale a afirmativa **incorreta**.

(A) Os pagamentos baseados em ações dados como remuneração à administração, a assistência médica e o FGTS são classificadas como pessoal.

(B) O INSS de ônus do empregador, o IPVA e o IPTU são classificados como impostos, taxas e contribuições.

(C) As despesas com arrendamento operacional, os *royalties* e os direitos autorais são classificados como remuneração de capital de terceiros.

(D) Os honorários da diretoria, as horas extras e as férias são classificados como pessoal.

(E) As despesas com depreciação, amortização e exaustão são classificadas como remuneração de capital de terceiros.

4. **(CONTADOR/CFC/15)** Uma Sociedade Empresária apresentou os seguintes dados para a elaboração da Demonstração do Valor Adicionado, em 2014:

Valor bruto das vendas de mercadorias	R$ 110.000,00
PIS sobre vendas	R$ 4.015,00
COFINS sobre vendas	R$ 8.360,00
ICMS sobre vendas	R$ 19.800,00
Valor líquido das vendas	R$ 77.825,00
Valor bruto das compras de mercadorias	**R$ 70.000,00**
PIS sobre compras a recuperar	R$ 2.555,00
COFINS sobre compras a recuperar	R$ 5.320,00
ICMS sobre compras a recuperar	R$ 12.600,00
Valor líquido das compras	R$ 49.525,00
Estoque Inicial de Mercadorias	0,00
Estoque Final de Mercadorias	0,00

Considerando-se que houve apenas esses saldos e movimentações, o Valor Adicionado Bruto, na Demonstração do Valor Adicionado, é igual a:
a) R$28.300,00.
b) R$40.000,00.
c) R$70.000,00.
d) R$110.000,00.

5. **(CONTADOR/ CODEBA/16)** Uma sociedade empresária, fabricante de equipamentos de longo prazo, obteve um empréstimo bancário diretamente relacionado à construção do estoque. A construção demorou 36 meses. De acordo com o pronunciamento técnico CPC 09-Demonstração do Valor Adicionado, assinale a opção que indica o momento em que os juros incorporados ao estoque devem ser evidenciados como distribuição da riqueza na DVA.

(A) Na captação do empréstimo.
(B) Na construção do estoque.
(C) Na baixa do estoque.
(D) No pagamento do empréstimo.
(E) Na apuração do lucro líquido anual.

6. **(CONTADOR/CFC/15)** Uma Sociedade Empresária, tributada pelo lucro real, realizou as seguintes operações com mercadorias:

✓ Aquisição de 400 unidades de mercadoria pelo valor total de R$80.000,00, neste valor incluídos ICMS na alíquota de 18%; e PIS e COFINS na alíquota de 1,65% e 7,6%, respectivamente.
✓ Venda de 200 unidades de mercadoria por R$70.000,00.
✓ Sobre a venda, incidiram tributos nas alíquotas de: ICMS – 18%; PIS –1,65%; e COFINS – 7,6%.

A empresa não apresentava estoque inicial. A contribuição dessas transações para o Valor Adicionado a Distribuir, apurada em conformidade com a NBC TG 09 - Demonstração do Valor Adicionado, é de:

a) R$40.900,00.
b) R$37.200,00.
c) R$30.000,00.
d) R$21.825,00.

7. **(ANALISTA/UNIRIO/2017)** Com base na DVA, analise as afirmativas abaixo e assinale a alternativa correta. Uma determinada sociedade empresarial, tributada pelo lucro real, e que não apresentava estoque inicial, realizou as seguintes operações com mercadorias:

I. Aquisição de 1.000 unidades de mercadorias pelo valor total de R$120.000,00, incluso 27,25% de impostos sobre a compra.

II. Venda de 800 unidades de mercadorias por R$150.000,00, incluso na venda 27,25% de impostos.

O valor adicionado a distribuir destas transações foi de:

a) R$54.000,00
b) R$39.285,00
c) R$13.125,00
d) R$109,125,00
e) R$150.000,00

8. (CONTADOR/CFC/ADAPTADA) Em relação às informações relativas à riqueza criada e sua distribuição apresentada na demonstração do valor adicionado de uma empresa industrial, assinale a opção **INCORRETA**.

a) A distribuição do valor adicionado abrange, entre outros, a remuneração direta com pessoal, benefícios, FGTS, imposto, taxas e contribuições federais, estaduais e municipais e a remuneração de capitais próprios, tais como dividendos e juros do capital próprio.

b) A remuneração de capital de terceiros abrange, entre outros, os fornecedores, as contas a pagar, os juros passivos, as provisões judiciais e as reservas patrimoniais.

c) O valor adicionado recebido em transferência abrange, entre outros, o resultado da equivalência patrimonial e as receitas financeiras.

d) Os insumos adquiridos de terceiros abrangem, entre outros, os custos das matérias-primas incluídos no custo dos produtos vendidos, energia e serviços de terceiros.

9. (ANALISTA/TJ – PI/15) A companhia Certinha S/A tem como principal atividade operacional a compra e revenda de mercadorias. Em julho de 2014, a empresa adquiriu mercadorias para revenda por R$5.000,00. Em setembro do mesmo ano, revendeu 25% das mercadorias adquiridas por R$ 6.000,00. A companhia registrou, no perío-

do, despesas com depreciação no valor de R$ 500,00 e um resultado positivo de equivalência patrimonial de R$ 600,00. As despesas com aluguéis no período foram de R$ 500,00 e foram pagas. Considere a incidência de ICMS de 12% nas operações de compra e venda. Segundo o Pronunciamento CPC 09, o valor adicionado líquido produzido pela entidade apresentado na Demonstração do Valor Adicionado - DVA é igual a:

a) 4.350,00;

b) 4.250,00;

c) 3.680,00;

d) 600,00;

e) 380,00.

10. **(CONTADOR/CFC/ADAPTADA)** Uma sociedade empresária é constituída com um capital de R$100.000,00, totalmente integralizado em dinheiro. Após a constituição, a empresa realizou as seguintes transações:

✓ Aquisição de mercadorias por R$50.000,00, neste valor incluído o valor de R$6.000,00, relativo ao ICMS recuperável.

✓ Venda das mercadorias por R$90.000,00, neste valor incluído ICMS, no valor de R$15.300,00.

✓ Despesas com energia do período, no valor de R$900,00.

✓ PIS e COFINS incidentes sobre vendas, no valor de R$3.285,00.

✓ Despesa com aluguéis, no valor de R$1.000,00.

✓ Despesas com salários e FGTS, no valor de R$2.000,00.

✓ Despesa com INSS, no valor de R$400,00.

✓ O lucro foi destinado como se segue:

5% para reserva legal;

40% para dividendos obrigatórios; e

55% para lucros para deliberação da assembleia.

Na Demonstração do Valor Adicionado, o Valor Adicionado Total a Distribuir, é de:
a) R$45.100,00.
b) R$44.100,00.
c) R$39.100,00.
d) R$38.100,00.

11. (ANALISTA CONTÁBIL/EPE/ADAPTADA) Determinada empresa comercial apresentou os seguintes dados referentes ao exercício findo em 31 de dezembro de 20X0:

DEMONSTRAÇÃO DO RESULTADO DO EXERCÍCIO	Valores em R$ mil
Receita Bruta (Vendas de Mercadorias)	650
(-) ICMS Incidentes sobre as Vendas	(117)
Receita Líquida	533
(-) Custo das Mercadorias Vendidas (*1)	(280)
Lucro Bruto	253
(-) Despesas Operacionais	(213)
Despesa de Vendas (*2)	(90)
Despesas Administrativas (*3)	(80)
Despesas Financeiras	(43)
Lucro Operacional	40
Resultado Não Operacional	10
Lucro antes do Imposto de Renda	50
(-) Contribuição Social s/ Lucro Líquido	(4)
(-) Imposto de Renda	(8)
Lucro Líquido do Exercício	38

*1 – O ICMS destacado na compra de mercadorias montou a R$ 48.

*2 – Composição: Provisão para devedores duvidosos – R$ 13; Frete e propaganda – R$ 25; Comissões de Vendedores (Pessoas Físicas, empregados da empresa) – R$ 52.

*3 – Composição: Despesas de pessoal – R$ 35; Despesas com tributos – R$ 8; Despesa com depreciação – R$ 12; Despesas com infraestrutura (Energia, Telefone, Gás e outros) - R$ 25.

Considerando apenas os dados informados, o Valor Adicionado Total a distribuir da empresa analisada, em milhares de reais, será:

a) 210   b) 227   c) 247   d) 257   e) 305

12. **(CONTADOR/CFC/ADAPTADA)** Na Demonstração do Valor Adicionado, a despesa com aluguel, a energia elétrica consumida no período e o resultado positivo da equivalência patrimonial são evidenciados, respectivamente, como:

a) insumos adquiridos de terceiros; insumos adquiridos de terceiros e remuneração do capital próprio.

b) insumos adquiridos de terceiros; remuneração do capital de terceiros e valor adicionado recebido em transferência.

c) remuneração do capital de terceiros; insumos adquiridos de terceiros e valor adicionado recebido em transferência.

d) remuneração do capital de terceiros; remuneração do capital de terceiros e remuneração do capital próprio.

13. **(CONTADOR/CFC/ADAPTADA)** Uma sociedade empresária apresentou os seguintes dados para a elaboração da Demonstração do Valor Adicionado:

Receita Bruta de Vendas	R$800.000,00
(-) Tributos sobre as Vendas	R$136.000,00
Receita Líquida	R$664.000,00
(-) Custo das Mercadorias Vendidas	R$498.000,00
Lucro Bruto	R$166.000,00
Despesa com Pessoal	R$90.000,00
Despesas com Depreciação	R$8.000,00
Despesa de Juros sobre Empréstimos	R$3.000,00
Resultado Antes dos Tributos sobre o Lucro	R$65.000,00
Imposto de Renda	R$16.250,00
Contribuição Social	R$5.850,00
Resultado do Período	R$42.900,00

I. O custo de aquisição da mercadoria vendida foi calculado da seguinte forma:

Valor da Mercadoria	R$600.000,00
ICMS Recuperado	R$102.000,00
Custo Aquisição	R$498.000,00

II. O valor da despesa com Pessoal é composto dos seguintes gastos:

Salários, Férias e 13º Salário	R$65.000,00
INSS	R$25.000,00
Total	R$90.000,00

De acordo com a Demonstração do Valor Adicionado, elaborada a partir dos dados fornecidos, assinale a opção **INCORRETA**.

a) O Valor adicionado a distribuir é R$192.000,00.

b) O Valor adicionado a distribuir é R$294.000,00.

c) O valor da remuneração de capital de terceiros é de R$3.000,00.

d) O valor distribuído para pessoal é de R$65.000,00.

4. **(CONTADOR/ BR Distribuidora/ADAPTADA)** Pela legislação vigente, qual tipo de empresa está obrigada a publicar a Demonstração do Valor Adicionado?

(A) sociedade anônima com capital fechado

(B) sociedade limitada

(C) empresa individual

(D) sociedade civil

(E) sociedade anônima com capital aberto

15. (ANALISTA/TRT/16) Sobre a Demonstração do Valor Adicionado – DVA, considere:

I. A distribuição da riqueza criada deve ser detalhada, minimamente, da seguinte forma: pessoal e encargos; impostos, taxas e contribuições; juros e aluguéis; juros sobre o capital próprio (JCP) e dividendos; lucros retidos/prejuízos do exercício.

II. A entidade, sob a forma jurídica de sociedade por ações, com capital aberto, e outras entidades que a lei assim estabelecer, devem elaborar a DVA e apresentá-la como parte das demonstrações contábeis divulgadas ao final de cada exercício social. É recomendado, entretanto, a sua elaboração por todas as entidades que divulgam demonstrações contábeis.

III. As receitas financeiras, de equivalência patrimonial, de aluguel e royalties, devem ser consideradas como Valor Adicionado recebido em

Capítulo 10 – Demonstração do Valor Adicionado

transferência, pois representam a riqueza que não foi criada pela própria entidade e sim por terceiros. Está correto o que consta em:

a) I, II e III.
b) I e II, apenas.
c) I, apenas.
d) II e III, apenas
e) I e III, apenas.

16. **(CONTADOR/BNDES/ADAPTADA)** A elaboração e divulgação da demonstração do valor adicionado (DVA), para atender aos requisitos estabelecidos no Pronunciamento Técnico CPC 09 e na legislação societária, entre outros aspectos relevantes, deverá

(A) conter a variação ocorrida no capital circulante líquido.

(B) ser elaborada como base no princípio contábil da competência.

(C) ser elaborada com base no princípio contábil da atualização monetária.

(D) permitir o cálculo do Produto Interno Bruto do segmento em que atua a empresa.

(E) analisar os efeitos do valor econômico agregado sobre a liquidez da empresa.

17. **(CONTADOR/TRANSPETRO/ADAPTADA)** A Demonstração do Valor Adicionado (DVA) é formada, basicamente, por duas partes, sendo que, na primeira parte, deve apresentar a riqueza criada pela entidade, incluindo, em seu detalhamento, a receita de vendas de mercadorias, produtos e serviços.

As vendas de produtos pelas empresas industriais devem ser demonstradas na DVA pelo valor da (s):

(a) receita bruta ou do faturamento bruto;
(b) vendas menos o ICMS e o IPI a recuperar;
(c) vendas menos o ICMS a recuperar;
(d) vendas menos o IPI a recuperar;
(e) vendas líquidas.

18. (CONTADOR/PETROBRAS/ADAPTADA) A Demonstração do Valor Adicionado (DVA) evidencia o(a):

(a) quanto de riqueza uma empresa adicionou, de que forma essa riqueza foi distribuída e o quanto ficou retido na empresa.

(b) valor adicionado originado das operações, os recursos oriundos das atividades de financiamento e o saldo de caixa resultante no final do período.

(c) montante de riqueza que uma empresa adicionou, o quanto dessa riqueza foi distribuída para os agentes e acionistas e os lucros retidos pela empresa sem destinação específica.

(d) receita adicionada pela empresa deduzida das despesas operacionais, exceto a financeira, e o total de lucros retidos em forma de reservas.

(e) riqueza adicionada pela empresa, a distribuição dos dividendos realizada e a variação do patrimônio líquido no exercício.

19. (CONTADOR/PETROBRAS/ADAPTADA) Segundo a definição legal, a DVA deverá refletir o valor da riqueza gerada pela companhia e a distribuição entre os elementos que contribuíram para a geração dessa riqueza. Quais os elementos que devem constar como beneficiários da distribuição da riqueza?

(a) Empregados, fornecedores, autoridades, governo e outros, bem como a parcela da riqueza não distribuída

(b) Empregados, financiadores, acionistas, governo e outros, bem como a parcela da riqueza não distribuída

(c) Empregados, financiadores, fornecedores, autoridades, acionistas, governo e outros

(d) Empregados, financiadores, fornecedores, autoridades, acionistas, governo e outros, bem como a parcela da riqueza não distribuída.

(e) Fornecedores, autoridades, governo e outros, bem como a parcela da riqueza não distribuída.

20. (FISCAL/ICMS RJ/ADAPTADA) A Cia Petrópolis apresentava os seguintes dados para a montagem da Demonstração do Valor Adicionado em 31.12.X0:

- Vendas R$ 1.000,00 (incluindo R$ 190,00 de impostos incidentes sobre vendas)

- Compra de matéria-prima R$ 240,00 (incluindo R$ 80,00 de impostos recuperáveis incidentes sobre as compras)
- Despesas de Salários R$ 200,00
- Despesa de Juros R$ 140,00
- Estoque inicial de matéria prima zero
- Estoque final de matéria prima zero

Assinale a alternativa que indique corretamente o valor adicionado a distribuir da Cia Petrópolis em 31.12.X0:

(a) R$ 310,00;

(b) R$ 510,00;

(c) R$ 620,00;

(d) R$ 650,00;

(e) R$ 760,00.

21. (CONTADOR/EPE/ADAPTADA) De acordo com a legislação pertinente, "o valor da riqueza gerada pela Companhia, a sua distribuição entre os elementos que contribuíram para a geração dessa riqueza, tais como empregados, financiadores, acionistas, governo e outros, bem como a parcela da riqueza não distribuída" serão identificados em qual demonstrativo contábil?

(a) Balanço Patrimonial.

(b) Demonstração do Resultado do Exercício.

(c) Demonstração de Lucros ou Prejuízos Acumulados.

(d) Demonstração de Origem e Aplicações de Recursos.

(e) Demonstração do Valor Adicionado.

22. (CONTADOR/CFC/ADAPTADA) Assinale a opção que apresenta exemplo de valores que reduzem o valor adicionado bruto, por estarem incluídos nos insumos adquiridos de terceiros, na Demonstração do Valor Adicionado (DVA).

a) Salários de empregados, computados no custo dos produtos vendidos.

b) Estoque de matéria-prima.

c) Despesas com serviço de representação comercial, prestada por terceiros.

d) Aluguéis de máquinas utilizadas na produção.

Capítulo 11
NOTAS EXPLICATIVAS DAS DEMONSTRAÇÕES CONTÁBEIS

11.1 Introdução

As Notas Explicativas - são informações complementares e necessárias ao entendimento das demonstrações contábeis.

O seu desafio é evidenciar e dimensionar a qualidade e a quantidade de informações que atendam às necessidades dos usuários internos e externos ao perfeito entendimento das demonstrações contábeis, para efetiva tomada de decisão tempestiva.

As notas explicativas passaram a integrar o relatório das demonstrações contábeis a partir da promulgação da Lei 6.404/76, que estabelece no § 4º art. 176 que "as demonstrações serão complementadas por notas explicativas e outros quadros analíticos ou demonstrações contábeis necessárias ao esclarecimento da situação patrimonial e dos resultados do exercício".

De acordo com Neves (2005) relata que:

> [...] as notas explicativas não tratam da exceção de algum procedimento contábil nas demonstrações e sim esclarecem sobre um conjunto integrado de informações, ou seja, a divulgação das práticas contábeis usadas. Não devem ser utilizadas para retificar, como de fato não retificam, a aplicação de práticas contábeis inadequadas.

11.2 Aspectos da lei

De acordo com a Lei 6.404/76, as demonstrações serão complementadas por notas explicativas e outros quadros analíticos, no § 5 do art. 176 da lei supracitada, devem ser incluídas as seguintes informações:

"I – apresentar informações sobre a base de preparação das demonstrações financeiras e das práticas contábeis específicas selecionadas e aplicadas para negócios e eventos significativos; (Incluído pela Lei nº 11.941, de 2009)

II – divulgar as informações exigidas pelas práticas contábeis adotadas no Brasil que não estejam apresentadas em nenhuma outra parte das demonstrações financeiras; (Incluído pela Lei nº 11.941, de 2009)

III – fornecer informações adicionais não indicadas nas próprias demonstrações financeiras e consideradas necessárias para uma apresentação adequada; e (Incluído pela Lei nº 11.941, de 2009)

IV – indicar: (Incluído pela Lei nº 11.941, de 2009)

a) os principais critérios de avaliação dos elementos patrimoniais, especialmente estoques, dos cálculos de depreciação, amortização e exaustão, de constituição de provisões para encargos ou riscos, e dos ajustes para atender a perdas prováveis na realização de elementos do ativo; (Incluído pela Lei nº 11.941, de 2009)

b) os investimentos em outras sociedades, quando relevantes (art. 247, parágrafo único); (Incluído pela Lei nº 11.941, de 2009)

c) o aumento de valor de elementos do ativo resultante de novas avaliações (art. 182, § 3o); (Incluído pela Lei nº 11.941, de 2009)

d) os ônus reais constituídos sobre elementos do ativo, as garantias prestadas a terceiros e outras responsabilidades eventuais ou contingentes; (Incluído pela Lei nº 11.941, de 2009)

e) a taxa de juros, as datas de vencimento e as garantias das obrigações a longo prazo; (Incluído pela Lei nº 11.941, de 2009)

f) o número, espécies e classes das ações do capital social; (Incluído pela Lei nº 11.941, de 2009)

g) as opções de compra de ações outorgadas e exercidas no exercício; (Incluído pela Lei nº 11.941, de 2009)

h) os ajustes de exercícios anteriores (art. 186, § 1o); e (Incluído pela Lei nº 11.941, de 2009)

i) os eventos subsequentes à data de encerramento do exercício que tenham, ou possam vir a ter, efeito relevante sobre a situação financeira e os resultados futuros da companhia". (Incluído pela Lei nº 11.941, de 2009)

Neste sentido, é possível perceber a quantidade de informações solicitadas que deverão constar em notas explicativas. É importante conhecer também a visão das NBCs sobre essa matéria.

11.3 Aspectos das Normas Brasileira de Contabilidade

A NBC TG 26 (R4) trata das obrigações que serão descritas no relatório da administração, face ao ocorrido no exercício findo das demonstrações contábeis. São elas:

(a) apresentar informação acerca da base para a elaboração das demonstrações contábeis e das políticas contábeis específicas;

(b) divulgar a informação requerida pelos pronunciamentos, orientações e interpretações que não tenha sido apresentada nas demonstrações contábeis; e

(c) prover informação adicional que não tenha sido apresentada nas demonstrações contábeis, mas que seja relevante para sua compreensão.

Esta mesma norma menciona que as notas explicativas serão apresentadas na ordenação ou agrupadas de forma sistemática, no sentido de auxiliar os usuários a compreender as demonstrações contábeis:

❖ dar ênfase para as áreas de atividades que a entidade considera mais relevantes para a compreensão do seu desempenho financeiro e da posição financeira, como agrupar informações sobre determinadas atividades operacionais

❖ agrupar informações sobre contas mensuradas de forma semelhante, como os ativos mensurados ao valor justo; ou

❖ seguir a ordem das contas das demonstrações do resultado e de outros resultados abrangentes e do balanço patrimonial, tais como:

(i) declaração de conformidade com as normas, interpretações e comunicados;

(ii) políticas contábeis significativas aplicadas;

(iii) informação de suporte de itens apresentados nas demonstrações contábeis pela ordem em que cada demonstração e cada rubrica sejam apresentadas; e

(iv) outras divulgações, incluindo: os passivos contingentes e compromissos contratuais não reconhecidos assim como, as divulgações não financeiras.

11.3.1. Quanto a divulgação da Políticas Contábeis

As companhias devem informar suas políticas contábeis significativas de um determinado período, elas compreendem:

(a) a base de mensuração utilizada na elaboração das demonstrações; e

(b) outras políticas contábeis utilizadas que sejam relevantes para a compreensão dos demonstrativos.

11.3.2 Quanto as incertezas das estimativas.

As entidades devem divulgar nas NEs, as informações acerca dos principais pressupostos relativos ao futuro, e outras fontes principais da incerteza das estimativas à data do balanço, que tenham riscos significativos de provocar modificações substanciais nos valores contábeis de ativos e passivos durante o próximo exercício. As NEs devem incluir detalhes informativos acerca:

(a) da sua natureza; e

(b) do seu valor contábil à data do balanço.

11.3.3 Quanto a estrutura do capital

As entidades devem divulgar informações que permitam aos usuários das demonstrações avaliar seus objetivos, políticas e processos de gestão de capital. Logo, a entidade deve divulgar as seguintes informações:

❖ Informações qualitativas sobre os seus objetivos, políticas e processos de gestão do capital, incluindo, sem a elas se limitar, as seguintes:

(i) descrição dos elementos abrangidos pela gestão do capital;

(ii) caso a entidade esteja sujeita a requisitos de capital impostos externamente, a natureza desses requisitos e a forma como são integrados na gestão de capital; e

(iii) como está cumprindo os seus objetivos em matéria de gestão de capital;

- dados quantitativos sintéticos sobre os elementos incluídos na gestão do capital. Algumas entidades consideram alguns passivos financeiros (como, por exemplo, algumas formas de empréstimos subordinados) como fazendo parte do capital, enquanto outras consideram que devem ser excluídos do capital alguns componentes do capital próprio (como, por exemplo, os componentes associados a operações de *hedge* de fluxos de caixa)
- indicação do cumprimento ou não, durante o período, dos eventuais requisitos de capital impostos externamente a que a entidade estiver ou esteve sujeita;
- caso a entidade não tenha atendido a esses requisitos externos de capital, as consequências dessa não observância. Essas informações devem basear-se nas informações prestadas internamente aos principais dirigentes da entidade.

11.3.4 Quanto aos instrumentos financeiros

Neste caso de instrumentos financeiros com opção de venda classificados como instrumentos patrimoniais, a entidade deve divulgar (na extensão em que não tiver divulgado em outro lugar nas demonstrações contábeis):

- dados quantitativos resumidos sobre os valores classificados no patrimônio líquido;
- os objetivos, políticas e os processos de gerenciamento de sua obrigação de recompra ou resgate dos instrumentos quando requerido a fazer pelos seus detentores desses instrumentos, incluindo quaisquer alterações em relação ao período anterior;
- o fluxo de caixa de saída esperado na recompra ou no resgate dessa classe de instrumentos financeiros; e
- informação sobre como esse fluxo de caixa esperado na recompra ou no resgate dessa classe de instrumentos financeiros foi determinado.

11.3.5 Quanto a outras divulgações

A companhia deve divulgar nas notas explicativas:

- ❖ o montante de dividendos propostos ou declarados antes da data em que as demonstrações contábeis foram autorizadas para serem emitidas e não reconhecido como uma distribuição aos proprietários durante o período abrangido pelas demonstrações, bem como o respectivo valor por ação ou equivalente;
- ❖ a quantia de qualquer dividendo preferencial cumulativo não reconhecido.

Caso não sejam divulgadas no relatório contábil, a entidade deve dar transparência em outro local, as seguintes informações:

- ❖ o domicílio e a forma jurídica da entidade, o seu país de registro e o endereço da sede registrada (ou o local principal dos negócios, se diferente da sede registrada);
- ❖ a descrição da natureza das operações da entidade e das suas principais atividades;
- ❖ o nome da entidade controladora e a entidade controladora do grupo em última instância; e
- ❖ se uma entidade constituída por tempo determinado, informação a respeito do tempo de duração.

É importante lembrar que as companhias que utilizam a NBC TG 1.000 (R1) devem tomar como base a seção 8 desta norma.

11.4. Caso prático das NEs da Sobral Invicta S.A

A seguir, apresentaremos um caso prático das Notas Explicativas publicadas pela Sobral Invicta S.A tomando como base a NBC TG 1.000 (R1), conforme Tabela 5. Elas podem ser utilizadas como referência para o profissional de contabilidade fazer a adoção desta norma.

Pode-se concluir que as Notas Explicativas devem ser utilizadas não só pelas empresas que estão utilizando todas as normas da NBC TGs completas (Full IFRS) e empresas de capital aberto, mas também pelas empresas que estão utilizando a NBC TG 1.000 (R1) (CPC PME ou IFRS for SMEs) e ITG 1.000 (Microempresa e Empresa de Pequeno Porte).

Quadro 8: Notas Explicativas

1. INFORMACOES GERAIS NOTAS EXPLICATIVAS DA SOBRAL INVICTA S.A UTILIZANDO A NBC TG 1.000 (R1

A Sobral Invicta S.A (Companhia) é uma empresa industrial e comercial de capital fechado, sua sede está localizada na capital do Estado de São Paulo, com unidade industrial e centro de distribuição na cidade de Pouso Alegre, Estado de Minas Gerais. A Companhia tem por objeto social e atividade preponderante, a indústria e o comércio, interno e internacional, de garrafas e recipientes térmicos em geral, suas partes e componentes, utensílios de metal, plástico e vidro. No exercício de 20X1, iniciou atividades na cidade de Manaus, Estado do Amazonas, empresa controlada denominada Sobral Invicta da Amazônia Indústria de Plásticos Ltda., (Sobral Invicta da Amazônia) com o mesmo objeto social da controladora, exceto pela fabricação de utensílios de vidro.

2. RESUMO DAS PRINCIPAIS PRÁTICAS CONTÁBEIS

Preparação destas demonstrações financeiras estão definidas abaixo. Essas políticas foram aplicadas de modo consistente nos exercícios apresentados, salvo quando indicado de outra forma.

2.1 – Base de preparação e apresentação: As presentes demonstrações financeiras foram aprovadas pelo Conselho de Administração da Companhia em 2 de marco de 20X2. As demonstrações financeiras foram elaboradas e estão sendo apresentadas de **acordo com a NBCs para PMEs**. Elas foram preparadas considerando o custo histórico como base de valor. A preparação de demonstrações financeiras em conformidade com a NBCs para PMEs requer o uso de certas estimativas contábeis críticas e também o exercício de julgamento por parte da administração da Companhia no processo de aplicação das políticas contábeis. As áreas que requerem maior nível de julgamento e possuem maior complexidade, bem como aquelas cujas premissas e estimativas são significativas para as demonstrações financeiras, estão divulgadas na Nota 3.

2.2 - Moeda funcional e moeda de apresentação: Os itens incluídos nas demonstrações financeiras são mensurados usando a moeda do principal ambiente econômico no qual a Companhia atua (moeda funcional). As demonstrações financeiras estão apresentadas em milhares de reais, que é a moeda funcional da Companhia e, também, a sua moeda de apresentação. As operações com moedas estrangeiras são convertidas em moeda funcional com base nas taxas de câmbio vigentes nas datas das transações. Os ganhos e as perdas cambiais resultantes da liquidação dessas transações e da conversão dos ativos e passivos monetários denominados em moeda estrangeira pelas taxas de câmbio do final do exercício são reconhecidos na demonstração do resultado.

2.3 - Caixa e equivalentes de caixa: Caixa e equivalentes de caixa incluem dinheiro em caixa, depósitos bancários, outros investimentos de curto prazo de alta liquidez, com vencimentos originais de até três meses.

2.4 - Instrumentos financeiros: A Companhia opera com diversos instrumentos financeiros, com destaque para disponibilidades, incluindo aplicações financeiras, duplicatas a receber de clientes, contas a pagar a fornecedores e empréstimos e financiamentos. A administração desses instrumentos e efetuada através de estratégias operacionais, visando liquidez, rentabilidade e segurança.

A política de controle consiste em acompanhamento permanente das taxas contratadas. A Companhia não opera com instrumentos financeiros derivativos.

2.5 - Contas a receber de clientes: As contas a receber de clientes são inicialmente reconhecidas pelo valor da transação e subsequentemente mensuradas pelo custo amortizado com o uso do método da taxa de juros efetiva.

2.6 - Estoques: valor líquido de realização, dos dois o menor. O custo é determinado pelo método de avaliação de estoque custo médio ponderado. O custo dos produtos acabados e dos produtos em elaboração compreende os custos de embalagem, matéria-prima, Mão de obra direta, outros custos diretos e as respectivas despesas diretas de produção (com base na capacidade operacional normal). Os estoques são avaliados quanto ao seu valor recuperável nas datas de balanço. Em caso de perda por desvalorização (impairment), esta é imediatamente reconhecida no resultado.

2.7 - Imobilizado: Os itens do imobilizado são demonstrados ao custo histórico de aquisição menos o valor da depreciação e de qualquer perda não recuperável acumulada. O custo histórico inclui os gastos diretamente atribuíveis necessários para preparar o ativo para o uso pretendido pela administração. Os terrenos não são depreciados. A depreciação dos outros ativos é calculada com base no método linear e está de acordo com as expectativas de vida útil dos bens, conforme mencionado na Nota 8. Os valores residuais, a vida útil e os métodos de depreciação dos ativos são revisados e ajustados, se necessário, quando existir uma indicação de mudança significativa desde a última data de balanço. Reparos e manutenção são apropriados ao resultado durante o período em que são incorridos. O custo das principais renovações é incluído no valor contábil do ativo no momento em que for provável que os benefícios econômicos futuros que ultrapassarem o padrão de desempenho inicialmente avaliado para o ativo existente fluirão para a Companhia. As principais renovações são depreciadas ao longo da vida útil restante do ativo relacionado. O valor contábil de um ativo é imediatamente baixado para seu valor recuperável se o valor contábil do ativo for maior que seu valor recuperável estimado. Os ganhos e as perdas em alienações são determinados pela comparação do valor de venda com o valor contábil e são reconhecidos em Outras (despesas) receitas, líquidas na demonstração do resultado.

2.8 - Provisões para perdas por impairment em ativos não financeiros: Os ativos sujeitos à depreciação ou amortização são revisados anualmente para verificação do valor recuperável. Quando houver indício de perda do valor recuperável (*impairment*), o valor contábil do ativo é testado. Uma perda é reconhecida pelo valor em que o valor contábil do ativo exceda seu valor recuperável. Este último é o valor mais alto entre o valor justo de um ativo, menos as despesas de venda, e o valor em uso. Os ativos não financeiros que tenham sofrido redução são revisados para identificar uma possível reversão da provisão para perdas por impairment na data do balanço.

2.9 - Fornecedores: As contas a pagar aos fornecedores são inicialmente reconhecidas pelo valor justo e, subsequentemente, mensuradas pelo custo amortizado com o uso do método de taxa de juros efetiva.

2.10 - Empréstimos: Os empréstimos são inicialmente reconhecidos pelo valor da transação (ou seja, pelo valor a pagar ao banco, incluindo os custos da transação) e subsequentemente demonstrados pelo custo amortizado. As despesas com juros são reconhecidas com base no método de taxa de juros efetiva e incluídas em despesas financeiras. Os empréstimos são classificados como passivo circulante, a menos que a Companhia tenha um direito incondicional de diferir a liquidação do passivo por, pelo menos, 12 meses após a data do balanço.

2.11 - Provisões: As provisões são reconhecidas quando a Companhia tem uma obrigação presente, legal ou não formalizada como resultado de eventos passados, é provável que uma saída de recursos seja necessária para liquidar a obrigação e uma estimativa confiável do valor possa ser feita.

2.12 - Reconhecimento da receita: A receita compreende o valor justo da contraprestação recebida ou a receber pela comercialização de produtos no curso normal das atividades da Companhia. A receita é apresentada líquida de impostos, devoluções, abatimentos e descontos. O montante de receitas é equivalente ao valor das notas fiscais emitidas. A receita pela venda de produtos é reconhecida quando os riscos significativos e os benefícios de propriedades das mercadorias são transferidos para o comprador. A Companhia adota como critério de reconhecimento de receita, portanto, a data em que o produto é entregue ao comprador.

2.13 - Imposto de renda e contribuição social corrente e diferido: O imposto de renda e contribuição social corrente são calculados com base nas leis tributárias vigentes na data de apresentação das demonstrações financeiras, sobre o lucro tributável. O imposto de renda e a contribuição social diferido são calculados com base nas diferenças temporárias entre as bases de cálculo do imposto sobre ativos e passivos e os valores contábeis das demonstrações financeiras. As alíquotas desses impostos, definidas atualmente, são de 25% para o imposto de renda e de 9% para a contribuição social. Os impostos sobre a renda são reconhecidos na demonstração do resultado do exercício.

2.14 - Distribuição de dividendos: A distribuição de dividendos para os acionistas da Companhia é reconhecida como passivo nas demonstrações financeiras, no período em que a distribuição é aprovada por eles, ou quando da proposição do dividendo mínimo obrigatório previsto no Estatuto da Companhia. Os dividendos adicionais propostos estão demonstrados no patrimônio líquido.

3. ESTIMATIVAS E JULGAMENTOS CONTÁBEIS CRÍTICOS

As estimativas e os julgamentos contábeis são continuamente avaliados e baseiam-se na experiência histórica e em outros fatores, incluindo expectativas de eventos futuros. A Companhia faz estimativas e estabelece premissas com relação ao futuro. Por definição, as estimativas contábeis resultantes raramente serão iguais aos respectivos resultados reais. As principais estimativas que apresentam riscos significativos de causar ajustes relevantes nos valores contábeis de ativos e passivos para o próximo exercício estão relacionadas com a vida útil do imobilizado e com as provisões para contingências. A Companhia reconhece provisões para situações em que é provável que valores adicionais de impostos sejam devidos. Quando o resultado final dessas questões for diferente dos valores inicialmente estimados e registrados, essas diferenças afetarão os ativos e passivos fiscais atuais e diferidos no período em que o valor definitivo for determinado.

Os demais itens de 4 a 18 das Notas Explicativas elaboradas pela Sobral Invicta S.A. podem também servir como referência para o profissional de contabilidade.

4. CAIXA E EQUIVALENTES DE CAIXA

	20X1	20X0
Caixa e bancos	3.819	1.628
Aplicações financeiras (i)	53	898
	3.872	**2.526**

(i) As aplicações financeiras estão representadas por aplicações em Certificados de Depósitos Bancários - CDB, com remuneração a taxas que variam de 98% a 100% do Certificado de Depósito Interbancário – CDI. Os prazos para resgate são imediatos, sem ônus para a Companhia.

5. CONTAS A RECEBER DE CLIENTES

	20X1	20X0
Clientes nacionais	29.506	27.023
Clientes do exterior	1.403	1.207
	30.909	28.230

A exposição máxima ao risco de crédito na data de apresentação do relatório é o valor contábil de cada classe de contas a receber mencionadas acima.

6. ESTOQUES

	20X1	20X0
Produtos acabados	5.053	3.715
Produtos em elaboração	4.443	2.734
Matérias-primas e materiais auxiliares	4.112	3.954
Importações em andamento	1.039	1.059
Beneficiamentos por terceiros	708	714
	15.355	12.176

7. IMOBILIZADO

	Terrenos	Edificações e benfeitorias	Máquinas, equipamentos e instalações	Móveis e utensílios	Outros	Obras em andamento	Imobilizado Total
Saldo em 31 de dezembro de 2010							
Custo total	653	9.058	55.494	2.695	2.747	786	71.433
Depreciação acumulada		(7.707)	(35.693)	(1.636)	(2.545)		(47.581)
Valor residual	653	1.351	19.801	1.059	202	786	23.852
Aquisição		370	2.642	524	133		3.669
Baixa			(167)	(7)	(11)	(90)	(275)
Transferência		147	(613)	44	568	(146)	
Depreciação		(132)	(2.649)	(284)	(206)		(3.271)
Saldo em 31 de dezembro de 2011	653	1.736	19.014	1.336	686	550	23.975
Custo total	653	9.575	57.501	3.378	2.841	550	74.498
Depreciação acumulada		(7.839)	(38.487)	(2.042)	(2.155)		(50.523)
Valor residual	653	1.736	19.014	1.336	686	550	23.975

Taxas anuais de depreciação - %

A depreciação do exercício alocada ao custo de produção totaliza R$3.073 (20X0 – R$4.045) e as despesas R$198 (20X0 – R$117).

8. EMPRÉSTIMOS E FINANCIAMENTOS

Modalidades	Encargos	Garantias	20X1	20X0
Finame	TJLP + 2,47% a.a.	Alienação e Aval	1.060	727
FINDES/PRO-INVEST	IPCA + 4,5% a.a.	Aval + Fiança	4.415	4.188
Pré-pagto/Exportação	LIBOR + 6,28% a.a.	Aval + Calção	919	1.306
Finimp	LIBOR + 4,21% a.a.	Nota Promissória	452	498
			6.846	6.719
Passivo circulante			(859)	(976)
Não circulante			5.987	5.743

9. SALÁRIOS E ENCARGOS

	20X1	20X0
Salários e ordenamentos	483	454
Encargos sociais	685	624
Provisão férias	1.994	1.800
Provisão participação dos empregados nos lucro	1.122	1.056
Outros	234	158
	4.518	4.092

A provisão para participação dos empregados nos lucros é constituída com base em metas pré-estabelecidas em acordo coletivo.

10. OBRIGAÇÕES TRIBUTÁRIAS

Referem-se, substancialmente, ao programa instituído pela Lei n°11.941/09, o qual a Companhia aderiu em setembro de 20X0. Os débitos do parcelamento foram consolidados em maio e junho de 20X1 (REFIS IV).

11. PROVISÃO PARA CONTIGÊNCIAS

Nas datas das demonstrações financeiras, a Companhia apresentava os seguintes passivos, e correspondentes depósitos judiciais, relacionados às contingências:

	Provisões para contingências		Depósitos judiciais	
	20X1	20X0	20X1	20X0
Contingências tributárias	1.838	2.239		
Contingências trabalhistas e previdenciárias	356	388	(443)	(169)
reclamação cíveis	276	276	(882)	(680)
	2.470	2.903	(1.325)	(849)

As provisões para contingências estão substancialmente relacionadas com processos tributários, trabalhistas e cíveis que, no julgamento da administração e de seus consultores jurídicos, foram constituídas em montante suficiente para cobrir processos nos quais perdas são consideradas prováveis.

12. IMPOSTO DE RENDA E CONTRIBUIÇÃO SOCIAL

(a) Composição do imposto de renda e contribuição social diferidos: Refere-se a imposto de renda e contribuição social diferidos sobre diferenças temporárias substancialmente relacionadas a provisões. O prazo estimado de realização do ativo está relacionado ao pagamento dessas provisões. O montante de créditos tributários diferido em 20X1 soma R$1.302 (20X0 – R$1.508).

Como a base tributável do imposto de renda e de contribuição social sobre o lucro líquido decorre não apenas do lucro que pode ser gerado, mas também de existência de receitas não tributáveis, despesas não dedutíveis, incentivos fiscais e outras variáveis, não existe uma correlação imediata entre o lucro líquido da Companhia e o resultado de imposto de renda e contribuição social.

Portanto, a expectativa da utilização dos créditos fiscais não deve ser tomada como único indicativo de resultados futuros da Companhia.

(b) Reconciliação da despesa do imposto de renda e contribuição social: A reconciliação entre despesa de imposto de renda e de contribuição social pela alíquota nominal e pela efetiva está demonstrada a seguir:

	20X1	20X0
Lucro antes do imposto de renda e da contribuição social	11.908	9.067
Alíquota nominal combinada do imposto de renda e da contribuição social - %	34	34
Imposto de renda e contribuição social às alíquotas da legislação	(4.049)	(3.082)
Ajuste para cálculo pela alíquota efetiva		
Incentivo fiscal	1.189	
Adições (exclusões) permanentes, líquidas	118	(210)
Outros	(154)	
Despesa de imposto de renda e contribuição social no resultado do exercício	(2.896)	(3.292)

13. PATRIMÔNIO LÍQUIDO

(a) Capital social: O capital social é composto por ações sem valor nominal como segue:

	20X1	20X0
Ações ordinárias	5.040.541.000	5.040.541.000
Ações preferenciais	600.028.879	600.028.879
	5.640.569.879	**5.640.569.879**

As ações preferenciais não têm direito a voto, mas gozam de prioridade na distribuição de dividendos, que não podem ser inferiores aos das ações ordinárias. De acordo com o estatuto social, o dividendo mínimo obrigatório é computado com base em 25% do lucro líquido remanescente do exercício, após constituição da reserva prevista em lei.

(b) Reserva legal e de retenção de lucros: A reserva legal é constituída anualmente com destinação de 5% do lucro líquido do exercício e não poderá exceder a 20% do capital social.

A reserva legal tem por fim assegurar a integridade do capital social e somente poderá ser utilizada para compensar prejuízo e aumentar o capital. Após a constituição da reserva legal e da provisão dos dividendos mínimos obrigatórios, o saldo terá o destino que a Assembleia Ordinária determinar, tendo em vista a proposta da diretoria e a manifestação do Conselho de Administração.

14. RECEITAS DE VENDAS

	20X1	20X0
Receita operacional bruta	164.736	152.864
vendas canceladas	(3.439)	(3.270)
Deduções de vendas	(46.018)	(43.435)
Receita operacional líquida	115.279	106.159

15. RESULTADO FINANCEIRO

	20X1	20X0
Receitas financeiras		
Juros	229	416
Descontos obtidos	319	351
Variação cambial	637	495
	1.185	1.262
Despesas Financeiras		
Juros de empréstimos	(568)	(1.009)
Despesas bancárias	(140)	(159)
Variação monetária	(339)	(309)
Variação cambial	(353)	(283)
Outros	(25)	(17)
	(1.425)	(1.777)
Resultado financeiro líquido	(240)	(515)

16. OUTRAS (DESPESAS) RECEITAS OPERACIONAIS LÍQUIDA

	20X1	20X0
Outras receitas operacionais		
Redução fiscal parcelamento	363	
Recuperação impostos	188	71
Outros	82	60
	633	131
Outras despesas operacionais		
Custo com ociosidade	(142)	(675)
Perdas no recebimento de crédito	(115)	(296)
Outras despesas operacionais	(8)	(46)
	(265)	(1.017)
Total líquido	368	(886)

17. TRANSAÇÕES COM PARTES RELACIONADAS

Em 31 de dezembro de 20X1, a Companhia possuía um saldo a receber de R$1.676 (2010 – R$414), registrado na rubrica de "Outros valores a receber" referente a uma conta corrente mantida junto a controlada Sobral Invicta da Amazônia.

18. SEGUROS

A companhia adota política de contratar cobertura de seguros para os bens sujeitos a riscos, por montantes considerados suficientes para cobrir eventuais sinistros, considerando a natureza de sua atividade.

As premissas de riscos adotadas foram determinadas por orientações de especialistas, que levam em consideração a natureza e o grau desses ricos, em 31 de dezembro de 20X1 e 20X0, a cobertura de seguros contra riscos operacionais era composta da seguinte forma:

Descrição	20X1	20X0
Seguro empresarial	53.500	50.000
RC Estabelecimento, Comercial e Industrial	2.500	2.500
RC Empregador	1.000	1.000
RC Produtos – TN	1.500	2.500
Danos Morais	300	500
	58.800	56.500

A próxima etapa de entendimento é exercitarmos questões de concursos públicos.

11.5 QUESTÕES DE PROVA

1. **(CONTADOR/CFC/17)** Em relação ao conteúdo obrigatório das Notas Explicativas, conforme estabelecido nas Normas Brasileiras de Contabilidade, é CORRETO afirmar que:

a) a divulgação em nota explicativa é suficiente para a correção de erro material com efeito claramente definido, ocorrido na mensuração de um ativo no exercício anterior.

b) as notas explicativas devem ser apresentadas de forma sistemática e devem apresentar o conteúdo do parecer de auditores independentes.

c) uma Sociedade Empresária que revende mercadorias deve divulgar nas Notas Explicativas a relação das mercadorias negociadas pela empresa.

d) uma Sociedade Empresária que revende mercadorias deve divulgar nas Notas Explicativas as políticas contábeis adotadas na mensuração dos estoques.

2. **(CONTADOR/ DPE-MT/15)** De acordo com o Pronunciamento Técnico CPC 26 – Na apresentação das Demonstrações Contábeis, uma entidade deve divulgar, para cada classe de ações do capital, a quantidade de ações autorizadas, a quantidade de ações subscritas e inteiramente integralizadas e as subscritas não integralizadas.

Além de divulgar nota explicativa, essa divulgação deve ser feita

(A) no balanço patrimonial ou na demonstração das mutações do patrimônio líquido.

(B) na demonstração do resultado do exercício ou na demonstração das mutações do patrimônio líquido.

(C) no balanço patrimonial ou na demonstração do valor adicionado.

(D) na demonstração do resultado do exercício ou na demonstração do valor adicionado.

(E) no balanço patrimonial ou na demonstração do resultado do exercício.

3. **(CONTADOR/CFC/16)** De acordo com o que estabelece a NBC TG 26 (R4) – Apresentação das Demonstrações Contábeis, julgue as afirmações abaixo sobre Notas Explicativas como Verdadeiras (V) ou Falsas (F) e, em seguida, assinale a opção CORRETA.

   I. Notas Explicativas contêm informação adicional em relação à apresentada nas demonstrações contábeis. As Notas Explicativas oferecem descrições narrativas ou segregações e aberturas de itens divulgados nessas demonstrações e informação acerca de itens que não se enquadram nos critérios de reconhecimento nas demonstrações contábeis.

   II. A entidade não pode retificar políticas contábeis inadequadas por meio da divulgação das políticas contábeis utilizadas ou por meio de Notas Explicativas ou qualquer outra divulgação explicativa.

III. A entidade cujas Demonstrações Contábeis estão, na maior parte dos requisitos, em conformidade com as normas, interpretações e comunicados técnicos do Conselho Federal de Contabilidade deve declarar de forma explícita e sem reservas essa conformidade nas Notas Explicativas. Entende-se como atendida a maior parte dos requisitos quando setenta e cinco por cento das rubricas do Balanço Patrimonial e Demonstração do Resultado do Exercício estão de acordo com as normas, interpretações e comunicados técnicos do Conselho Federal de Contabilidade.

A sequência CORRETA é:

a)   F, F, V.   b) F, V, F.   c) V, F, V.   d) V, V, F.

4. (CONTADOR/DPE-MT/15) Em 20 de fevereiro de 2014, um incêndio destruiu a fábrica de uma filial da empresa "X", que teve perda de parte importante de suas máquinas.

Em 01 de março de 2014, a administração da empresa autorizou a divulgação das demonstrações contábeis de 31 de dezembro de 2013. Assinale o posicionamento correto da empresa, em relação ao incêndio, nas demonstrações contábeis publicadas em março de 2014.

a) Gerar um ajuste no patrimônio líquido das demonstrações contábeis de 31/12/2013, mas não evidenciar nas notas explicativas.

b) Não gerar ajuste nas demonstrações contábeis, mas evidenciar nas notas explicativas.

c) Não gerar ajustes e nem evidenciar nas notas explicativas

d) Mencionar o fato no Relatório da Administração apenas.

e) Divulgar um fato relevante para o mercado acionário.

5. (CONTADOR/CFC/15) De acordo com a Lei n°.6.404/76 e suas alterações, em relação ao conteúdo das Notas Explicativas, julgue os itens abaixo e, em seguida, assinale a opção CORRETA.

I. As Notas Explicativas não poderão evidenciar as políticas contábeis da empresa, quando estas já tiverem sido apresentadas no Relatório da Administração.

II. As Notas Explicativas devem apresentar informações sobre a base de preparação das demonstrações financeiras e das práticas contábeis específicas selecionadas e aplicadas para negócios e eventos significativos.

III. As Notas Explicativas devem apresentar informações adicionais não indicadas nas próprias demonstrações financeiras e consideradas necessárias para uma apresentação adequada.

Estão CORRETOS os itens:
a) I e II, apenas.
b) I e III, apenas.
c) I, II e III.
d) II e III, apenas.

6. (CONTADOR/CRC- RO/15) O objetivo da Norma NBC TG 26 é definir a base para a apresentação das demonstrações contábeis, para assegurar a comparabilidade tanto com as demonstrações contábeis de períodos anteriores da mesma entidade quanto com as demonstrações contábeis de outras entidades. Observe as seguintes afirmações acerca da NBCTG 26.

I. As notas explicativas contêm informação adicional em relação à apresentada nas demonstrações contábeis. As notas explicativas oferecem descrições narrativas ou segregações e aberturas de itens divulgados nessas demonstrações e informação acerca de itens que não se enquadram nos critérios de reconhecimento nas demonstrações contábeis.

II. Os outros resultados abrangentes compreendem itens de receita e despesa (incluindo ajustes de reclassificação) que são reconhecidos na demonstração do resultado como requerido ou permitido pelas normas, interpretações e comunicados técnicos emitidos pelo CFC.

III. O ajuste de reclassificação é o valor reclassificado para o resultado no período corrente que foi inicialmente reconhecido como outros resultados abrangentes no período corrente ou em período anterior.

Está(ão) correta(s) a(s) afirmativa(s):

a) I e II, apenas.
b) I e III, apenas.
c) III, apenas.
d) I, II e III.
e) II, apenas.

7. **(ANALISTA/TER-MG/15)** As demonstrações contábeis serão complementadas por notas explicativas e outros quadros analíticos ou demonstrações contábeis necessárias para esclarecimento da situação patrimonial e dos resultados do exercício. A Lei das Sociedades por Ações estabelece que as notas explicativas devam indicar as seguintes informações, EXCETO:

a) Os ajustes de exercícios anteriores.
b) Os investimentos em outras sociedades, quando não relevantes.
c) O aumento de valor de elementos do ativo resultante de novas avaliações.
d) Os principais critérios de avaliação dos elementos patrimoniais, especialmente dos estoques, assim como o cálculo de depreciação, amortização e exaustão, de constituição de provisões para encargos ou riscos, e dos ajustes para atender a perdas prováveis na realização de elementos do ativo.

8. **(CONTADOR/CFC/ADAPTADA)** Em relação à inclusão nas Notas Explicativas as Demonstrações Contábeis, aponte os itens abaixo, de acordo com a ITG 1.000 – Modelo Contábil para Microempresa e Empresa de Pequeno Porte, que devem, obrigatoriamente, constar nas Notas Explicativas e, em seguida, assinale a opção **CORRETA**.

I. Declaração explícita e não reservada em conformidade com a ITG 1.000.

II. Descrição resumida das operações da entidade e suas principais atividades.

III. Referência às principais práticas contábeis adotadas na elaboração das demonstrações contábeis.

IV. Descrição resumida das políticas contábeis significativas utilizadas pela entidade.

Está(ão) certo(s) o(s) item(ns):

a) I e II, apenas.
b) I, II, III e IV.
c) II e III, apenas.
d) III, apenas.

9. **(CONTADOR/CFC/ADAPTADA)** Uma empresa apresentou o seguinte Balanço Patrimonial e Demonstração do Resultado, entre outras demonstrações contábeis a serem complementadas por Notas Explicativas.

	20X1	20X0
Ativo		
Circulante		
Caixa e Equivalente de Caixa	R$10.000,00	R$8.000,00
Contas a receber	R$18.000,00	R$16.000,00
Estoque	R$18.000,00	R$14.000,00
Despesas Antecipadas	R$1.000,00	R$2.000,00
Não Circulante		
Imobilizado	R$13.000,00	R$10.000,00
Total do Ativo	**R$60.000,00**	**R$50.000,00**
Passivo		
Circulante		
Fornecedores	R$22.000,00	R$11.000,00
Não Circulante		
Empréstimo a Longo Prazo	R$5.000,00	R$12.000,00
Patrimônio Líquido		
Capital	R$20.000,00	R$20.000,00
Reservas	R$6.000,00	R$6.000,00
Lucros Acumulados	R$7.000,00	R$1.000,00
Total do Passivo e Patrimônio Líquido	**R$60.000,00**	**R$50.000,00**

Capítulo 11 – Notas Explicativas das Demonstrações Contábeis

Em relação às necessidades de informações a serem apresentadas com o objetivo de auxiliar os usuários a compreender as Demonstrações Contábeis, julgue os itens abaixo de acordo com as Normas Brasileiras de Contabilidade em relação ao conteúdo das Notas Explicativas, a serem apresentadas pela empresa e, em seguida, assinale a opção **CORRETA**.

I. A empresa deverá apresentar um resumo das políticas contábeis significativas aplicadas na elaboração das demonstrações contábeis.

II. A empresa deverá identificar as origens e as aplicações de recursos do caixa e equivalente de caixa, identificando o montante gerado nas atividades operacionais, de investimento e financiamentos e, também, a análise das variações dos demais elementos das demonstrações contábeis.

III. A empresa deverá apresentar para o Balanço Patrimonial, exclusivamente, a base de mensuração dos itens de estoque e imobilizado, informando o critério de avaliação de cada item, a realização de testes de recuperabilidade e o percentual de realização desses itens.

IV. A empresa deverá apresentar os objetivos e as políticas de gestão do risco financeiro da entidade aplicável a seus instrumentos financeiros.

Estão CORRETOS apenas os itens:

a) I e III.   b) I e IV.   c) II e III.   d) II e IV.

10. (CONTADOR/CASA DA MOEDA/ADAPTADA) [...] devem indicar: a) os principais critérios de avaliação dos elementos patrimoniais, especialmente estoques, dos cálculos de depreciação, amortização e exaustão, de constituição de provisões para encargos ou riscos, e dos ajustes para atender a perdas prováveis na realização de elementos do ativo. A citação acima é um trecho da Lei no 6.404/1976 e refere- se a

(A) notas explicativas;

(B) método de custeio;

(C) custo dos produtos vendidos;

(D) demonstrações contábeis;

(E) demonstração do resultado do exercício.

11. **(CONTADOR/CFC/ADAPTADA)** Em relação ao conteúdo das Notas Explicativas, de acordo com a NBC TG 26 (R4) – Apresentação das Demonstrações Contábeis, é **INCORRETO** afirmar que o conjunto das Notas Explicativas apresenta:

a) a divulgação da análise dos resultados e da posição financeira da sociedade e o parecer da diretoria.

b) a divulgação de informações requerida pelas normas, interpretações e comunicados técnicos que não tenha sido evidenciada nas demonstrações contábeis.

c) as informações adicionais que não tenham sido evidenciadas nas demonstrações contábeis, mas que sejam relevantes para sua compreensão.

d) as informações sobre a base para elaboração das demonstrações contábeis e das políticas específicas utilizadas.

12. **(ANALISTA/ESAF/ADAPTADA)** Uma empresa encerrou o exercício social em 31.12.2015. Em janeiro de 2016, antes de efetuar a publicação das Demonstrações Contábeis, obtém um empréstimo significativo que irá alterar a sua estrutura de capital. Qual deve ser o procedimento de evidenciação a ser seguido pela empresa para comunicar o fato?

(a) Não é necessário nenhum procedimento específico;

(b) Deve alterar as Demonstrações Contábeis de 31.12.2015;

(c) Apresentar exclusivamente nas Demonstrações Contábeis de 2016;

(d) Evidenciação em Nota Explicativa;

(e) Apresentar como Ajuste de Exercícios Anterior

13. **(CONTADOR/CFC/ADAPTADA)** Em relação às Notas Explicativas e às Demonstrações Contábeis, assinale a opção **INCORRETA**.

a) A entidade deve divulgar nas notas explicativas as fontes principais da incerteza das estimativas à data do balanço que tenham risco significativo de provocar modificação material nos valores contábeis de ativos e passivos durante o próximo.

b) A entidade deve divulgar no resumo de políticas contábeis significativas as bases de mensuração utilizadas na elaboração das demonstrações contábeis e outras políticas contábeis utilizadas que sejam relevantes para a compreensão das demonstrações contábeis.

c) Informação adicional que não tenha sido apresentada nas demonstrações contábeis, mas que seja relevante para sua compreensão, deve ser apresentada nas notas explicativas.

d) Políticas contábeis inadequadas podem ser retificadas por meio da divulgação das políticas contábeis utilizadas ou por notas ou qualquer outra divulgação explicativa.

Capítulo 12
BIBLIOGRAFIA

ANTHONY, R.; REECE, J. S. *Accounting Principles. 6th edition.* Homewood, Illinois: Irwin, 1989.

Azevedo, S. C. P. (2012). *A importância dos fluxos de caixa na análise da solvência, liquidez e viabilidade das empresas.* (Dissertação de mestrado). Instituto Superior de Contabilidade e Administração do Porto.

BRASIL. Conselho Federal de Contabilidade. Resolução CFC 1.374/11 – *NBC TG Estrutura Conceitual* para elaboração e divulgação de relatório contábil e financeiro.

BRASIL. Conselho Federal de Contabilidade. Resolução – NBC TG 03 (R3), de 19 de agosto de 2016. *Diário Oficial [da] República Federativa do Brasil*, Brasília, DF, 22 dez. 2016.

BRASIL. Conselho Federal de Contabilidade. Resolução – NBC TG 04 (R3), de 23 de outubro de 2016. *Diário Oficial [da] República Federativa do Brasil*, Brasília, DF, 06 nov. 2015.

BRASIL. Conselho Federal de Contabilidade. Resolução CFC 1.138/08 – *NBC TG 09.*

BRASIL. Conselho Federal de Contabilidade. Resolução CFC 1.151/09 – *NBC TG 12.*

BRASIL. Conselho Federal de Contabilidade. Resolução CFC 1.152/09 – *NBC TG 13.*

BRASIL. Conselho Federal de Contabilidade. Resolução – NBC TG 16 (R1), de 11 de dezembro de 2013. *Diário Oficial [da] República Federativa do Brasil*, Brasília, DF, 20 dez. 2013.

BRASIL. Conselho Federal de Contabilidade. Resolução – NBC TG 18 (R2), de 23 de outubro de 2015. *Diário Oficial [da] República Federativa do Brasil,* Brasília, DF, 06 nov. 2015.

BRASIL. Conselho Federal de Contabilidade. Resolução – NBC TG 20 (R1), de 23 de outubro de 2015. *Diário Oficial [da] República Federativa do Brasil*, Brasília, DF, 06 nov. 2015.

BRASIL. Conselho Federal de Contabilidade. Resolução – NBC TG 22 (R2), de 23 de outubro de 2015. *Diário Oficial [da] República Federativa do Brasil*, Brasília, DF, 06 nov. 2015.

BRASIL. Conselho Federal de Contabilidade. Resolução – NBC TG 23 (R1), de 11 de dezembro de 2013. *Diário Oficial [da] República Federativa do Brasil*, Brasília, DF, 20 dez. 2013.

BRASIL. Conselho Federal de Contabilidade. Resolução – NBC TG 24 (R1), de 11 de dezembro de 2013. *Diário Oficial [da] República Federativa do Brasil*, Brasília, DF, 20 dez. 2013.

BRASIL. Conselho Federal de Contabilidade. Resolução – NBC TG 25 (R1), de 21 de novembro de 2014. *Diário Oficial [da] República Federativa do Brasil*, Brasília, DF, 01 dez. 2014.

BRASIL. Conselho Federal de Contabilidade. Resolução – NBC TG 26 (R4), de 19 de agosto de 2016. *Diário Oficial [da] República Federativa do Brasil*, Brasília, DF, 22 dez. 2016.

BRASIL. Conselho Federal de Contabilidade. Resolução – NBC TG 27 (R3), de 23 de outubro de 2015. *Diário Oficial [da] República Federativa do Brasil*, Brasília, DF, 06 nov. 2015.

BRASIL. Conselho Federal de Contabilidade. Resolução – NBC TG 28 (R3), de 23 de outubro de 2015. *Diário Oficial [da] República Federativa do Brasil*, Brasília, DF, 06 nov. 2015.

BRASIL. Conselho Federal de Contabilidade. Resolução CFC 1.412/12 – *NBC TG 30*.

BRASIL. Conselho Federal de Contabilidade. Resolução – NBC TG 31 (R3), de 23 de outubro de 2015. *Diário Oficial [da] República Federativa do Brasil*, Brasília, DF, 06 nov. 2015.

BRASIL. Conselho Federal de Contabilidade. Resolução – NBC TG 33 (R2), de 23 de outubro de 2015. *Diário Oficial [da] República Federativa do Brasil*, Brasília, DF, 06 nov. 2015.

BRASIL. Conselho Federal de Contabilidade. Resolução – NBC TG 35 (R2), de 22 de dezembro de 2014. *Diário Oficial [da] República Federativa do Brasil*, Brasília, DF, 26 dez. 2014.

BRASIL. Conselho Federal de Contabilidade. Resolução – NBC TG 37 (R4), de 23 de outubro de 2015. *Diário Oficial [da] República Federativa do Brasil*, Brasília, DF, 06 nov. 2015.

BRASIL. Conselho Federal de Contabilidade. Resolução – NBC TG 38 (R3), de 21 de novembro de 2014. *Diário Oficial [da] República Federativa do Brasil*, Brasília, DF, 01 dez. 2014.

BRASIL. Conselho Federal de Contabilidade. Resolução – NBC TG 39 (R4), de 19 de agosto de 2016. *Diário Oficial [da] República Federativa do Brasil*, Brasília, DF, 22 dez. 2016.

BRASIL. Conselho Federal de Contabilidade. Resolução – NBC TG 40 (R2), de 23 de outubro de 2015. *Diário Oficial [da] República Federativa do Brasil*, Brasília, DF, 06 nov. 2015.

BRASIL. Conselho Federal de Contabilidade. Resolução – NBC TG 41 (R1), de 11 de dezembro de 2013. *Diário Oficial [da] República Federativa do Brasil*, Brasília, DF, 17 abr. 2014.

BRASIL. Conselho Federal de Contabilidade. Resolução CFC 1.315/10 – *NBC TG 43*.

BRASIL. Conselho Federal de Contabilidade. Resolução – NBC TG 44 (R1), de 19 de abril de 2013. *Diário Oficial [da] República Federativa do Brasil*, Brasília, DF, 26 jun. 2013.

BRASIL. Conselho Federal de Contabilidade. Resolução – NBC TG 46 (R1), de 21 de novembro de 2014. *Diário Oficial [da] República Federativa do Brasil*, Brasília, DF, 01 dez. 2014.

BRASIL. Lei n° 6.404, de 15 de dezembro de 1976. Dispõe sobre as Sociedades por Ações. Disponível em: <http://www.planalto.gov.br/> Acesso em 20 de maio de 2017.

COMISSÃO DE VALORES MOBILIÁRIOS. Instrução CVM n° 59, de 22 de dezembro de 1986. Disponível em: <http://www.cvm.gov.br>. Acesso em20 de maio de 2017.

Conselho Federal de Contabilidade. *Princípios Fundamentais e Normas Brasileiras de Contabilidade de Auditoria e Perícia*. Brasília: CFC, 2003.

Costa, Eliezer Arantes. *Gestão Estratégica*. São Paulo: Saraiva, 2002.

Ferreira, Ricardo J. *Contabilidade avançada: teoria e questões comentada, conforme a Lei das S.A, normas internacionais e CPC.* 4ed. Rio de Janeiro: Ed. Ferreira. 2011.

GONÇALVES, Eugênio Celso; BAPTISTA, Antônio Eustáquio, Escrituração. *In_ Contabilidade Geral.* 3ª Ed. São Paulo: Atlas, 1996.

Iudícibus, S. (2010). *Análise de Balanços: análise da liquidez e do endividamento; análise de giro, rentabilidade e alavancagem financeira* (10. ed.). São Paulo: Atlas.

Iudícibus, Sérgio et al. *Manual de Contabilidade Societária.* São Paulo: Atlas, 2010.

Iudícibus, Sérgio de; MARION, José Carlos, *Contabilidade Comercial.* 6ª ed. São Paulo: Atlas, 2004.

Longo, Cláudio Gonçalo. *Manual de auditoria e revisão de demonstrações financeiras:* novas normas brasileiras e internacionais de auditoria. 2 ed. São Paulo: Atlas, 2011.

Marion, José Carlos, *Contabilidade Empresarial.* 10ª ed. São Paulo: Atlas, 2003.

Maciel, Ricardo Ribeiro, IFRS. 1ª ed. Curitiba: Juruá, 2009.

Niyama, Jorge Katsumi, Internacional. 1ª ed. São Paulo: Atlas, 2008.

RESOLUÇÃO CFC N° 1.282/10 – Atualiza e consolida dispositivos da Resolução CFC n.° 750/93, que dispõe sobre os Princípios Fundamentais de Contabilidade. Disponível em: < www.cfc.org.br/sisweb/sre/docs/RES_1282.doc>. Acesso em: 28 de abril de 2017.

Reis, Arnaldo Carlos Rezende. *Demonstração contábeis: estrutura e analise.* 3 ed. São Paulo: Saraiva, 2009.

Sandroni, Paulo. *Novo Dicionário de Economia.* 2ª ed. São Paulo: Editora Círculo do Livro, 1994.

Silva, K. R., & Souza, P. C. (2011). *Análise das demonstrações financeiras como instrumento para tomada de decisões. Revista INGEPRO* – Inovação, Gestão e Produção, 3(1), 67-78.

Riva, E.D., & Salotti, B. M. (2015). *Adoção do Padrão Contábil Internacional nas Pequenas e Médias Empresas e seus Efeitos na Concessão de Crédito. Revista Contabilidade & Finanças - USP,* v. 26, n. 69, p. 304-316. Dezembro, 2015.

Capítulo 13
GABARITOS

Capítulo 4 - Balanço Patrimonial.

1	C	9	A	17	C	25	D
2	B	10	A	18	D		
3	D	11	D	19	A		
4	E	12	C	20	D		
5	D	13	C	21	B		
6	C	14	B	22	C		
7	C	15	A	23	C		
8	D	16	E	24	B		

Capítulo 5 - Demonstração do Resultado do Exercício.

1	A	9	C	17	B
2	B	10	B		
3	C	11	B		
4	C	12	A		
5	C	13	A		
6	D	14	B		
7	C	15	B		
8	C	16	B		

Capítulo 6 - Demonstração de Lucros e Prejuízos Acumulados.

1	A
2	D
3	A
4	B
5	E

Capítulo 7 - Demonstração de Mutação do Patrimônio Líquido.

1	E	8	A
2	C	9	D
3	B	10	A
4	E	11	A
5	A	12	C
6	B	13	C
7	B		

Capítulo 8 - Demonstração do Resultado Abrangente.

1	B
2	B
3	B
4	D

Capítulo 9 - Demonstração do Fluxo de Caixa.

1	A	9	D	17	B	25	E
2	C	10	E	18	B	26	C
3	D	11	C	19	A	27	E
4	B	12	D	20	D	28	D
5	D	13	A	21	A	29	E
6	D	14	D	22	A	30	A
7	A	15	B	23	D		
8	D	16	A	24	B		

Capítulo 10 - Demonstração do Valor Adicionado.

1	E	9	B	17	A
2	C	10	C	18	A
3	E	11	D	19	B
4	B	12	C	20	E
5	C	13	B	21	E
6	C	14	E	22	C
7	A	15	A		
8	B	16	B		

Capítulo 11 – Notas Explicativas.

1	D	6	B	11	A
2	A	7	B	12	D
3	D	8	B	13	D
4	B	9	B		
5	D	10	A		

Capítulo 14
SOLUÇÃO DAS QUESTÕES DE PROVA

Capítulo 4 - Balanço Patrimonial.

1. (CONTADOR/CFC/17)
Vamos analisar item a item da questão, temos:
a) Adiantamentos a Empregados, Capital Subscrito, Fornecedores, Receita de Vendas. **Falsa, pois a conta de adiantamento a empregados é de natureza devedora.**
b) Capital a Integralizar, Empréstimos a Pagar, IPI a Recuperar, Reservas para Contingências. **Falsa, pois as contas de capital a integralizar e IPI a recuperar são de natureza devedoras.**
c) Adiantamentos de Clientes, Depreciação Acumulada, ICMS a Recolher, Salários a Pagar. **Verdadeira! Todas são de natureza credora.**
d) Custos de Transação a Apropriar, Duplicatas Descontadas, Receita de Serviços, Reservas de Lucros a Realizar. **Falsa, pois a conta de custos de transação a apropriar é de natureza devedora.**

Alternativa correta: **C**.

2. (CONTADOR/CFC/16)
As contas classificadas no Ativo Não Circulante são:

Ativo Não Circulante
Realizável a Longo Prazo
Duplicatas a receber – Longo Prazo
Investimentos
Participação em Controlada
Propriedades para Investimento
Ativo Imobilizado
Imóveis de Uso
Ativo Intangível
Marcas e Patentes

Conforme classificação elaborada acima, a alternativa correta: **B**.

3. (CONTADOR/ CODEBA/16)

As contas bancárias negativas com saldo contábil credor não devem ser demonstradas como redução dos demais saldos bancários, mas, separadamente, como um item do passivo circulante, conforme explicado no capítulo 4 deste livro. Este procedimento não se aplica caso tais saldos devedores e credores estejam no mesmo banco e desde que a empresa tenha o direito de compensá-los. Logo, a alternativa correta é a letra **D**.

4. (AFRF/ESAF/ADAPTADA)

De acordo com a determinação da questão, o imóvel da alternativa **E** está classificado de forma **incorreta**, pois sua classificação correta é no subgrupo investimento, do ativo não circulante. Os conhecimentos necessários para solução desta questão foram estudados capítulo 4, seção 4.5 desta obra. Observa-se que no subgrupo investimentos são classificados os direitos de qualquer natureza, não classificáveis no ativo circulante e no ativo realizável a longo prazo, e que não se destinem à manutenção da atividade da companhia.

5. (CONTADOR/DPE - MT/15)

A alternativa correta é letra **D**, como explanado no capítulo 4 da seção 4.7 deste livro, as reservas de capital somente poderão ser utilizadas para:

I - absorção de prejuízos que ultrapassarem os lucros acumulados e as reservas de lucros;
II - resgate, reembolso ou compra de ações;
III - resgate de partes beneficiárias;
IV - incorporação ao capital social;
V - pagamento de dividendo a ações preferenciais, quando essa vantagem lhes for assegurada, pois em nenhuma hipótese a reserva de capital pode ser utilizada para pagamento de contingências em situação de organização societária.

6. (ICMS-SP/FCC/ADAPTADA)

Alternativa correta é **C**, pois para ser contabilizado como intangível, de acordo como o capitulo 4, o ativo intangível precisa atender aos seguintes requisitos, conforme NBC TG 04 (R3): ser identificável, controlado e gerador de benefícios econômicos futuros; que podem incluir a receita da venda de produtos ou serviços, redução de custos ou outros benefícios resultantes do uso do ativo pela própria companhia.

7. (CONTADOR/CPD - Porto Alegre – RS/14)

Conforme comentado no capítulo 4 da seção 4.7 do livro, a reserva de contingência tem por finalidade compensar, em exercício futuro, a diminuição do lucro decorrente da perda julgada provável, cujo valor possa ser estimado.

Alternativa correta: **C**.

8. (CONTADOR/CFC/ADAPTADA)

Os estoques compreendem bens adquiridos e destinados à venda, incluindo, por exemplo, mercadorias compradas por um varejista para revenda ou terrenos e outros imóveis para revenda.

Os estoques também compreendem produtos acabados e produtos em processo de produção pela entidade e incluem matérias-primas e materiais aguardando utilização no processo de produção, tais como: componentes, embalagens e material de consumo.

Os estoques devem ser mensurados pelo valor de custo ou pelo valor realizável líquido, dos dois o menor. Logo, a alternativa correta: **D**.

9. (CONTADOR/CFC/ADAPTADA)

A reserva legal tem por objetivo proteger o capital social da empresa e representa uma conta do subgrupo da reserva de lucro.

De acordo com o capítulo 4 na seção 4.7 deste livro, serão destinados 5% do lucro líquido para constituição desta reserva, e ainda, estabelece dois limites para saldo da reserva legal.

O primeiro é chamado de limite obrigatório, pois deve ser compulsoriamente observado, de forma que não exceda a 20% (vinte por cento) do capital social realizado.

O segundo é o limite facultativo, pois, se a companhia desejar, poderá constituir a reserva legal ainda que este limite seja ultrapassado.

Segundo a lei, a companhia poderá deixar de constituir a reserva legal quando o saldo dessa reserva, acrescido do montante das reservas de capital, não exceder o valor de 30% do capital social.

- Capital social R$ 150.000,00 x 20% = R$ 30.000,00
- Saldo não pode ultrapassar R$ 30.000,00
- Saldo anterior reserva legal = R$ 26.000,00
- Valor a ser registrado = R$ 4.000,00

Alternativa correta: **A**.

10. (CONTADOR/JUNIOR/PETROBRAS)

A lei 6.404/76 no artigo 299 - A, discorre que o saldo existente em 31 de dezembro de 2008 no ativo diferido que, pela sua natureza, não puder ser alocado a outro grupo de contas, poderá permanecer no ativo sob essa classificação até sua completa amortização, sujeito à análise sobre a recuperação de que trata o § 3o do art. 183 desta Lei. (Incluído pela Lei n° 11.941, de 2009), logo, a resposta correta é letra **A**.

11. (CONTADOR/CFC/ADAPTADA)

Ao analisar a relação das contas e classificá-las de maneira correta, observamos que a conta **duplicata descontada** deverá seguir a classificação que é sugerida na NBC TG 38 (R3). Tal norma menciona que a entidade que vende, desconta ou transfere um ativo financeiro (venda ou desconto de carteira de recebíveis, por exemplo), só pode baixá-lo se transferir substancialmente todos os riscos e benefícios da propriedade do ativo financeiro e se não mantiver envolvimento continuado com ele.

Caso contrário, a entidade deve manter os instrumentos financeiros no ativo e tratar o valor recebido como empréstimo. A essência da transação é que deve ser retratada contabilmente.

Assim, as duplicatas descontadas (parcela recebida do desconto) são agora classificadas como passivo, sendo que a duplicata a receber continua a ser mantida no ativo até o seu efetivo recebimento.

Então temos no Ativo:

CONTAS	SALDOS
Bancos Conta Movimento	R$25.000,00
Caixa	R$10.000,00
Depreciação Acumulada	(R$15.000,00)
Duplicatas a receber	R$47.000,00
Estoques de Mercadorias	R$28.000,00
ICMS a recuperar	R$2.000,00
Investimentos em Coligadas	R$49.000,00
Veículos de Uso	R$39.000,00
TOTAL	R$ 185.000,00

Alternativa correta: **D**.

12. (CONTADOR/CFC/ADAPTADA)

Ao correlacionar uma coluna com a outra, temos a seguinte definição:

- ✓ Ativos mantidos para uso na produção ou fornecimento de mercadorias ou serviços para aluguel a outros ou para fins administrativos e que se espera utilizar por mais de um período. **Esta é a definição do Imobilizado, ou seja (3);**
- ✓ Ativos que serão realizados vendidos consumidos no decurso normal do operacional da entidade mantidos essencialmente com propósito de ser negociados. **Corresponde a (1) ativo circulante;**
- ✓ Ativos não monetários sem substâncias físicas identificáveis controlados e geradores de benefícios econômicos futuros tais como: projeto e implantação de novos processos ou sistemas. **Está definido pela NBC TG 04 (R3). Corresponde a Intangível (4);**
- ✓ Ativos mantidos para a obtenção de rendas ou desvalorização do capital ou para ambas tais como: terrenos mantidos para valorização de capital a longo prazo e não para venda a curto prazo no curso ordinário dos negócios. **Corresponde a Investimentos (2).** Alternativa correta: **C**.

13. (CONTADOR/CFC/ADAPTADA)

Nesta questão, é importante segregar as contas de resultado das patrimoniais, pois o resultado do exercício comporá o saldo do patrimônio líquido. Veja:

DEMONSTRAÇÃO DO RESULTADO DO EXERCICIO

(+) Venda de Mercadorias... R$ 840.000,00
(-) Tributos Sobre as Vendas..(R$ 96.000,00)
(=) Receita Liquida de Vendas..................................... R$ 744.000,00
(-) Custo das Mercadorias Vendidas .... (R$ 504.000,00)
(=) Lucro Bruto.. R$ 240.000,00
(-) Despesas Administrativas .... (R$ 33.600,00)
(-) Despesas financeiras .... (R$ 40.800,00)
(=) Lucro antes dos Impostos......................................R$ 165.600,00
(-) Tributos sobre o Lucro.. (R$ 36.000,00)
**(=) Resultado do exercício que vai para o
Patrimônio líquido ....R$ 129.600,00**

PATRIMÔNIO LÍQUIDO

Capital Subscrito .... R$ 250.000,00
Capital a Integralizar .... (R$ 30.000,00)
Reserva de lucros .... R$ 9.600,00
Resultado do exercício .... R$ 129.600,00
Total Patrimônio Líquido .... **R$ 359.200,00**

É importante ressaltar que, quando o resultado do exercício for positivo, o mesmo deverá ser distribuído como dividendos ou remanejado para as reservas de lucro. Alternativa correta: **C**.

14. (CONTADOR/CFC/ADAPTADA)

A composição do Patrimônio líquido é:

Saldo Inicial = 100.000,00 – 40.000,00 +1.800,00 + 4.320,00 = R$ 66.120,00

- Integralização de Capital .... R$ 15.000,00
- Reserva Legal (5% de 45.000,00) .... R$ 2.250,00
- Reserva de Contingência (12% de 45.000,00) .... R$ 5.400,00

Logo, o total do Patrimônio Líquido será R$ 88.770,00, o restante do lucro já foi destinado no passivo como dividendos a pagar e por isso não inclui no patrimônio líquido. Alternativa correta: **B**.

15. (CONTADOR/CFC/17)

De acordo com a NBC TG 16 (R1), o valor dos estoques deve-se apurar o menor valor entre: valor realizável líquido (preço de venda menos os gastos com a venda) e o valor do custo de aquisição. Então:

Tipo de mercadoria	Estoque mensurado ao custo de aquisição	Preço de venda estimado	Despesas necessárias para concretizar a venda
1	10.000,00	16.000,00	4.000,00
2	22.000,00	20.000,00	5.000,00
3	16.000,00	24.000,00	6.000,00
Total	48.000,00	60.000,00	15.000,00

Tipo de mercadoria	Custo de aquisição	Valor realizável liquido
1	10.000,00	12.000,00
2	22.000,00	**15.000,00**
3	16.000,00	18.000,00
Total dos estoques	41.000,00	

Alternativa letra: **A**

16. (AFC/TCU/ESAF/ADAPTADA)

O empréstimo a administrador ou acionista caracteriza crédito proveniente de negócio não usual com pessoa ligada. A classificação do crédito, no valor de R$6.000,00 deve ser feita no ativo realizável a longo prazo, conforme comentado nesta obra na seção 4.5: "São os direitos realizáveis após o término do exercício seguinte, ou direitos derivados de adiantamentos, empréstimos e vendas a administradores, sociedades coligadas e controladas, sócios, diretores."

Como também os adiantamentos ou empréstimos a sócios/administradores, desde que não seja atividade principal da empresa".

Apesar da venda das ferramentas ter sido feita a um diretor, como essa operação é usual na exploração da atividade da companhia, a classificação do crédito deve ser efetuada de acordo com o prazo previsto para recebimento. Em virtude das três notas promissórias, que somam R$1.800,00, serem vencíveis no término do exercício seguinte, sua a classificação é no ativo circulante.

Alternativa letra: **E**

17. (AFPS/ESAF/ADAPTADA)

As provisões podem ser de duas espécies: (i) aumentativas do passivo exigível e (ii) retificadora do ativo. As duas tem como contrapartida a conta de despesa com provisão. Alternativa correta: **C**

Capítulo 14 – Solução das Questões de Prova   185

18. (INSS/ESAF/ADAPTADA)

O passivo exigível e constituído pelos grupos do passivo circulante e não circulante, logo:

Títulos a pagar .... R$70.000,00
Impostos a pagar .... R$5.000,00
Fornecedores .... R$37.000,00
Alugueis ativos a vencer .... R$700,00
Total .... **R$112.700,00**

Alternativa correta: **D**

19. (TFC/SFC/ESAF/ADAPTADA)

As doações e subvenções recebidas sem nenhuma condição ou as que exigem contrapartida, deverão ser lançadas inicialmente na receita operacional e posteriormente, reclassificadas para a reserva de lucro (dentro da reserva de incentivos fiscais), conforme explicado no capítulo 4 da seção 4.7 desta obra.

Alternativa correta: **A**

20. (CONTADOR/BR Distribuidora/ADAPTADA)

As contas que compõem o patrimônio líquido, de acordo com o inciso III no artigo 178 da lei 6.404/76 e suas atualizações, explicitado no capítulo 4 desta obra, serão classificadas segundo os elementos do patrimônio e serão agrupadas de modo a facilitar o conhecimento e a análise da situação financeira da companhia.

III – patrimônio líquido, dividido em capital social, reservas de capital, ajustes de avaliação patrimonial, reservas de lucros, ações em tesouraria e prejuízos acumulados. (Incluído pela Lei nº 11.941, de 2009)

Alternativa correta: **D**

21. (AFRF/ESAF/ADAPTADA)

O prejuízo do exercício deve ser obrigatoriamente absorvido pelos lucros acumulados e pelas reservas de lucros, sendo a última delas a reserva legal. O prejuízo que exceder aos lucros acumulados e as reservas de lucros poderá ser compensado com a reserva de capital (lei 6.404/76, artigos 189 parágrafos único e 200).

Alternativa correta: **B**

22. (CONTADOR/CFC/ADAPTADA)

As contas que são classificadas em propriedade para investimento (terreno, edifício ou parte) são mantidas pelo proprietário ou pelo arrendatário em arrendamento financeiro, com objetivo de auferir aluguel ou para valorização do capital ou para ambas.

Logo, as contas que serão classificadas como ativo não circulante do subgrupo investimentos, no balancete apresentado na questão são:

❖ Propriedades para Investimento R$5.000,00;

❖ Participação Societária em Empresas Controladas R$17.500,00;

❖ Participações Permanentes no Capital de Outras Empresas R$1.500,00

Resposta ao enunciado é (R$ 5.000 + R$ 17.500 + R$ 1.500 = R$ 24.000)

Alternativa correta: **C**

23. (ANALISTA CONTÁBIL/EPE/ADAPTADA)

Em cada exercício, a reserva legal deve constituída em 5% do lucro líquido (até o limite de 20% do capital social realizado), o que corresponderia a R$140.000,00 X 5% = R$7.000,00, nesta questão. Porém, se somarmos esse valor a reserva legal já existente, o total será igual a R$ 24.000,00 + R$ 7.000,00 = R$31.000,00, superior, portanto aos 20% do capital social realizado: R$ 150.000, 4.700 X 20%= R$30.000,00.

Como esse limite do capital não pode ser ultrapassado, a reserva legal do exercício deve ser R$6.000,00. Desse modo, o saldo da reserva legal alcançará os 20% do capital social realizado. Vide seção 4.7 do capítulo 4 deste livro.

Alternativa correta: **C**

24. (ANALISTA/UNIRIO/2017)

A questão nos reporta ao item 9 da NBC TG 26 (R4), visto que menciona que as demonstrações contábeis são uma representação estruturada da posição patrimonial e financeira, bem como do desempenho da entidade. Para satisfazer a este objetivo, as demonstrações proporcionam as informações da entidade:

(I) ativos;

(II) passivos;

(III) patrimônio líquido;

(IV) receitas e despesas, incluindo ganhos e perdas;

(V) alterações no capital próprio mediante integralizações dos proprietários e distribuições a eles; e

(VI) fluxos de caixa.

Essas informações e **outras igualmente relevantes, constam nas notas explicativas (NE)** auxiliando aos usuários nas tomadas de decisões, de forma tempestiva. Logo, alternativa correta letra **B**.

25. (ANALISTA/TRE/2017)

Esta questão trata dos Ativos não circulantes, mais precisamente o subgrupo do realizável a longo prazo. Conforme explicado no capítulo 4, seção 4.5 deste livro, as contas desse subgrupo são classificadas da seguinte forma:

Os direitos realizáveis após o término do exercício seguinte, tais como (i) derivados de vendas, (ii) adiantamentos ou empréstimos às sociedades coligadas ou controladas, diretores, acionistas e, (iii) participantes no lucro da companhia, **que não** constituírem negócios usuais na exploração do objeto da companhia (ou seja, atividade fim da companhia). Alternativa correta: **D**.

26.(CONTADOR/CFC/ADAPTADA)

A classificação das contas do Patrimônio Líquido deve-se aplicar percentual da participação do sócio "B" que está sendo excluído da sociedade. O quadro a seguir demonstra esses valores.

Itens do PL	Valor (R$)	%	Haveres (R$)
Capital Soc. Subscrito	220.000,00	12%	26.400,00
Reserva de Lucro	50.000,00	12%	6.000,00
Prejuízo Acumulado	(40.000)	12%	-4.800,00
Lucro Apurado	80.500	12%	9.660,00
Total Haveres	310.500,00		37.260,00

Alternativa correta: **C**

27.(CONTADOR/CFC/ADAPTADA)

Nesta questão deve-se realizar os ajustes com base nas novas normas:

D - Propriedade para Investimento - 700.130,10
C - Ajuste de Avaliação Patrimonial (PL) - 700.130,10
D - Perda por desvalorização do Ativo (DRE) - 143.361,73
C - Perda estimada por valor não recuperável (Redutora do ativo) - 143.361,73
Apuração de Haveres do Sócio:

Itens do PL	Valor (R$)	%	Haveres (R$)
Capital Soc. Realizado	121.260,00	20%	24.252,00
Prejuízo Acumulado	-653.841,66	20%	-130.768,33
Ajuste Avalição Patrimonial	700.130,1	20%	140.026,02
Total Haveres			33.509,69

Cabe ressaltar, que os ajustes feitos a partir dos lançamentos contábeis e ter atenção com apuração do Patrimônio Líquido ajustado. O ativo menos o passivo será o Patrimônio Líquido.

Alternativa correta: **A**

Capítulo 5 - Demonstração do Resultado do Exercício

1. (CONTADOR/CFC/17)

Para encontramos o lucro bruto, temos que elaborar uma parte da Demonstração do Resultado do Exercício - DRE, como explicamos no capítulo 5 deste livro. Sendo assim, elaboramos abaixo a DRE até encontramos o lucro bruto.

DEMONSTRAÇÃO DO RESULTADO DO EXERCÍCIO	
Faturamento bruto de vendas	800.000,00
(-) Deduções e Abatimentos	(118.000,00)
Vendas canceladas	(25.000,00)
ICMS sobre vendas	(93.000,00)
(=) Faturamento Líquido	682.000,00
(-) Custos da Mercadoria Vendida	(560.000,00)
(=) Lucro Bruto	122.000,00

Alternativa correta: **A**.

2. (CONTADOR/CFC/17)

O valor a ser divulgado como receita na Demonstração do Resultado, de acordo com a NBC TG 30 no item 7, é o ingresso bruto de benefícios econômicos apurados durante o período observado no curso das atividades ordinárias da companhia, e que resultam no aumento do seu patrimônio líquido, exceto os aumentos de patrimônio líquido relacionados às contribuições dos proprietários.

Cumpre mencionar que, o item 8 da norma em epígrafe, prevê a divulgação da receita na demonstração do resultado incluindo somente os ingressos brutos de benefícios econômicos recebidos e a receber pela companhia, quando originários de suas próprias atividades.

As quantias cobradas por conta de terceiros, tais como: tributos sobre vendas, bens e serviços e sobre valor adicionado, não são benefícios econômicos que fluam para a companhia, logo, não resultam em aumento do patrimônio líquido, **devendo ser excluídos da receita**.

Sendo assim, a resposta correta é letra **B**, vide resolução abaixo:

DEMONSTRAÇÃO DO RESULTADO DO EXERCÍCIO	
Receita bruta de vendas	300.000,00
(-) Deduções e Abatimentos	(103.800,00)
Abatimento sobre vendas	(15.000,00)
Devoluções de vendas	(6.000,00)
Descontos Incondicionais	(1.050,00)
ICMS sobre vendas	(54.000,00)
COFINS sobre Faturamento	(22.800,00)
PIS sobre Faturamento	(4.950,00)
(=) Receita Líquida	196.200,00

3. (CONTADOR/CODEBA/16)

A segregação dos resultados entre operacional e não operacional na DRE, deixou de existir com a publicação da Lei 11.941/09, com seu artigo 187, inciso IV. A partir do exercício de 2008, os normativos fazem referência apenas à segregação das atividades em continuadas e não continuadas, conforme explicado no capítulo 5 deste livro.

Assim, passam a ser reconhecidas como outras receitas e despesas operacionais os ganhos ou perdas que decorrem de transações que não constituam as atividades ordinárias da companhia, ou seja, o conceito de lucro operacional engloba os resultados das atividades principais e acessórias.

Alternativa correta é letra **C**.

4. (CONTADOR/CFC/16)

Para encontramos o lucro bruto temos que elaborar uma parte da DRE, conforme explicitado no capítulo 5 e corroborando com o que determina a Lei 6.404/76 e suas alterações, o que menciona o artigo 187: a demonstração do resultado do exercício discriminará:

I - a receita bruta das vendas e serviços, as deduções das vendas, os abatimentos e os impostos;

II - a receita líquida das vendas e serviços, o custo das mercadorias e serviços vendidos e o lucro bruto;

Entretanto, para concluirmos esta questão temos que identificar o custo da mercadoria, através da fórmula: CMV= EI- CL-EF, sendo:

CMV - Custo das Mercadorias Vendidas;

EI – Estoque Inicial;   CL – Compras Líquidas;   EF – Estoque Final.

Para aplicar a fórmula mencionada acima, devemos desmembrar as compras liquidas, pois na questão o examinador não passou essa informação. Então, para chegar as compras líquidas, utilizaremos a seguinte informação: CL= CB – tributos s/ compras – abatimento e descontos sobre compras+frete sobre compras:

APURAÇÃO DO CUSTO DO ESTOQUE	
Valor de aquisição das mercadorias – Compras Brutas	90.000,00
(-) Tributos sobre compras – recuperáveis	(6.000,00)
(-) Abatimentos sobre compras	(7.000,00)
(+) Fretes sobre compras	5.000,00
= Compras Líquidas	82.000,00

Assim, utilizando a fórmula inicial, temos: CMV= 0,00+82.000,00-0,00. Logo, o CMV é 82.000,00. Agora é só elaborar a DRE, veja:

DEMONSTRAÇÃO DO RESULTADO DO EXERCÍCIO	
Venda de Mercadorias	180.000,00
(-) Deduções e Abatimentos	(40.000,00)
Abatimento sobre Vendas	(10.000,00)
Tributos Sobre Vendas	(30.000,00)
(=) Receitas Líquida	140.000,00
(-) Custos das Mercadorias Vendidas	(82.000,00)
(=) Lucro Bruto	58.000,00

Alternativa letra: C.

5. (CONTADOR/DPE- MT/15)

Ao analisar a questão, o examinador não mencionou o tempo do contrato, sendo que estimou custos totais do período e o quanto efetivamente foi gasto no exercício de 2013. Logo, para encontrarmos o percentual aplicado, podemos realizar o cálculo utilizando o método de regra de três simples:

R$ 500.000,00 ----------100%
R$ 80.000,00 ------------ X%
X= 16%

Sendo assim utilizaremos o mesmo procedimento para a receita

R$ 800.000,00 --------------- 100%
R$ X ----------------------------- 16%
X= R$ 128.000,00.

Portanto, o lucro bruto, em 2013, da empresa será:
Receita - R$ 128.000,00
(-) Custo – (R$ 80.000,00)
(=) Lucro bruto – R$ 48.000,00
Alternativa correta: **C**.

6. (CONTADOR/CFC/16)

De acordo com a NBC TG 26 (R4) no item 82, alínea (ea), além dos itens requeridos em outras normas, a demonstração do resultado do período deve, no mínimo, incluir as seguintes rubricas, obedecendo também as determinações legais:

[...]

(ea) um único valor para o total de operações descontinuadas, conforme NBC TG 31(R3);

Logo, no item 1 da NBC TG 31 (R3), é informado que a contabilização de ativos não circulantes mantidos para venda (colocados à venda) é apresentada e divulgada de forma segregada nas operações descontinuadas. Sendo assim, a DRE será apresentada da seguinte forma de acordo com as NBCs.:

DEMONSTRAÇÃO DO RESULTADO DO EXERCÍCIO	31.12.2015
Operações em continuidade	
Receita Bruta	662.466,00
(-) Deduções da Receita	(57.415,00)
Tributos sobre Vendas	(39.749,00)
Vendas Canceladas	(17.666,00)
(=) Receita Líquida	605.051,00
(-) Custo da Mercadorias Vendidas	(154.575,00)
(=) Lucro bruto	**450.476,00**
(-) Despesas Operacionais	(163.409,00)
Despesas com Vendas	(77.288,00)
Despesas administrativas	(86.121,00)
(=) Lucro antes do Resultado Financeiro	287.067,00
Resultado Financeiro	(2.209,00)
(+) Receitas Financeiras	13.249,00
(-) Despesas Financeiras	(15.458,00)
(=) Lucro antes dos tributos	284.858,00
(-) Provisão para IR e CS	-
(=) Lucro das Operações Continuadas	284.858,00
Operações descontinuadas	**(48.581,00)**
(-) Perdas das Operações Descontinuadas	(48.581,00)
(=) Lucro Líquido do Período	236.277,00

Alternativa correta: **D.**

7. (CONTADOR/CFC/15)

Essa questão segue a mesma lógica da anterior, conforme mencionado no capítulo 5 da seção 5.3 desta obra, as operações descontinuadas deverão ser apresentadas separadamente na demonstração do resultado. Logo, a DRE ficará da seguinte forma:

DEMONSTRAÇÃO DO RESULTADO DO EXERCÍCIO	2014
Operações em continuidade	
Receita Bruta	160.000,00
(-) Deduções da Receita	(33.040,00)
(=) Receita Líquida	126.960,00
(-) Custo dos produtos vendidos	(80.000,00)
(=) Lucro bruto	46.960,00
(-) Despesas Comerciais	(3.000,00)
(-) Despesas administrativas	(10.000,00)
(+) Ganho por equivalência patrimonial	5.000,00
(=) Lucro antes do Resultado Financeiro	38.960,00
(+) Receita financeira	3.000,00
(=) Lucro antes dos tributos	41.960,00
(-) Imposto de Renda e Contribuição Social	(7.000,00)
Lucro do período proveniente de operações em continuidade	34.960,00
Operações descontinuadas	
Resultado positivo Liquido de operações descontinuadas	3.800,00
(=) Lucro líquido do período	38.760,00

Alternativa correta: **C.**

8. (CONTADOR/CASA DA MOEDA/ADAPTADA)

De acordo com a solicitação da questão, o examinador requer apenas as receitas operacionais líquidas, isto é, vendas brutas menos as deduções. Veja:

DEMONSTRAÇÃO DO RESULTADO DO EXERCÍCIO	
Vendas brutas	100.000,00
(-) Devoluções de vendas	(10.000,00)
(-) Descontos concedidos incondicionalmente	(2.000,00)
(-) Impostos incidentes sobre vendas	(15.000,00)
(=) Vendas líquidas	73.000,00

Alternativa correta: **C**.

9. (Auditor Júnior/REFAP/ADAPTADA)

Para encontrar a resposta dessa questão, o leitor tem que conhecer os artigos 187 inciso VI, 189 e 190 da lei 6.404/76 com suas alterações. Essas participações e contribuições devem ser contabilizadas na própria data do balanço, debitando-se as contas respectivas de participações em resultados e creditando-se as contas no Passivo Circulante.

A forma de cálculo das participações está descrita no artigo 189 da Lei das Sociedades por Ações, estabelecendo que serão deduzidos, antes de qualquer participação, os prejuízos acumulados e a provisão para o imposto sobre a renda.

Já o artigo 190 da citada lei, define que as participações estatutárias de empregados, administradores e partes beneficiarias serão determinadas, sucessivamente e nessa ordem, com base nos lucros que remanescerem depois de deduzida a participação anteriormente calculada.

Observa-se que nesse artigo, o legislador deixou de mencionar as participações das debêntures, mas, conforme exposto no art. 187, os mesmos seriam incluídos antes dos empregados.

Desta forma, os cálculos das participações não serão feitos sobre o mesmo valor, pois se calcula primeiramente a participação das debêntures; do lucro restante, após deduzir a participação das debêntures, calcula-se a participação dos empregados; do lucro agora remanescente, aos administradores, e do saldo remanescente calcula-se, as partes beneficiárias. Assim, a base de cálculo, extra contábil, ficará da seguinte forma:

Lucro antes das participações .... R$259.000,00
(-) Debêntures – 10% .... (R$ 25.900,00)
(=) Base de cálculo para as participações
  dos empregados – .... R$ 233.100,00
(-) empregados – 10% .... (R$ 23.310,00)
(=) Base de cálculo para as participações
  dos administradores .... R$ 209.790,00
(-) Administradores – 10% .... (R$ 20.979,00)
(=) Base de cálculo para as partes beneficiárias .... R$ 188.811,00
(-) Partes beneficiárias – 10% .... (R$ 18.881,10).

Após efetuar o cálculo das participações extra contábil, o responsável poderá continuar a elaborar a DRE, então:

Lucro antes das participações .... R$ 259.000,00
(-) Participações .... **(R$ 89.070,00)**
  (-) Debêntures .... R$ 25.900,00
  (-) Empregados .... R$ 23.310,00
  (-) Administradores .... R$ 20.979,00
  (-) Partes beneficiárias... R$ 18.881,00
(=) Lucro líquido .... **R$ 169.930,00**
Alternativa correta: **C**.

10. (CONTADOR/CFC/ADAPTADA)

Nesta questão, temos que identificar o custo das mercadorias, através da formula: CMV= estoque inicial+compras-tributos recuperáveis--estoque final.

CMV= 6.250+16.000-2.400-10.250.

CMV= 9.600.

DEMONSTRAÇÃO DO RESULTADO DO EXERCÍCIO	
RECEITA BRUTA	R$ 18.500,00
(-) IMPOSTOS SOBRE VENDAS	R$ (2.775,00)
RECEITA LIQUIDA	R$ 15.725,00
(-) CMV	R$ (9.600,00)
LUCRO BRUTO	R$ 6.125,00
(-) DESPESA C/ SALÁRIO	R$ (4.000,00)
(-) DESPESA C/ ENCARGOS TRAB.	R$ (480,00)
LUCRO DO EXERCÍCIO	R$ 1.645,00

Alternativa correta: **B**.

11. (CONTADOR/CASA DA MOEDA/ADAPTADA)

Para encontramos o lucro bruto, temos que elaborar uma parte da DRE. De acordo com o artigo 187 da Lei 6.404/76, a DRE deverá descriminar:

I - a receita bruta das vendas e serviços, as deduções das vendas, os abatimentos e os impostos;

II - a receita líquida das vendas e serviços, o custo das mercadorias e serviços vendidos e o lucro bruto;

Alternativa correta: **B**.

12. (CONTADOR/CFC/ADAPTADA)

Esta questão nos reporta aos princípios contábeis, mais precisamente ao princípio da competência, que diz que as despesas e receitas devem ser contabilizadas como tais, no momento de sua ocorrência, independentemente do seu pagamento ou recebimento. Logo, alternativa correta: **A**.

13. (CONTADOR/CFC/ADAPTADA)

A partir das informações descritas na questão, elaboramos a DRE de acordo com as práticas contábeis adotadas no Brasil (Legislação Societária, NBC TG26 (R4), veja:

Demonstração de Resultado do Exercício

Receita Bruta de Vendas .... R$ 235.000,00
(-) Deduções...R$ (18.200,00)
Vendas Cancelada .... (R$ 1.750,00)
ICMS sobre Vendas.. (R$ 16.450,00)
(=) Receita Líquida de Vendas...................................... R$ 216.800,00
(-) Custo das Mercadorias Vendidas .... R$ (78.530,00)
(=) Lucro Bruto .... R$ 138.270,00
(-) Despesas Operacionais .... R$ 77.740,00
   Despesas com Vendas ....R$ (43.510,00)
   Despesas Administrativas ....R$ (13.740,00)
   Despesas Gerais ....R$ (21.820,00)
   Outras Despesas Operacionais ....R$ (2.120,00)
(+) Receita de Equivalência Patrimonial .... R$ 3.450,00
(=) Lucro Operacional antes do Resultado Financeiro . R$ 60.530,00
(-) Despesas Financeiras .... R$ (3.720,00)
(+) Receitas Financeiras .... R$ 1.780,00
(=) Lucro Antes dos Tributos sobre o Lucro .... R$ 58.590,00
(-) Tributos sobre o Lucro .... R$ (17.577,00)
(=) Lucro Líquido do Exercício .... R$ 41.013,00

Alternativa correta: A.

14. (CONTADOR/CFC/ADAPTADA)

Das contas apresentadas na referida questão, existem três que pertencem a Demonstração do Resultado Abrangente - DRA, são elas:
   a) ajustes de avaliação patrimonial de instrumentos financeiros classificados como disponíveis para venda;
   b) equivalência patrimonial sobre resultados abrangentes de coligadas;

c) tributos sobre ajustes de instrumentos financeiros classificados como disponíveis para venda.

Com as outras contas elaboramos a DRE, abaixo:

Demonstração de Resultado do Exercício

Receita com Vendas de Produtos   R$ 600.000,00
(-) Tributos sobre Vendas ....R$ (96.000,00)
(=) Receita líquida de vendas .... R$ 504.000,00
(-) Custo dos Produtos Vendidos ....R$ (270.000,00)
(=) Lucro bruto .... R$ 234.000,00
(=) Despesas Operacionais ....R$ (77.000,00)
   Despesas com Vendas .... R$ 60.000,00
   Despesas Administrativas .... R$ 42.000,00
   Equivalência patrimonial ....R$ (25.000,00)
(=) Lucro antes das receitas e despesas financeiras .... R$ 157.000,00
(-/+) Resultado financeiro ....R$ (12.000,00)
(+) Receitas financeiras .... R$ 36.000,00
(-) Despesas financeiras ....R$ (48.000,00)
(=) Resultado antes dos tributos sobre o lucro .... R$ 145.000,00
(-) Tributos sobre o lucro ....R$ (55.000,00)
(=) Lucro líquido do exercício .... R$ 90.000,00

Alternativa correta: B.

15. (CONTADOR/CFC/ADAPTADA)

Ao longo das resoluções das questões sobre DRE, vínhamos elaborando este demonstrativo de acordo com a lei e as normas que estão em vigor.

Contudo, nesta questão, iremos demonstrar que é possível elaborar a DRE de forma mais rápida e correta. Logo, separamos as contas de resultado em: receita versus custos e despesas, sem necessariamente seguir o padrão.

RECEITAS

Receita Bruta Tributável de Vendas	R$ 220.000,00
Receitas de Juros	R$ 2.600,00
(=) Total das Receitas	R$ 222.600,00

DESPESAS E CUSTOS

COFINS Incidentes sobre vendas	R$ 6.240,00
Custo das Mercadorias Vendidas	R$ 90.000,00
Despesas de Salários	R$ 32.000,00
Despesas Comissões de Vendedores	R$ 18.000,00
Despesas de juros	R$ 1.700,00
Devolução de vendas	R$ 12.000,00
ICMS incidente sobre vendas	R$ 35.360,00
PIS incidente sobre vendas	R$ 1.352,00
(=) Total de Despesas e Custos	R$ 196.652,00
RESULTADO LÍQUIDO DO EXERCÍCIO	**R$ 25.948**

Alternativa correta: **B**.

16. (CONTADOR/CFC/ADAPTADA)

Para chegarmos ao resultado do lucro bruto é necessário retirar o imposto recuperável das mercadorias, pois passa a ser um direito para empresa, então o valor das mercadorias passa a ser de R$ 4.400,00, veja:

Compra de Mercadorias R$ 5.000,00

(-) Impostos Recuperáveis (R$ 600,00)

(=) Valor a ser Incluído nos Estoques R$ 4.400,00

Logo em seguida, a questão menciona que as mercadorias foram vendidas em sua totalidade, assim concluímos que seu Custo de Mercadorias Vendidas (CMV) é de R$ 4.400,00. Portanto a DRE ficará da seguinte forma:

Receita de Vendas .... R$ 8.000,00
(-) Deduções (impostos sobre vendas) .... R$ (1.732,00)
(=) Receita Líquida .... R$ 6.268,00
(-) Custo das Mercadorias Vendidas .... R$ (4.400,00)
(=) Lucro Bruto .... R$ 1.868,00

Cabe ressaltar que a comissão de vendedores é classificada no grupo das despesas operacionais.

Alternativa correta: **B**.

17. (CONTADOR/PB/ADAPTADA)

Para solucionar essa questão faz-se necessário conhecer o artigo 189 da Lei 6.404/76.:

*"Art. 189. Do resultado do exercício serão deduzidos, **antes de qualquer participação**, os prejuízos acumulados e a provisão para o Imposto sobre a Renda."*

Portanto, a base de cálculo das participações é igual ao Lucro Operacional, menos os Prejuízos Acumulados, menos Imposto de Renda. Ou seja, a base de cálculo das participações = 1.000.000 - 200.000 - 201.000

Base de cálculo das participações = 599.000. Em seguida, sobre esse valor, deve-se aplicar o que diz o artigo 190:

"Art. 190. As participações estatutárias de empregados, administradores e partes beneficiárias serão determinadas, sucessivamente e nessa ordem, com base nos lucros que remanescerem depois de deduzida a participação anteriormente calculada."

Isso significa que:

P1) Empregados = 59.900 (10% X 599.000 – base de cálculo das participações).

P2) Administradores = 53.910 (599.000 menos 59.900 = 539.100 x 10%, ou seja, devemos deduzir *a participação anteriormente calculada*, neste caso: participação P1 - Empregados).

P3) Partes Beneficiárias = 48.519 (539.100 menos 53.910 = 485.190 X 10%, ou seja, devemos deduzir *a participação anteriormente calculada*, neste caso: participação P2 – Administradores).

Participações Estatutárias = P1 + P2 + P3

Participações Estatutárias = 59.900 + 53.910 + 48.519

Participações Estatutárias = 162.329

Finalmente, é possível descobrir o Lucro Líquido:
LL = Lucro Operacional - Imposto de Renda – Participações
LL = 1.000.000 - 201.000 - 162.329
LL = 636.671

Alternativa correta: **B**.

Capítulo 6 - Demonstração de Lucros e Prejuízos Acumulados

1. (CONTADOR/CFC/16)

Os itens I e II não estão de acordo com a Lei 6.404/76 e suas alterações, o item III é o único correto, visto que encontra-se em consonância o artigo 186, que dispõe:

"Art. 186. A demonstração de lucros ou prejuízos acumulados discriminará:

I - o saldo do início do período, os ajustes de exercícios anteriores e a correção monetária do saldo inicial;

II - as reversões de reservas e o lucro líquido do exercício;

III - as transferências para reservas, os dividendos, a parcela dos lucros incorporada ao capital e o saldo ao fim do período.

§ 1º Como ajustes de exercícios anteriores serão considerados apenas os decorrentes de efeitos da mudança de critério contábil, ou da retificação de erro imputável a determinado exercício anterior, e que não possam ser atribuídos a fatos subsequentes.

§ 2º A demonstração de lucros ou prejuízos acumulados deverá indicar o montante do dividendo por ação do capital social e poderá ser incluída na demonstração das mutações do patrimônio líquido, se elaborada e publicada pela companhia."

Alternativa correta: **A**.

2. (CONTADOR/ PETROBRAS/ ADAPTADA)

Ao analisar as informações fornecidas na questão, elaboramos a DLPA abaixo:

DLPA - exercício findo em 31/12/2016 da Cia XYZ S.A	(R$)
saldo em 31 de dezembro de 2015	0,00
(+) lucro líquido do período	2.550.000
transferências para reservas	(232.500)
dividendos a distribuir	(2.317.500)
saldo em 31 de dezembro de 2016	0,00

Alternativa correta: **D**.

3. (CONTADOR/CFC/ADAPTADA)

Esta questão trata de retificação de erro de exercício contábil anterior, logo, temos como embasamento a NBC TG 23 (R1).

O registro da despesa financeira ocorrida em 20X0 não afetará o resultado de 20X1, visto que se trata de um erro, portanto, o mesmo deve ser corrigido no Patrimônio Líquido, como Ajustes de Exercícios Anteriores. Logo, o impacto será de R$ 12.000. Alternativa correta: **A**.

4. (ANALISTA/ESAF/ADAPTADA)

Analisando cada alternativa, temos as seguintes explicações:
a) não houve ajustes devedores nem credores.
b) 11.000 / 20.000 = 0,55 = **55%**
c) 2.800 / 20.000 = 0,14 = **14%**
d) 3.000 / 20.000 = 0,15 = **15%**
e) 7.000 / 5.200 = 1,346 = **134,6%**

Alternativa correta: **B**

5. (ANALISTA/ESAF/ADAPTADA)

Com as informações fornecidas na questão, elaboramos a DLPA abaixo:

DLPA - exercício findo em 31/12/2016 da Cia XYZ S.A	(R$)
saldo em 31 de dezembro de 2015	0,00
(+/-) resultado do período	(700,00)
(+) reversão de reservas de exercício anteriores	1.200,00
transferências para reservas	(200,00)
dividendos a distribuir	(300,00)
saldo em 31 de dezembro de 2016	0,00

Alternativa correta: **E**.

Capítulo 7- Demonstração das Mutações do Patrimônio Líquido

1. (CONTADOR JUNIOR/CESGRANRIO/ADAPTADA)

Conforme aludido na seção 7.2 desta obra, a Demonstração das Mutações do Patrimônio Líquido -DMPL não é obrigatória pela Lei n° 6.404/76. Entretanto, a CVM através da instrução normativa n° 59/86, determina a sua publicação para as companhias abertas, assim como a NBC TG 26 (R4). Logo, a DMPL evidencia toda a movimentação ocorrida no Patrimônio Líquido em um dado período.

A NBC TG 26 (R4), que trata das demonstrações contábeis, apresenta no item 106 como devem ser incluídas as seguintes informações:

- para cada componente do patrimônio líquido, a conciliação do saldo no início e no final do período, demonstrando-se separadamente as mutações decorrentes:
  (v) do resultado líquido;
  (vi) de cada item dos outros resultados abrangentes;
  (vii) de transações com os proprietários realizadas na condição de proprietário, demonstrando separadamente suas integralizações e as distribuições realizadas, bem como modificações nas participações em controladas que não implicaram perda do controle.

Portanto, a alternativa correta: **E.**

2. (CONTADOR/DPE- MT/15)

O ajuste de avaliação patrimonial é um item que afeta o total do Patrimônio visto que este pode aumentar ou diminuir.

As outras alternativas efetuam uma permuta, isto é, alteração de valores nas contas, mas sem alteração no patrimônio total. Logo, a alternativa correta: **C.**

3. (CONTADOR/DPE-MT/15)

A alternativa correta é a letra **B**, pois a demonstração do valor adicionado tem por objetivo evidenciar a riqueza gerada pelas empresas e sua distribuição para os agentes econômicos. A DRE evidencia as contas de resultado do exercício corrente.

Portanto, a DMPL evidencia a distribuição do resultado, e dependendo do aval da assembleia dos acionistas, parte pode ser distribuído como dividendo e será apresentado no demonstrativo em epígrafe.

4. (ANALISTA/ESAF/ADAPTADA)

Conforme explicado no capítulo 7 deste livro, entidade deve apresentar na demonstração das mutações do patrimônio líquido, ou nas notas explicativas, o montante de dividendos reconhecidos como distribuição aos proprietários durante o período e o respectivo montante por ação. Alternativa correta: **E**.

5. (ANALISTA JUDICIÁRIO/TRT/15)

Analisando os itens da questão, elaboramos um quadro com apenas as contas que modificaram o total do Patrimônio Líquido.

Descrição	Valores
Integralizaçãoo em dinheiro	R$ 37.000,00
Ajuste de avaliação patrimonial	R$4.000,00
Lucro líquido do exercício	R$ 40.000,00
Distribuição de dividendos	R$ (19.000,00)
TOTAL	R$62.000,00

Alternativa correta: **A**.

6. (CONTADOR/CODEBA/16)

Dentre as alternativas apresentadas, a única conta que afeta o patrimônio total é **o aumento de capital através da aquisição de um ativo não circulante imobilizado**. As outras alternativas efetuam apenas uma permuta, isto é, alterações de valores nas contas, mas sem alteração no patrimônio total. Alternativa correta: **B**

7. (CONTADOR/CFC/15)

Analisado os itens abaixo:

Item I – **Falso**, pois não é obrigatória por lei.

Item II – **Verdadeiro**, pois de acordo com o artigo 186, Inciso III, § 2°, da Lei 6.404/76 e suas alterações, a DLPA, poderá ser incluída na DMPL.

Item III – **Verdadeiro**, pois A DMPL é mais completa e abrangente, já que evidencia a movimentação de todas as contas do patrimônio líquido durante o exercício social.

Item IV – **Falso**, pois devem evidenciar todas as movimentações ocorridas no patrimônio líquido e não somente a conta dos acionistas não controladores.

Alternativa correta: **B**.

8. (CONTADOR/CFC/15)

Analisando o total do PL em 1°.1.2014, antes das movimentações temos: 500.000 - 150.000 + 30.000 + 50.000 = R$430.000.

A partir da movimentação ocorrida com:

- 80.000 (aumento do PL em virtude de integralização de capital);
- 120.000 (aumento do PL em virtude do resultado do ano de 2014);
- 65.000 (diminuição do PL em virtude de transferência do lucro para dividendos a pagar).

Total do PL =R$ 565.000

Cabe ressaltar que as destinações do lucro para reserva legal e expansão não alteram o valor do PL, pois esses valores já constam no resultado do período, ocorrendo somente uma permuta dentro do PL. Alternativa correta: **A**.

9. (CONTADOR/CFC/ADAPTADA)

Analisando os itens, temos:

- Aumento de Capital Social com Reservas R$45.500,00 – **sem alteração no PL**
- Aumento de Capital Social por Integralização R$59.500,00 – **aumento do PL**
- Reversão de Reservas de Contingências R$10.500,00 – **sem alteração no PL**
- Reversão de Reservas de Lucros a Realizar R$3.780,00 – **sem alteração no PL**
- Aquisição de ações da própria empresa R$980,00 – **redução do PL**
- Lucro Líquido do Exercício R$49.000,00 – **aumento do PL**

Proposta da administração de destinação do lucro, para transferências das reservas:

- Reserva Legal R$2.450,00 – sem alteração no PL
- Reserva Estatutária R$18.025,00 – sem alteração no PL
- Reserva de Lucros a Realizar R$525,00 – sem alteração no PL
- Distribuição de Dividendos Obrigatórios R$42.280,00 – **redução do PL**

Após análise das informações, a variação do total do PL apresenta:

PL= 59.500-980+49.000-42.280

PL=R$65.240,00

Alternativa correta: **D**.

10. (CONTADOR/CFC/ADAPTADA)

Analisado cada item da questão, apontamos em negrito as incosistências das letras B, C e D.

a) Demonstração da Mutação do Patrimônio Líquido

	Capital Social	Reservas de Lucros	Ajuste de avaliação Patrimonial	Lucros Acumulados	Total do Patrimônio Líquido
Saldo do Patrimônio Líquido em 31.12.20X1	R$1.200.000	R$200.000	R$5.000		R$1.405.000
Ganho em instrumento financeiro disponível para venda			R$ 1.500		R$1.500
Lucro Líquido do Exercício				R$ 900.000	R$ 900.000
Constituição da Reserva Legal		R$40.000		(R$40.000)	-
Dividendos do Período				(R$ 860.000)	(R$ 860.000)
Saldo do Patrimônio Líquido em 31.12.20X2	R$1.200.000	R$ 240.000	R$6.500	R$ 0,00	R$1.446.500

b) Demonstração da Mutação do Patrimônio Líquido

	Capital Social	Reservas de Lucros	Ajuste de Avaliação Patrimonial	Total do Patrimônio Líquido
Saldo do Patrimônio Líquido em 31.12.20X1	R$1.200.000	R$200.000	R$5.000	R$1.405.000
Ganho em instrumento financeiro disponível para venda			R$1.500	R$1.500
Constituição da Reserva Legal		R$40.000		**(R$40.000)**
Saldo do Patrimônio Líquido em 31.12.20X2	R$1.200.000	R$240.000	R$6.500	R$ 1.446.500

c) Demonstração da Mutação do Patrimônio Líquido

	Capital Social	Reservas de Lucros	**Lucros Acumulados**	Total do Patrimônio Líquido
Saldo do Patrimônio Líquido em 31.12.20X1	R$1.200.000	R$200.000	**R$5.000**	R$1.405.000
Ganho em instrumento financeiro disponível para venda			**R$1.500**	R$1.500
Lucro Líquido do Exercício			R$ 900.000	R$ 900.000
Constituição da Reserva Legal		R$40.000	(R$40.000)	-
Dividendos do Período			(R$ 860.000)	(R$ 860.000)
Saldo do Patrimônio Líquido em 31.12.20X2	R$1.200.000	R$240.000	R$ 6.500	R$ 1.446.500

d) Demonstração da Mutação do Patrimônio Líquido

	Capital Social	Reservas de Lucros	Reserva legal	Ajuste de Avaliação Patrimonial	Total do Patrimônio Líquido
Saldo do Patrimônio Líquido em 31.12.20X1	R$1.200.000	R$200.000		R$5.000	R$1.405.000
Ganho em instrumento financeiro disponível para venda				R$1.500	R$1.500
Lucro Líquido do Exercício				**R$900.000**	**R$900.000**
Constituição da Reserva Legal			**R$40.000**	**(R$40.000)**	-
Dividendos do Período				**(R$860.000)**	(R$860.000)
Saldo do Patrimônio Líquido em 31.12.20X2	R$1.200.000	R$200.00	R$40.00	**R$6.500**	R$1.446.500

Alternativa correta: **A.**

11. (CONTADOR/CFC/ADAPTADA)

Para solucionar a questão, elaboramos um quadro com apenas as contas que modificaram o total do Patrimônio Líquido.

Descrição	Valores
Aquisições de ações de emissão própria	(R$336,00)
Distribuição de dividendos obrigatórios	(R$14.496,00)
Lucro líquido do exercício	R$16.800,00
Aumento de capital social com integralização em dinheiro	R$20.400,00
TOTAL	R$22.368,00

Alternativa letra **A**

12. (CONTADOR/CFC/ADAPTADA)

De acordo com a NBC TG 26 R(4), temos:
- I está de acordo com o que é descrito no item 106A da NBC TG 26.
- II está de acordo com o que é descrito no item 106B da NBC TG 26.
- III está de acordo com o que é descrito no item 107 da NBC TG 26.

Alternativa correta: **C**

13. (CONTADOR/CFC/ADAPTADA)

Analisando o total do PL em 1º.1.20X1, antes das movimentações, apresentava o valor de R$100.000,00. A partir da movimentação ocorrida, passou a apresentar R$ 122.000, conforme explicação a seguir:
- 20.000 (aumento do PL em virtude do lucro do período);
- 5.000 (diminuição do PL em virtude de transferência do lucro para dividendos a pagar);
- 2.000 (diminuição do PL em virtude de aquisição de ações da própria companhia)
- 9.000 (aumento do PL em virtude da integralizacao de capital);

Total do PL =R$ 122.000

Alternativa correta: **C**.

Capítulo 8 - Demonstração do Resultado Abrangente

1. (CONTADOR/DPE-MT/15/ADAPTADA)

Conforme aludido no item 8.3.desta obra, a DRA estabelece que, o lucro abrangente deve ser calculado a partir do resultado líquido apurado na DRE, assim a demonstração do resultado abrangente deve, no mínimo, incluir as seguintes rubricas:

i. Resultado líquido do período;

ii. Cada item dos outros resultados abrangentes, classificados conforme sua natureza;

iii. Parcela dos outros resultados abrangentes de empresas investidas, reconhecida por meio do método de equivalência patrimonial; e

iv. Resultado abrangente do período.

No resultado abrangente, a entidade deve considerar as receitas e despesas (incluindo ajustes de reclassificação) que não são reconhecidas na demonstração do resultado. Além disso, a entidade deve divulgar o montante do efeito tributário relativo a cada componente dos outros resultados abrangentes, incluindo os ajustes de reclassificação na demonstração do resultado abrangente ou nas notas explicativas.

Um dos itens que contempla o grupo de resultados abrangentes sãos os ganhos e perdas provenientes da baixa de investimentos em entidade no exterior - NBC TG 2 (R2).

Alternativa correta: **B**.

2. (CONTADOR/CFC/ADAPTADA)

De acordo com a Apêndice A da NBC TG 26 (R4), o resultado abrangente é a mutação que ocorre no patrimônio líquido durante um período resultante de transações e outros eventos, que não derivados de transações com os sócios na sua qualidade de proprietários.

Alternativa letra: **B**.

3. (CONTADOR/CFC/ADAPTADA)

Analisando as informações, elaboramos a DRA, abaixo:

DEMONSTRAÇÃO DO RESULTADO ABRANGENTE – DRA

RESULTADO LÍQUIDO DO PERÍODO	1.920,00
OUTROS RESULTADOS ABRANGENTES	**800,00**
Ganhos e perdas derivados de conversão de Demonstrações Contábeis de Operações no exterior	400,00
Ajuste de avaliação patrimonial	400,00
RESULTADO ABRANGENTE DO PERÍODO	**2.720,00**

Alternativa correta: **B**.

4. (ANALISTA/ESAF/ADAPTADA)

Analisando as informações, elaboramos a DRA, abaixo:

DEMONSTRAÇÃO DO RESULTADO ABRANGENTE - DRA

RESULTADO LÍQUIDO DO PERÍODO	90.000,00
OUTROS RESULTADOS ABRANGENTES	**27.000,00**
(+) Ajustes de Avaliação Patrimonial de Instrumentos Financeiros Classificados como Disponíveis para Venda	18.000,00
(-) Tributos sobre Ajustes de Instrumentos Financeiros classificados como Disponíveis para Venda	(6.000,00)
(+) Equivalência Patrimonial sobre Resultados Abrangentes de Coligadas	15.000,00
RESULTADO ABRANGENTE DO PERÍODO	**117.000,00**

Alternativa correta: **D**

Capítulo 9 - Demonstração dos Fluxos de Caixa
1. (CONTADOR/CFC/17)

A DFC tem por objetivo fornecer as informações das entradas e saídas de caixa e do equivalente a caixa da companhia. De acordo com as informações fornecidas nesta questão, devemos elaborar o Fluxo de Caixa pelo método direto. Vejamos:

DEMONSTRAÇÃO DO FLUXO DE CAIXA	
MÉTODO DIRETO	
ATIVIDADE OPERACIONAL	
(+) Recebimento por vendas de mercadorias à vista	R$ 120.000,00
(-) Pagamento a fornecedores por compra de mercadorias	R$ (90.000,00)
(-) Pagamento de despesas administrativas	R$ (16.000,00)
CAIXA GERADO NA ATIVIDADE OPERACIONAL	**R$ 14.000,00**
ATIVIDADES DE INVESTIMENTO	
(+) Recebimento por venda de imóvel registrado como Ativo Imobilizado	R$ 50.000,00
(-) Pagamento por aquisição de veículo para uso	R$ (72.000,00)
CAIXA CONSUMIDO NA ATIVIDADE DE INVESTIMENTO	**R$ (22.000,00)**
ATIVIDADES DE FINANCIAMENTO	
(+) Recebimento por integralização de capital	R$ 140.000,00
(-) Pagamento do valor principal de empréstimo bancário	R$ (120.000,00)
CAIXA GERADO NA ATIVIDADES DE INVESTIMENTO	**R$ 20.000,00**
SALDO ANO ANTERIOR	R$ 12.800,00
VARIAÇÃO DO CAIXA GERADO NO ANO	R$ 12.000,00
SALDO FINAL DE CAIXA	R$ 24.800,00

Alternativa correta: **A**.

2. (CONTADOR/CODEBA/16)

No enunciado desta questão, o examinador apresenta o balanço patrimonial de dois exercícios correntes e a DRE. Logo, o método utilizado para elaborar o DFC será o método indireto, pois este método realiza a conciliação entre o resultado do período e o caixa gerado pelas operações. Conforme explicado detalhadamente na seção 9.7.2 do capítulo 9.

Capítulo 14 – Solução das Questões de Prova

Para efetuar os ajustes devemos somar as despesas econômicas, que são as despesas contábeis. Contudo, podemos observar no enunciado que, não houve saída de recurso e ainda, deve-se subtrair as receitas econômicas, pois são reconhecidas contabilmente, mas ressaltamos que não houve de fato entrada de recursos para companhia.

A partir desses fatos, devemos observar as contas de ativo e passivo circulantes, menos as disponibilidades.

Caso as contas do ativo circulante diminuam, entende-se que entraram recursos na companhia, então devem entrar no fluxo de caixa somando. Se for o contrário, se elas aumentarem, então devem sair do fluxo de caixa, pois compreende que houve saída de recurso.

Se as contas do passivo diminuírem, significa dizer que foram quitadas, o que gerou saída de recursos, sendo assim, entram no fluxo de caixa diminuindo, mas se aumentarem entram somando. Vejamos:

DEMONSTRAÇÃO DO FLUXO DE CAIXA	
MÉTODO INDIRETO	
ATIVIDADE OPERACIONAL	
RESULTADO DO EXERCÍCIO	R$ 17.175,00
(-) VENDA DO ATIVO IMOBILIZADO	R$ (20.000,00)
(=) RESULTADO AJUSTADO	R$ (2.825,00)
(+) AUMENTO DOS ESTOQUES	R$ 20.000,00
(+) AUMENTO DE ALUGUEL ANTECIPADO	R$ 5.000,00
(-) REDUÇÃO DE FORNECEDORES	R$ (20.000,00)
(+) AUMENTO DE SALARIOS A PAGAR	R$ 12.000,00
(+) AUMENTO DE IR A PAGAR	R$ 5.725,00
CAIXA GERADO NA	**R$ 19.900,00**
ATIVIDADE OPERACIONAL	
ATIVIDADE DE INVESTIMENTO	
NENHUMA MOVIMENTAÇÃO	R$ -
ATIVIDADE DE FINANCIAMENTO	
(-) PGTO DOS EMPRÉSTIMOS BANCÁRIOS	R$ (10.000,00)
CAIXA CONSUMIDO NA ATIVIDADE	R$ (10.000,00)
DE INVESTIMENTO	
SALDO ANO ANTERIOR	R$ 100.000,00
VARIAÇÃO DO CAIXA GERADO ANO	R$ 9.900,00
SALDO FINAL DE CAIXA	R$ 109.900,00

Alternativa correta: **C**.

3. (CONTADOR/CODEBA/16)

De acordo com o item 17 da NBC TG 03 (R3) e os exemplos citados no capítulo 9 deste livro, o recebimento de emissão de debêntures, *empréstimos*, notas promissórias, outros títulos de dívida, hipotecas e outros empréstimos de curto e longo prazos, classificam na atividade de Financiamento. Logo, alternativa correta: **D**.

4. (CONTADOR/CFC/16)

Analisado cada evento do enunciado, temos:

- Aquisições de móveis: **é atividade de investimento**, de acordo com o item 16 da NBC TG 03 (R3). O impacto é negativo, pois a empresa adquiriu, ou seja, **saiu dinheiro do caixa**.
- Venda de imóvel: sua classificação correta **é atividade de investimento**, conforme o item 16 da NBC TG 03 (R3). O impacto é positivo, pois a empresa vendeu o bem, ou seja, **entrou dinheiro no caixa**.
- Baixa do valor contábil do imóvel: **não houve impacto no caixa**, pois não entrou e nem saiu dinheiro nessa operação.
- Venda de mercadorias: pertence a **atividade operacional**, de acordo com o item 14 da NBC TG 03 (R3), o impacto é positivo, pois a empresa vendeu, ou seja, **entrou dinheiro no caixa**.
- Compra de mercadorias: classifica-se na **atividade operacional**, conforme o item 14 da NBC TG 03 (R3), o impacto é negativo, pois a empresa adquiriu, ou seja, **saiu dinheiro do caixa**.

Logo, ficará assim:

- Atividades Operacionais: R$ 55.000,00 – 30.000,00 = R$ 25.000,00.
- Atividades de Investimento: - **R$ 20.000,00 + 200.000,00 = R$ 180.000,00**.

Alternativa correta: **B**.

5. (CONTADOR/CODEMIG/15)

Ao analisar as alternativas do Fluxo de Caixa indireto, chegamos as seguintes conclusões:

A) **Errado,** pois no ajuste do resultado do exercício, a conta de *"resultado com alienação de imobilizados"* está diminuindo, isto significa que na DRE o seu resultado estava positivo e para fins de ajuste no DFC, temos que retirar o efeito econômico da conta que não teve entrada de recurso financeiro. Sendo assim, na **Cia. Alfa teve ganhos líquidos na alienação do imobilizado.**

B) **Errado**, com o mesmo raciocínio da letra A, o *"resultado de equivalência patrimonial"* está diminuindo, ou seja, na DRE, ela estava originalmente sendo somada, o que nos faz concluir que **o conjunto de coligadas e controladas em que a Cia. Alfa investia tiveram lucros.**

C) **Errado**, se houve variação positiva de *perdas estimadas com créditos de liquidação duvidosa,* na verdade, **houve um montante superior no final do balanço patrimonial do que no início do balanço.** Podemos exemplificar da seguinte forma: R$40.000 [ano 20X1] − R$ 20.000 [ano 20X0] = 20.000.

D) **CERTO**: A variação positiva em conta do passivo circulante significa que foram menores que as respectivas despesas lançadas na DRE. Se foi a menor o pagamento de uma despesa dentro da DRE, o efeito **é positivo para as disponibilidades.**

E) **Errado**, em aplicações financeiras houve **decréscimo** de caixa.

Alternativa correta: **D.**

6. (CONTADOR/DPE-MT/15)

Conforme explicado na seção 9.8 do capítulo 9, a classificação dos tributos imposto de renda (IR) e contribuição social sobre o lucro líquido (CSLL), são evidenciados no fluxo de caixa da atividade operacional. Entretanto, quando os tributos sobre o lucro (IR e CSLL) resultarem de transações que originam de outras atividades, estes serão classificados de acordo com a atividade que foi identificada.

Nesta questão, o valor do IR será de R$ 1.020,00 (34% sobre o ganho de capital de R$ 3.000,00 da venda do imobilizado). Com isso o fluxo de caixa da atividade de investimentos será:

(+) Recebimento pela venda de imobilizado R$ 4.000,00;
(–) Pagamento de IR sobre o ganho (R$ 1.020,00);
(=) Fluxo de Caixa Gerado pela atividade de Investimento R$ 2.980,00.
Alternativa correta: **D**.

7. (CONTADOR/CFC/16)

Analisado os itens da questão em epígrafe, temos o seguinte fluxo de caixa:

DEMONSTRAÇÃO DE FLUXO DE CAIXA	VALORES
ATIVIDADES OPERACIONAIS	
RECEITAS DE VENDAS	R$ 90.000,00
(-) VARIAÇÃO POSITIVA DE CONTAS A RECEBER	R$ (60.000,00)
(-) PAGAMENTOS A FORNECEDORES	R$ (20.000,00)
(=) CAIXA GERADO NA ATIVIDADE OPERACIONAL	R$ 10.000,00

É importante ressaltar que, um aumento na variação do grupo de contas do ativo circulante, exceto as disponibilidades, vinculadas às operações diminui o caixa. Logo, alternativa correta: **A**.

8. (CONTADOR/DPE-MT/15)

Analisados os lançamentos da questão, classificamos o fluxo de caixa da seguinte forma:

Fluxo de caixa 1 trimestre de 2014

Atividade Operacional:
(-) PGTO DE SALÁRIO .... (60.000)
* salário de: dez, jan e fev.
 (-) PGTO DE FORNEC .... (50.000)
(+) CLIENTES..35.000
* recebeu somente 50% das vendas
(=) CX consumido da Atividade Operacional..................... (75.000)
Alternativa letra: **D**.

9. (CONTADOR/CFC/15)

Nesta questão, o examinador quer saber o valor pago aos fornecedores, para chegarmos a esse valor é preciso identificar o valor das compras. Então, utilizaremos a seguinte fórmula: CMV= EI+ C - EF: onde:

CMV - Custo da Mercador Vendida
EI - Estoque Inicial
C - Compras
EF- Estoque Final.

Logo, encontramos o valor das compras de R$ 410.000,00. Após descobrirmos o valor das compras, temos que saber quanto foi pago aos fornecedores.

Sendo assim, utilizaremos o saldo inicial (que era quanto a empresa estava devendo), depois adicionaremos o valor das compras que achamos através da fórmula acima e, em seguida, subtrairemos o saldo final. Então o caixa consumido pelo pagamento dos fornecedores é:

Pagamento = Fornecedores 2013 + Compras - Fornecedores 2014
Pagamento = 60.000,00 + 410.000,00 - 20.000,00
Pagamento = 450.000,00
Alternativa correta: **D**.

10. (ANALISTA/ESAF/ADAPTADA)

Com base nos dados fornecidos nesta questão, elaboramos o DFC pelo método indireto, também conhecido como método de conciliação.

Demonstração Dos Fluxos de Caixa
Fluxo Operacional:
Resultado Líquido 1.062
Variação do ativo circulante
(+) redução de clientes 200
Variação do passivo circulante
(+) Aumento Fornecedores 390
(=) Caixa gerado pela atividade operacional 1.652
Fluxo Investimento:
(-) Aquisição de software .... (131)
(-) Aquisição de imobilizado .... -(1.268)
(=) Caixa consumido pela atividade investimento (1.399)

Fluxo Financiamento:
(-) Pagamento de financiamento .... (153)
(+) Obtenção de empréstimo bancário 900

(=) Caixa gerado pela atividade financiamento 747
(=) saldo inicial do caixa/equivalente caixa 0
(=) saldo final do caixa/equivalente caixa 1.000

Alternativa correta: E.

11. (CONTADOR/CPD - Porto Alegre – RS/14)

Classificando as contas nas respectivas atividades, temos:
- Integralização de capital social, por meio de um imóvel ... => **não afeta o fluxo de caixa**;
- Compra de estoque à vista, por R$ 50.000,00. => **redução do caixa na atividade operacional**;
- Compra de automóvel à vista, por R$ 40.000,00. => **redução do caixa na atividade investimento**;
- Compra de móveis, para pag. em ago. de 2014, por R$ 30.000,00. => **não afeta o fluxo de caixa, pois não houve desembolso**;
- Pagamento de empréstimo bancário, no valor de R$ 8.000,00 => **redução do caixa na atividade financiamento**;
- Pagamento dos salários de funcionários, no valor de R$ 4.000,00. => **redução do caixa na atividade operacional**;
- Resgate de debênture e dos juros incidentes, no valor de R$ 36.000,00. => **redução do caixa na atividade financiamento**

Logo, o caixa consumido na atividade de financiamento foi: - 8.000 - 36.000 = (44.000). Alternativa correta: **C**.

12. (CONTADOR/CFC/ADAPTADA)

O item 17 da NBC TG 3 (R3) determina a divulgação separada dos fluxos de caixa, advindos das atividades de financiamento, pois fornece informações importante na predição de exigências de fluxos futuros de caixa por parte de fornecedores de capital à entidade. Exemplos de fluxos de caixa advindos das atividades de financiamento são:

- ✓ caixa recebido pela emissão de ações ou outros instrumentos patrimoniais;
- ✓ pagamentos em caixa a investidores para adquirir ou resgatar ações da entidade;
- ✓ caixa recebido pela emissão de debêntures, empréstimos, notas promissórias, outros títulos de dívida, hipotecas e outros empréstimos de curto e longo prazos;
- ✓ amortização de empréstimos e financiamentos; e
- ✓ pagamentos em caixa pelo arrendatário para redução do passivo relativo a arrendamento mercantil financeiro.

Alternativa correta: **D**.

13. (CONTADOR/CFC/ADAPTADA)

O item 34 A da NBC TG 3 (R3) impulsiona as entidades a classificarem os juros, recebidos ou pagos, e os dividendos e juros sobre o capital próprio, recebidos como fluxos de caixa das atividades operacionais, bem como os dividendos e juros sobre o capital próprio pagos como fluxos de caixa das atividades de financiamento. A opção por uma alternativa diferente deve ser seguida de nota evidenciando tal fato. Alternativa correta: **A**.

14. (CONTADOR/CPD- Porto Alegre – RS/14)

Ao analisar a questão, o examinador menciona que a aquisição foi financiada, então não houve saída de recursos no momento da compra.

Contudo, haverá uma saída de recurso em dezembro de R$ 25.000 e em janeiro do mesmo valor.

Sendo assim, quando ocorrer o pagamento do principal referente às dívidas contraídas na **aquisição a prazo** dos investimentos permanentes, isto é, bens do imobilizado e intangível, estes serão classificados no grupo das atividades de financiamento. Dessa forma, o fluxo consumido pelas atividades de financiamento é de R$ 25.000,00. Alternativa correta, letra **D**.

15. (CONTADOR/CFC/ADAPTADA)

Após obter o entendimento da seção 9.7.2 deste livro, podemos elaborar o DFC pelo método indireto:

Demonstração dos Fluxos de Caixa

Atividades Operacionais
Lucro Líquido .... R$ 8.000,00
(+) Depreciação ....R$ 2.000,00
(-) Receita Equiv. Patrimonial .... R$ (7.000,00)
(-) Aumento Clientes .... R$ (2.000,00)
(-) Aumento Estoques .... R$ (5.000,00)
(-) Redução Fornecedores .... R$ (27.000,00)
(+) Aumento Contas A Pagar ....R$ 1.000,00
(=) Caixa consumido nas atividades operacionais ..... R$ (30.000,00)

(=) Atividades de Investimento...R$ -

Atividades de Financiamento
(+) Empréstimo Bancário ....R$ 32.000,00
(=) Caixa gerado nas atividades de financiamento ....R$ 32.000,00
Saldo Ano Anterior ....R$ 5.000,00
Variação do Caixa Gerado no Ano ....R$ 2.000,00
Saldo Final de Caixa ....R$ 7.000,00

Alternativa correta: **B**.

16. (CONTADOR/CFC/ADAPTADA)

Ao analisar a questão, vimos que existem fatos contábeis que não alteram o fluxo de caixa, tais como: a compra de mercadorias (sendo 50% a prazo) e os impostos incidentes sobre compra e venda. Sendo assim, elaboramos o DFC pelo método direto:

Demonstração de Fluxo de Caixa
Atividades Operacionais
Recebimento de Vendas à Vista 50.000,00
Pagamento de Compras à Vista .... (40.000,00)
(=) Caixa gerado pela atividade operacional 110.000,00
Atividades de Investimentos
Pagamento de Aquisição de Imobilizado .... (50.000,00)
(=) Caixa consumido pela atividade investimentos .... (50.000,00)
Atividades de Financiamentos
Recebimento de Aumento de Capital 500.000,00
(=) Caixa gerado pela atividade financiamentos 500.000,00
Saldo de Caixa e Equivalentes 31/12/20X1 -
Saldo de Caixa e Equivaleste 31/12/20X2 ....560.000,00

Concluímos que a atividade operacional gerou R$110.000, sendo (150.000 da venda à vista, menos 40.000 da compra de mercadorias, pois só metade foi paga em 20X2); na atividade de investimento consumiu R$ 50.000 da aquisição de imobilizado e por fim, na atividade de financiamento ocorreu a integralização em dinheiro de R$ 500.000. Alternativa correta: **A**.

17. (ANALISTA JUDICIARIO/TER/AP/2015)

Após obter o entendimento do capítulo 9 deste livro, então podemos elaborar o DFC pelo método indireto.

DFC - Método Indireto
Lucro Líquido 135.000
(+) Depreciação..75.000
(-) Lucro na Venda de Imóvel ....(42.000)
(+) Despesas Financeiras 30.000
(=) Lucro líquido Ajustado.. 198.000

+ **Variações Diminutivas do Ativo**
Duplicata a receber 90.000
Estoques 90.000
Seguros antecipado 15.000
(-) Variações Diminutivas do Passivo
Fornecedores ....(285.000)
Adiantamento de Clientes ....(15.000)
+ Variações Aumentativas do Passivo
IR e CSLL a pagar 15.000
(=) Caixa gerado pela atividade operacional 108.000
Alternativa correta: B.

18. (CONTADOR/CFC/ADAPTADA)

Com base nos dados fornecidos, elaboramos a DFC pelo método indireto, conforme explicado na seção 9.7.2 desta obra.

Demonstração Dos Fluxos de Caixa - Método Indireto

Atividade operacional

Lucro do exercício 15.000
(+) Depreciações 7.000
(=) Lucro ajustado 22.000
(-) Aumento em clientes ....(60.000)
(-) Aumento em estoques ....(20.000)
(-) Redução em Fornecedores ....(5.000)
(-) Redução em contas a pagar ....(2.000)
(=) Caixa consumido pelas atividades operacionais .... (65.000)

Alternativa correta: B.

19. (ANALISTA/TRT/2015)

O examinador só está pedindo o valor recebido pelo cliente, então chegaremos a resposta da seguinte forma:

Valor recebido = Saldo inicial + entradas - saídas = Saldo final

Clientes X1 + vendas - valor recebido de clientes = Clientes X2
110.000 + 900.000 - X = 140.000
X = 870.000

Alternativa correta: **A**.

20. (CONTADOR/CFC/ADAPTADA)

Com base nos dados fornecidos, elaboramos a DFC pelo método indireto.

Demonstração Dos Fluxos de Caixa

Fluxo Operacional:

Resultado do Período ....R$ 69.000,00
Ajustes
(+) Depreciação ....R$ 11.500,00
(=) Lucro Ajustado ....R$ 80.500,00
(-) Variação de Duplicatas..R$ (34.500,00)
(-) Variação de Estoques ....R$ (23.000,00)
(+) Variação de Fornecedores...................................... R$ 96.600,00
(+) Variação de IR e CS a Pagar ....R$ 41.400,00
(=) Caixa gerado pela atividade operacional.......... R$ 161.000,00

Alternativa correta: **D**.

21. (CONTADOR/BR Distribuidora/ADAPTADA)

A DFC pode ser elaborada por dois métodos: direto ou indireto. O método indireto também é conhecido como método de reconciliação, inicia-se a partir do resultado do exercício, isto é, do lucro ou prejuízo do exercício. Alternativa correta: **A**.

22. (ANALISTA /AL-GO/15)

Ao analisar as alternativas referente às entradas de recursos na atividade de investimentoParte superior do formulário, a letra correta: **A**, de acordo com a explanação do livro na seção 9.4 do capitulo 9, os recebimentos de caixa provenientes da venda de instrumentos patrimoniais ou dos/os instrumentos de dívida de outras entidades e participações societárias em *joint ventures* (exceto aqueles recebimentos referentes aos títulos considerados como equivalentes de caixa e aqueles mantidos para negociação imediata ou futura), deverão ser classificados na atividade de investimento.

23. (AUDITOR/ESAF/15)

Vamos analisar item a item da questão:

( ) Uma das características do método indireto é que o lucro líquido ou o prejuízo são ajustados pelos efeitos de transações que não envolvam caixa - **Verdadeiro, está de acordo com o item 20 da NBC TG 3 (R3);**

( ) Pelo método direto, é possível a utilização de classes de recebimentos brutos e pagamentos líquidos na divulgação das informações contábeis – **Falso, pois no método direto a utilização de classes de recebimentos e pagamentos devem ser brutos, conforme item 19 da NBC TG 3 (R3);**

( ) As informações das instituições financeiras, pelo método direto, podem ser obtidas pela receita de juros e similares e despesa de juros e encargos e similares - **Verdadeiro, está de acordo com a alínea "b" do item 20 da NBC TG 3 (R3);**

( ) Itens que não afetam o caixa, tais como depreciação, provisões, tributos diferidos, ganhos e perdas cambiais não realizados não podem ser utilizados via método indireto **Falso, pois os itens descriminados acima podem ser utilizados pelo método indireto, conforme a alínea "b" do item 20 da NBC TG 3 (R3);**

Alternativa correta: **D**.

24. (CONTADOR/BNDES/ADAPTADA)

De acordo com a informações descritas na questão, temos:

Caixa GERADO na atividade de financiamento 146.131
(-) Caixa CONSUMIDO na atividade operacional ....(48.020)
(-) Caixa CONSUMIDO na atividade de investimento ....(52.130)
= **Variação líquida de caixa e equivalente caixa** **45.981**
Alternativa correta: **B**.

25. (CONTADOR/TRANSPETRO/ADAPTADA)

Como foi explicado no capítulo 9 desta obra, os equivalentes de caixa como aplicações financeiras de curto prazo e de alta liquidez, são prontamente conversíveis em montante conhecido de caixa e que estão sujeitas a um insignificante risco de mudança de valor.

Alternativa correta: **E**.

26. (CONTADOR/PETROBRAS/ADAPTADA)

De acordo com a informações descritas na questão, temos:

(+) Recursos oriundos (entrada) da atividade operacional 27.000,00
(-) Recursos aplicados (saída) da atividade investimento ......(22.000,00)
(+) Recursos oriundos (entrada) da atividade financiamento ...53.000,00
(=) **Variação líquida de caixa e equivalente caixa** **58.000,00**
(=) **Saldo inicial do caixa**...**10.000,00**
(=) **Saldo final do caixa** **68.000,00**

As transações relativas às entradas e saídas de caixa são selecionadas em três grupos: atividades operacionais, investimentos e financiamentos.

Conforme observa se na resolução acima, os **"recursos aplicados"**, subtraem no fluxo de caixa, configurando uma **saída**, tendo em vista a sua natureza de pagamento. Enquanto os **"recursos oriundos"** são classificados como **entrada**, e, portanto, são provenientes de algum recebimento. Alternativa correta: **C**.

27. (CONTADOR/BNDES/ADAPTADA)

Os equivalentes de caixa são mantidos com o intuito de atender aos compromissos de caixa a curto prazo, não são destinando a investimentos ou a qualquer propósito diverso, que demande a longo prazo.

Não obstante, havendo conversibilidade imediata em montante conhecido de caixa e, se o risco de variação no valor for insignificante, é classificado como equivalente de caixa. Neste caso, considera-se curto prazo o período não superior a três meses, contado da data de aquisição. Para maior compreensão, vide capítulo 9 desta obra.

Alternativa correta: **E**.

28. (CONTADOR/FUNAI/15)

Com base nos dados fornecidos, devemos elaborar a DFC pelo método indireto, em que os recursos derivados das atividades operacionais são demonstrados a partir do lucro líquido do exercício, ajustado pela adição das despesas econômicas e exclusão das receitas econômicas consideradas na apuração do resultado do exercício e que não afetaram o caixa da empresa, isto é, que não representaram saídas ou entradas de dinheiro.

Demonstração Dos Fluxos de Caixa

Fluxo Operacional:

Lucro Líquido 129.000
(+)Despesa financeira (juros) 15.000
(+)Despesa de depreciação 30.000
(=) Resultado líquido ajustado 174.000

Variação do ativo circulante
(-) aumento da duplicatas a receber .... (10.000)
(+) redução do estoques 15.000

Variação do passivo circulante
(-) redução dos fornecedores .... (49.000)
(-) redução do IR e CSLL a Pagar .... (10.000)
(=) Caixa gerado pela atividade operacional 120.000

Alternativa correta: **D**.

29. (CONTADOR/PREFEITURA DE NITEROI/16)

Conforme preconiza o capítulo 9 desta obra, a apresentação do DFC deve ser evidenciado através de três tipos de atividades, são elas: atividade operacional, investimento e financiamento.

Ressalta-se que a Demonstração dos Fluxos de Caixa é um relatório contábil que tem por finalidade evidenciar as transações ocorridas em um determinado período e que provocam modificações no saldo da conta caixa e equivalente caixa.

O Fluxo de caixa, portanto, compreende o movimento de entrada e saída de dinheiro na empresa, e para melhor compreensão, bem como visando ao atendimento da norma, é importante que sejam classificadas dentro desses três grupos supramencionados.

Alternativa **correta: E**.

30. (CONTADOR/PREFEITURA DE TERESINA/16)

Com base nos dados fornecidos, elaboramos a DFC pelo método indireto, também conhecido como método de conciliação.

Demonstração Dos Fluxos de Caixa

Fluxo Operacional:
Resultado Líquido 19.200
(-) Lucro na Venda de Terrenos ....(28.000)
(+) Despesas Financeiras 48.000
(-) Resultado de Equivalência Patrimonial ....(12.000)
(+) Depreciação 24.000
(=) **Resultado ajustado** **51.200**

Variação do ativo circulante
(-) Aumento Valores a receber de clientes ....(40.000)
(-) Aumento Estoques ....(32.000)

Variação do passivo circulante
(+) Aumento Fornecedores 19.400
(+) Aumento IR/CSLL a pagar 4.800
(=) **Caixa gerado pela atividade operacional** **3.400**

Alternativa **correta: A**.

Capítulo 10 - Demonstração do Valor Adicionado.

1. (CONTADOR/CODEMIG/15)

Para solucionar esta questão, faz-se necessário o conhecimento abortado no capítulo 10 deste livro, no qual menciona que os tributos incidentes sobre as receitas obtidas com a venda de mercadorias (ICMS, IPI, PIS e COFINS) deverão ser evidenciados na DVA, ou seja, deverá constar o faturamento bruto, ainda que na demonstração de resultado tais tributos estejam fora do cômputo dessas receitas.

Da mesma forma, os custos referentes aos produtos que foram vendidos (materiais / matéria prima, serviços de terceiros, energia elétrica e outros.), devem considerar os tributos originários, recuperáveis ou não.

Após entendimentos acima explanados, passemos a elaboração da questão: Faz-se necessário calcular a receita bruta e o CMV, destarte que existe a incidência dos impostos de 15%, conforme detalhado na questão, então:

Receita de vendas = 850.000 .... 85%
Receita bruta =   X 100%
    Logo, a Receita bruta é de 1.000.000.

Agora, utilizaremos o mesmo procedimento para encontramos o CMV com a incidência do imposto de 15% como menciona a questão:
CMV = 425.000 .... 85%
CMV =   X 100%
Encontramos 500.000 de CMV
Isto posto, vamos elaborar a DVA para respondermos à questão.

Demonstração do Valor Adicionado

RECEITAS 1.000.000,00
Receita Bruta 1.000.000,00
INSUMOS ADQUIRIDOS DE TERCEIROS
(inclui ICMS e IPI) .... (665.000,00)
 (-) CMV .... (500.000,00)
(-) Despesas com vendas .... (150.000,00)
(-) Despesas gerais . (15.000,00) – sem a despesa com a folha de pgto.
(=) VALOR ADICIONADO BRUTO 335.000,00

(-) RETENÇÕES 0,00
(=) VALOR ADICIONADO LÍQUIDO PRODUZIDO
PELA ENTIDADE 335.000,00
(+) VALOR ADICIONADO RECEBIDO EM
TRANSFERÊNCIA 36.000,00
(+) Equivalência patrimonial 30.000,00
(+) Receita financeira 6.000,00
(=) VALOR ADICIONADO TOTAL A DISTRIBUIR ... 371.000,00

Alternativa correta letra: **E**

2. (CONTADOR/DPE-MT/15)

Para a elaboração da DVA, referente a um ativo construído para uso próprio, seu tratamento neste demonstrativo deve ser caracterizado como venda de um ativo com o objetivo de obtenção de uma receita. Assim como descrito na seção 10.4 desta obra, o tratamento dos gastos com a construção do ativo para uso próprio configura receita, compondo o valor adicionado bruto. Os gastos utilizados na produção, como por exemplo: matérias, mão de obra terceirizada, juros e outros, são reconhecidos de forma integral como receita na construção de ativos próprios.

Entretanto, esses materiais adquiridos de terceiros terão mesmo tratamento que os insumos adquiridos de terceiros, ou seja, farão parte dos componentes do valor adicionado bruto, já a mão de obra e os juros serão tratados como distribuição de riqueza. Sendo assim, a DVA será apresentada da seguinte forma:

Demonstração do Valor Adicionado

1 - Receita (40.000+25.000+15.000+10.000) 90.000
2 - Insumos adquiridos de terceiros - matéria-prima ....(40.000)
3 - Valor adicionado bruto 50.000
4 - (-) Retenções ....(10.000)
  ▪ Depreciação .... (10.000)
5 - Valor adicionado líquido 40.000
6 - Valor adicionado recebido em transferência 0
7 - Valor adicionado total a distribuir 40.000
Alternativa correta: **C**

3. (CONTADOR/DPE-MT/15)

Analisando item a item da questão, temos:

a) CORRETA, pois a NBC TG 9 no item 15, menciona que a segunda parte da DVA deve apresentar de forma detalhada como a riqueza obtida pela entidade foi distribuída. Os componentes dessa distribuição são: **Pessoal, Governo, Remuneração de capitais de terceiros e capitais próprios.** Os valores destinados ao agente econômico Pessoal, são valores apropriados ao custo e ao resultado do exercício na forma de remuneração direta, benefícios e FGTS.

b) CORRETA, pois o item 15 da referida norma aduz que deve ser apresentada de forma detalhada a distribuição para o governo através dos tributos, isto é, (**impostos, taxas e contribuições**) esses valores relativos ao imposto de renda, contribuição social sobre o lucro, contribuições ao INSS (incluídos aqui os valores do Seguro de Acidentes do Trabalho) que sejam **ônus do empregador**, bem como os demais impostos e contribuições a que a empresa esteja sujeita.

c) CORRETA, também descrito no item 15 da norma descreve a **remuneração de capitais de terceiros** que são valores pagos ou creditados aos financiadores externos de capital, tais como: juros, aluguéis e outras.

d) CORRETA – Conforme citado na letra A.

e) **INCORRETA** – são classificados na primeira parte da DVA como retenções, de acordo com o item 14 da norma em epígrafe.

Alternativa correta: **E**.

4. (CONTADOR/CFC/15)

Ao analisar a questão, verificamos que o examinador solicita apenas o valor adicionado bruto, sendo assim elaboramos apenas a primeira parte da DVA.

Demonstração do Valor Adicionado	
Cia. Empresária 2014	
	R$ mil
DESCRIÇÃO	
1-RECEITAS	110.000,00
1.1) Vendas de mercadoria, produtos e serviços	110.000,00
1.2) Provisão p/devedores duvidosos – Reversão/(Constituição)	
1.3) Não operacionais	
2-INSUMOS ADQUIRIDOS DE TERCEIROS (inclui ICMS e IPI)	70.000,00
2.1) Matérias-Primas consumidas	
2.2) Custos das mercadorias e serviços vendidos	70.000,00
2.3) Materiais, energia, serviços de terceiros e outros	
2.4) Perda/Recuperação de valores ativos	
3 – VALOR ADICIONADO BRUTO (1-2)	40.000,00

Alternativa correta: **B**.

5. (CONTADOR/CODEBA/16)

Ao analisar a questão, o examinador quer saber onde será evidenciada alocação dos juros incorporados no estoque na DVA. De acordo com o item 9 da NBC TG 9, os juros pagos ou creditados em que tenham sido incorporados aos valores dos ativos de longo prazo, deverão ser destacados como distribuição da riqueza no momento em que os respectivos estoques forem baixados; dessa forma, não há que se considerar esse valor como outras receitas. Alternativa correta: **C**

6. (CONTADOR/CFC/15)

O capítulo 10 deste livro, menciona que os tributos incidentes sobre as receitas obtidas com a venda de mercadorias (ICMS, IPI, PIS e COFINS) deverão ser evidenciados na DVA, ou seja, deverão constar o faturamento bruto, ainda que na demonstração de resultado tais tributos estejam fora do cômputo dessas receitas.

O mesmo procedimento é adotado para os valores dos custos dos produtos e mercadorias vendidos, materiais, serviços, energia e outros consumidos, devem ser considerados os tributos incluídos no momento das compras (por exemplo, ICMS, IPI, PIS e COFINS), recuperáveis ou não. Entretanto, esse procedimento é diferente das práticas utilizadas na demonstração do resultado.

Sendo assim, a questão relata que que foram compradas 400 unidades pelo valor de R$ 80.000,00 e venderam 200 unidades por R$ 70.000,00, com os impostos embutidos, a DVA evidencia a metade do preço pago nas compras, pois foram vendidos 50% do estoque a R$ R$ 40.000,00. Veja:

DEMONSTRAÇÃO DO VALOR ADICIONADO	
1 – Receitas	70.000,00
2- Insumos adquiridos de terceiros	(40.000,00)
Valor adicionado total a distribuir	30.000,00

Alternativa correta: **C**

7. (ANALISTA/UNIRIO/2017)

O capítulo 10 deste livro, assim como a NBC TG 9 no item 14, discorrem que os tributos incidentes sobre as receitas obtidas com a venda de mercadorias (ICMS, IPI, PIS e COFINS) deverão ser evidenciados na DVA, ou seja, deverá constar o faturamento bruto, ainda que na demonstração de resultado tais tributos estejam fora do cômputo dessas receitas.

Então, a questão relata que foram compradas 1.000 unidades pelo valor de R$ 120.000,00 e vendidas 800 unidades por R$ 150.000,00, com os impostos embutidos, a DVA evidencia 80% dos insumos, pois esse percentual refere-se ao valor que foi vendido, ou seja R$120.000,00 X 80% = R$96.000,00. Veja:

DEMONSTRAÇÃO DO VALOR ADICIONADO	
1 – Receitas	150.000,00
2- Insumos adquiridos de terceiros	(96.000,00)
Valor adicionado total a distribuir	54.000,00

Alternativa correta: **A**

8. (CONTADOR/CFC/ADAPTADA)

O item 15 da NBC TG 9, que trata sobre a distribuição de riqueza, discorre sobre a remuneração de capitais de terceiros e valores pagos ou creditados aos financiadores externos de capital, que são:

- *Juros* – inclui as despesas financeiras, inclusive as variações cambiais passivas, relativas a quaisquer tipos de empréstimos e financiamentos junto a instituições financeiras, empresas do grupo ou outras formas de obtenção de recursos. Inclui os valores que tenham sido capitalizados no período.

- *Aluguéis* – inclui os aluguéis (inclusive as despesas com arrendamento operacional) pagos ou creditados a terceiros, inclusive os acrescidos aos ativos.

- *Outras* – inclui outras remunerações que configurem transferência de riqueza a terceiros, mesmo que originadas em capital intelectual, tais como *royalties*, franquia, direitos autorais, etc.

Alternativa correta e letra **B**

9. (ANALISTA/TJ – PI/15)

Conforme já explanados nos exercícios anteriores para encontramos o Valor Adicionado Líquido, devemos considerar os tributos incidentes sobre a venda e a compra, logo observe o desenvolvimento da questão.

Demonstração do Valor Adicionado

RECEITAS	**6.000,00**
Receita Bruta	6.000,00
INSUMOS ADQUIRIDOS DE TERCEIROS (inclui ICMS e IPI)	**(1.250,00)**
(-) CMV = 25%X 5.000,00	(1.250,00)
(=) VALOR ADICIONADO BRUTO	**4.750,00**
(-) RETENÇÕES	**(500,00)**
- Depreciação	(500,00)
(=) VALOR ADICIONADO LÍQUIDO PRODUZIDO PELA ENTIDADE	**4.250,00**

Alternativa correta: **B**

10. (CONTADOR/CFC/ADAPTADA)

Na presente questão, o examinador solicita a primeira parte da DVA.

Demonstração do Valor Adicionado Cia. Empresária – 20XX	
	em R$ mil
DESCRIÇÃO	
1-RECEITAS	
1.1) Vendas de mercadoria, produtos e serviços	R$ 90.000,00
1.2) Provisão p/devedores duvidosos – Reversão/(Constituição)	
1.3) Não operacionais	
2-INSUMOS ADQUIRIDOS DE TERCEIROS (inclui ICMS e IPI)	R$ (50.900,00)
2.1) Matérias-Primas consumidas	
2.2) Custos das mercadorias e serviços vendidos	R$ 50.000,00
2.3) Materiais, energia, serviços de terceiros e outros	R$ 900,00
2.4) Perda/Recuperação de valores ativos	
3 – VALOR ADICIONADO BRUTO (1-2)	R$ 39.100.00
4 – RETENÇÕES	
4.1) Depreciação, amortização e exaustão	
5 –VALOR ADICIONADO LÍQUIDO PRODUZIDO PELA ENTIDADE (3-4)	R$ 39.100.00
6 – VALOR ADICIONADO RECEBIDO EM TRANSFERÊNCIA	
6.1) Resultado de equivalência patrimonial	
6.2) Receitas financeiras	
7 – VALOR ADICIONADO TOTAL A DISTRIBUIR (5+6)	R$ 39.100.00

Alternativa correta: **C**

Capítulo 14 – Solução das Questões de Prova   237

11. (ANALISTA CONTÁBIL/EPE/ADAPTADA)

Por ser uma questão com inúmeras informações importantes, vamos elaborar o demonstrativo completo, mesmo sabendo que o examinador só solicita a primeira parte da DVA:

Demonstração do Valor Adicionado	
DESCRIÇÃO	
	Valores em R$ mil
1-RECEITAS	647
1.1) Vendas de mercadoria, produtos e serviços	650
1.2) Provisão p/devedores duvidosos – Reversão/(Constituição)	(13)
1.3) Não operacionais	10
	378
2-INSUMOS ADQUIRIDOS DE TERCEIROS (inclui ICMS e IPI)	
2.1) Matérias-Primas consumidas	-
2.2) Custos das mercadorias e serviços vendidos	328
2.3) Materiais, energia, serviços de terceiros e outros	50
2.4) Perda/Recuperação de valores ativos	-
3 – VALOR ADICIONADO BRUTO (1-2)	269
4 – RETENÇÕES	12
4.1) Depreciação, amortização e exaustão	12
5 –VALOR ADICIONADO LÍQUIDO PRODUZIDO PELA ENTIDADE (3-4)	257
6 – VALOR ADICIONADO RECEBIDO EM TRANSFERÊNCIA	-
6.1) Resultado de equivalência patrimonial	-
6.2) Receitas financeiras	-
7 – VALOR ADICIONADO TOTAL A DISTRIBUIR (5+6)	257
8 – DISTRIBUIÇÃO DO VALOR ADICIONADO	257
8.1) Pessoal e encargos	87
8.2) Impostos, taxas e contribuições (não esqueça de abater o ICMS incluso no CMV	89
8.3) Juros e aluguéis	43
8.4) Juros s/ capital próprio e dividendos	-
8.5) Lucros retidos / prejuízo do exercício	38
* O total do item 8 deve ser exatamente igual ao item 7.	

Alternativa correta: **D**

12. (CONTADOR/CFC/ADAPTADA)

Nos itens 14 e 15 da NBC TG 9, podemos encontrar as definições sobre as contas apresentadas na questão em epígrafe. Veja:

- ❖ Remuneração de capitais de terceiros - valores pagos ou creditados aos financiadores externos de capital, tais como: Juros; (...) Aluguéis; (...) e outras – (...)

- ❖ Insumo adquirido de terceiros representa os valores relativos às aquisições de matérias-primas, mercadorias, materiais, energia, serviços, etc. que tenham sido transformados em despesas do período. Enquanto permanecerem nos estoques, não compõem a formação da riqueza criada e distribuída.

- ❖ Valor adicionado recebido em transferência representa a riqueza que não tenha sido criada pela própria entidade, e sim por terceiros, e que a ela é transferida, como por exemplo receitas financeiras, de equivalência patrimonial, dividendos, aluguel, royalties, etc. Precisa ficar destacado, inclusive para evitar dupla-contagem em certas agregações.

Alternativa correta: **C**

Capítulo 14 – Solução das Questões de Prova

13. (CONTADOR/CFC/ADAPTADA)

Para analisar cada alternativa da questão, elaboramos a DVA completa. Segue:

DEMONSTRAÇÃO DO VALOR ADICIONADO	
DESCRIÇÃO	
	Em milhares de reais
1-RECEITAS	800.000,00
1.1) Vendas de mercadoria, produtos e serviços	800.000,00
	(600.000,00)
2-INSUMOS ADQUIRIDOS DE TERCEIROS (inclui ICMS e IPI)	
2.2) Custos das mercadorias e serviços vendidos	600.000,00
2.3) Materiais, energia, serviços de terceiros e outros	-
3 – VALOR ADICIONADO BRUTO (1-2)	200.000,00
4 – RETENÇÕES	(8.000,00)
4.1) Depreciação, amortização e exaustão	8.000,00
5 –VALOR ADICIONADO LÍQUIDO PRODUZIDO PELA ENTIDADE (3-4)	192.000,00
6 – VALOR ADICIONADO RECEBIDO EM TRANSFERÊNCIA	-
6.1) Resultado de equivalência patrimonial	-
6.2) Receitas financeiras	-
7 – VALOR ADICIONADO TOTAL A DISTRIBUIR (5+6)	192.000,00
8 – DISTRIBUIÇÃO DO VALOR ADICIONADO	192.000,00
8.1) Pessoal e encargos	65.000,00
8.2) Impostos, taxas e contribuições (não esqueça de abater o ICMS incluso no CMV	81.100,00
8.3) Juros e aluguéis	3.000,00
8.4) Juros s/ capital próprio e dividendos	-
8.5) Lucros retidos / prejuízo do exercício	42.900,00
* O total do item 8 deve ser exatamente igual ao item 7.	

Alternativa correta: **B**.

14. (CONTADOR/BR Distribuidora/ADAPTADA)

De acordo com a lei 6.404/76, no artigo 176 da nova redação dada com a promulgação da Lei nº 11.638/07, torna-se obrigatória, para as companhias abertas, a elaboração e divulgação da DVA como parte das demonstrações contábeis divulgadas ao final de cada exercício.

Alternativa correta: **E**.

15. (ANALISTA/TRT/16)

Analisando item a item da questão, temos:

I. A distribuição da riqueza criada deve ser detalhada, minimamente, da seguinte forma: pessoal e encargos; impostos, taxas e contribuições; juros e aluguéis; juros sobre o capital próprio (JCP) e dividendos; lucros retidos/prejuízos do exercício. **Correto, de acordo com o item 15 da NBC TG 9.**

II. A entidade, sob a forma jurídica de sociedade por ações, com capital aberto, e outras entidades que a lei assim estabelecer, devem elaborar a DVA e apresentá-la como parte das demonstrações contábeis divulgadas ao final de cada exercício social. É recomendada, entretanto, a sua elaboração por todas as entidades que divulgam demonstrações contábeis. **Correto, de acordo com o artigo 176 da Lei 6.404/76.**

III. As receitas financeiras, de equivalência patrimonial, de aluguel e royalties, devem ser consideradas como Valor Adicionado recebido em transferência, pois representam a riqueza que não foi criada pela própria entidade e sim por terceiros. **Correto, de acordo com o item 14 da NBC TG 9.**

Alternativa correta: **A**

16. (CONTADOR/BNDES/ADAPTADA)

Em consonância com o item 11 da NBC TG 9, [...] as diferenças temporais entre os modelos contábil e econômico no cálculo do valor adicionado. A ciência econômica, para cálculo do PIB, baseia-se na produção, enquanto a contabilidade utiliza o conceito contábil da realização da receita, isto é, baseia-se no **regime contábil de competência.** [...] (grifo nosso)

Alternativa correta: **B**

17. (CONTADOR/TRANSPETRO/ADAPTADA)

Os tributos incidentes sobre as receitas obtidas com a venda de mercadorias (ICMS, IPI, PIS e COFINS) deverão ser evidenciados na DVA, ou seja, deverá constar o faturamento bruto, ainda que na demonstração de resultado tais tributos estejam fora do cômputo dessas receitas, de acordo com a NBC TG 9.

Alternativa correta: **A**

Capítulo 14 – Solução das Questões de Prova   241

18. (CONTADOR/PETROBRAS/ADAPTADA)

A DVA tem por objetivo demonstrar o valor da riqueza econômica gerada pelas atividades da empresa como resultante de um esforço coletivo e sua distribuição entre os elementos que contribuíram para a sua criação, conforme explicado no capítulo 10 desta obra.

Desse modo, a DVA acaba por prestar informação a todos os agentes econômicos interessados na empresa, tais como empregados, clientes, fornecedores, financiadores e governo. Assim, pode-se conhecer o quanto a empresa gerou de riqueza e como essa riqueza foi distribuída em benefício da coletividade, bem como qual foi a parcela de contribuição de cada setor da coletividade na formação dessa mesma riqueza.

Salienta-se que o valor adicionado que é demonstrado na DVA corresponde à diferença entre o valor da receita de vendas e os custos dos recursos adquiridos de terceiros. Alternativa correta: **A**

19. (CONTADOR/PETROBRAS/ADAPTADA)

De acordo com o item 6 da NBC TG 9, a distribuição da riqueza criada deve ser detalhada minimamente, da seguinte forma:

❖ pessoal e encargos;

❖ impostos, taxas e contribuições;

❖ juros e aluguéis;

❖ juros sobre o capital próprio (JCP) e dividendos;

❖ lucros retidos/prejuízos do exercício.

Alternativa correta: **B**

20. (FISCAL/ICMS RJ/ADAPTADA)

O examinador solicita a primeira parte da DVA, assim, devemos demonstrar de forma detalhada a riqueza criada pela entidade com os seus principais componentes.

Para encontrarmos o valor do CMV, utilizamos a seguinte fórmula:

CMV= EI+ C - EF: onde:

CMV - Custo da Mercador Vendida
EI - Estoque Inicial
C - Compras
EF- Estoque Final.

CMV= 0 +240,00 - 0

Logo, o valor encontrado para o CMV é de 240,00, a partir dessa informação, vamos elaborar a DVA.

Demonstração do Valor Adicionado

RECEITAS	**1.000,00**
Receita bruta	1.000,00
INSUMOS ADQUIRIDOS DE TERCEIROS (inclui ICMS e IPI)	**(240,00)**
(-) CMV	(240,00)
(=) **VALOR ADICIONADO BRUTO**	**760,00**
(-) **RETENÇÕES**	**0,00**
(=) **VALOR ADICIONADO LÍQUIDO PRODUZIDO PELA ENTIDADE**	**760,00**
(+) **VALOR ADICIONADO RECEBIDO EM TRANSFERÊNCIA**	**0,00**
(=) **VALOR ADICIONADO TOTAL A DISTRIBUIR**	**760,00**

Alternativa correta: **E**

21. (CONTADOR/EPE/ADAPTADA)

Conforme descrito no capítulo 10 desta obra, a DVA tem por objetivo identificar e divulgar o valor da riqueza gerada por uma entidade e como essa riqueza foi distribuída entre os diversos setores que contribuíram, direta ou indiretamente, para a sua geração. A NBC TG 09 discorre especificamente sobre esta demonstração, assim como os artigos 176 e 188 da lei nº 6.404/76 e suas alterações.

Alternativa correta: **E.**

22. (CONTADOR/CFC/ADAPTADA)

Os principais componentes dos insumos adquiridos de terceiros, que reduzem o valor adicionado bruto são:

❖ Custo dos produtos, das mercadorias e dos serviços vendidos que inclui os valores das matérias-primas adquiridas junto a terceiros e contidas no custo do produto vendido, das mercadorias e dos serviços vendidos adquiridos de terceiros; não inclui gastos com pessoal próprio.

❖ Materiais, energia, serviços de terceiros e outros que inclui valores relativos às despesas originadas da utilização desses bens, utilidades e serviços adquiridos junto a terceiros.

❖ Perda e recuperação de valores ativos que inclui valores relativos a ajustes por avaliação a valor de mercado de estoques, imobilizados, investimentos, e outros.

Alternativa correta: **C**.

Capítulo 11 - Notas Explicativas

1. (CONTADOR/CFC/17)

Analisaremos item a item da questão acima:

a) INCORRETA, pois o erro material deve ser corrigido nos registros contábeis e consequentemente em todas as demonstrações contábeis. Não somente nas Notas Explicativas, conforme indica o item 41 da NBC TG 23 (R1).

b) INCORRETA, pois o relatório dos auditores independentes é uma peça a parte do relatório contábil, esta orientação consta no item 113 da NBC TG 26 (R4).

c) INCORRETA, pois a relação de mercadorias negociadas pela empresa já foi registrada nos livros contábeis, não faz sentido repetir essas informações nas NEs, de acordo com os itens 112, 117 a 124 da NBC TG 26 (R4).

d) **CORRETA**, está em consonância com o item 117 da NBC TG 26 (R4).

Alternativa correta: **D**.

2. (CONTADOR/DPE-MT/15)

O embasamento técnico dessa questão encontra-se no item 79 da NBC TG 26 (R4), que menciona que a entidade deve divulgar a seguinte informação no Balanço Patrimonial, DMPL ou nas Notas Explicativas:

- quantidade de ações autorizadas;
- quantidade de ações subscritas e inteiramente integralizadas e subscritas, mas não integralizadas.

Alternativa correta: **A**

3. (CONTADOR/CFC/16)

Analisando os itens da questão em epígrafe, temos:

Item I – CORRETO, está de acordo com o item 7 da NBC TG 26 (R4).

Item II - CORRETO, pois esta conforme o item 18 da NBC TG 26 (R4).

Item III – ERRADO, pois somente serão atendidos caso estejam presentes todos os requisitos das demonstrações contábeis, conforme a NBC TG 26 (R4):

Alternativa correta: **D**.

4. (CONTADOR/DPE-MT/15)

Ao analisar a assertiva, encontramos o embasamento técnico na alínea (i) do parágrafo 5° do artigo 176 da Lei 6.404/76 e nos itens 8,10 da NBC TG 24 (R1), seguem os embasamentos.

> Art. 176. Ao fim de cada exercício social, a diretoria fará elaborar, com base na escrituração mercantil da companhia, as seguintes demonstrações financeiras, que deverão exprimir com clareza a situação do patrimônio da companhia e as mutações ocorridas no exercício:
>
> § 5 As notas explicativas devem:
>
> IV – indicar:
>
> i) os eventos **subsequentes à data de encerramento do exercício** que tenham, ou possam vir a ter, efeito relevante sobre a situação financeira e os resultados futuros da companhia. Grifo nosso.

Já a NBC TG 24 (R1) aduz que:

> 8. A entidade **deve ajustar** os valores reconhecidos em suas demonstrações contábeis para que reflitam os eventos subsequentes que evidenciem condições que **já existiam na data final do período contábil** a que se referem às demonstrações contábeis.
>
> 10. A entidade **não deve ajustar** os valores reconhecidos em suas demonstrações contábeis por eventos subsequentes que são indicadores de condições que surgiram **após o período contábil** a que se referem às demonstrações. Grifo nosso.

Alternativa correta: **B.** Parte inferior do formulário

5. (CONTADOR/CFC/15)

Ao analisar item a item da questão acima, temos:

I.**ERRADO**, pois deve evidenciar as políticas contábeis, conforme item 117 da NBC TG 26 (R4).

II.**CORRETO**, conforme lei 6.404/76 no artigo 176 parágrafo 5.

III.**CORRETO**, conforme lei 6.404/76 no artigo 176 parágrafo 5.

Alternativa correta: **D**.

6. (CONTADOR/CRC- RO/15)

Analisando os itens, temos:

I.**CORRETO**, de acordo com item 7 da NBC TG 26 (R4).

II. **ERRADO,** os resultados abrangentes compreendem itens de receita e despesa (incluindo ajustes de reclassificação) **NÃO** sendo reconhecidos na demonstração do resultado.

III. **CORRETO**, de acordo com item 7 da NBC TG 26 (R4).

Alternativa correta: **B**.

7. (ANALISTA/TER-MG/15)Parte inferior do formulário

O examinador solicita a resposta errada. A inconsistência encontra-se na letra **B**, visto que as notas explicativas devem indicar os investimentos em outra sociedade, quando **relevante**, conforme o artigo 176 da Lei 6.404/76 e suas alterações. Grifo nosso

8. (CONTADOR/CFC/ADAPTADA)

O item 39 da ITG 1.000, discorre sobre as informações que devem ser incluídas as NEs, são elas:

(a) declaração explícita e não reservada de conformidade com esta interpretação;

(b) descrição resumida das operações da entidade e suas principais atividades;

(c) referência às principais práticas contábeis adotadas na elaboração das demonstrações contábeis;

(d) descrição resumida das políticas contábeis significativas utilizadas pela entidade;

(e) descrição resumida de contingências passivas, quando houver; e

(f) qualquer outra informação relevante para a adequada compreensão das demonstrações contábeis.

Alternativa correta: **B**.

9. (CONTADOR/CFC/ADAPTADA)

De acordo com a NBC TG 26 (R4), analisaremos os itens:

I.**CORRETO**, está de acordo com o item 117 e o item 122 da NBC TG 26 (R4).

II.**ERRADO**, pois os fluxos de caixa segregados em operacionais, de investimento e de financiamento deverão ser evidenciados na Demonstração dos Fluxos de Caixa, conforme NBC TG 3 (R3) e, as transações de investimento e financiamento que não envolverem o uso de caixa ou equivalentes de caixa, devem ser evidenciadas em notas explicativas.

III.**ERRADO**, pois no item 117 da NBC TG 26 (R4) descreve que todas as bases de mensuração utilizadas na elaboração das demonstrações contábeis precisam ser evidenciadas em notas explicativas. O item 78 da NBC TG 26 (R4), menciona que as contas a receber, as provisões e as contas do patrimônio líquido deverão ter suas bases divulgadas.

IV.**CORRETO**, está de acordo com o item 114 da NBC TG 26 (R4).

Alternativa correta: **B**.

10. (CONTADOR/CASA DA MOEDA/ADAPTADA)

O trecho destacado no enunciado da questão refere-se a NE e consta no § 5° do art. 176 da Lei das S/A, que menciona, sem esgotar o assunto, as bases gerais e as normas a serem inclusas nas demonstrações contábeis. Alternativa correta: **A**.

11. (CONTADOR/CFC/ADAPTADA)

A alternativa correta é a letra **A**, visto que na norma mencionada não há indicação de que a divulgação da análise dos resultados e da posição financeira da companhia, bem como o parecer da diretoria deve constar nas NEs.

12. (ANALISTA/ESAF/ADAPTADA)

Quando houver fatos subsequentes à data do encerramento até a sua publicação, que tenham efeitos relevantes sobre a situação patrimonial ou financeira da empresa ou ainda efeitos sobre seus resultados futuros, os mesmos deverão ser incluídos nas NEs. De acordo com a alínea (i) § 5 do artigo 176 da Lei n° 6.404/76 com as alterações da Lei 11.941/09. Alternativa correta: **D**.

13. (CONTADOR/CFC/ADAPTADA)

A alternativa **D**, que trata das Políticas Contábeis inadequadas, devem ser retificadas em Demonstrativos Contábeis e em Notas Explicativas, conforme NBC TG 23.